U0445275

重庆老城

THE OLD CITIES OF CHONGQING

何智亚 文·摄影 HE ZHIYA

重庆出版集团 重庆出版社

纵观历史烟云，彰显建筑精魂

情系故园山水，意存地灵文脉

目 录
CONTENTS

前言 ·················· 010

重庆城 ·················· 012
重庆城图 ·················· 014
关于"重庆城" ·················· 018

一、朝天门、千厮门地区 ·················· 022
朝天门 ·················· 022
千厮门正街 ·················· 024
千厮门二码头 ·················· 024
千厮门行街 ·················· 025
陕西路下段及过街楼 ·················· 025
洪岩洞 ·················· 026
天成巷 ·················· 028
陕西路 ·················· 029
刘义凡府邸旧址 ·················· 030
建国银行旧址 ·················· 031
川盐银行（国民政府经济部）旧址 ·················· 032
中国银行重庆分行旧址 ·················· 033
国民政府盐政总局旧址 ·················· 034
美丰银行旧址 ·················· 035
川康平民商业银行旧址 ·················· 036
交通银行旧址 ·················· 038

二、望龙门地区 ·················· 040
望龙门大码头 ·················· 040
望龙门巷 ·················· 041
望龙门巷6号大院 ·················· 042
东升楼 ·················· 042
望龙门缆车 ·················· 043
中央公园（现人民公园） ·················· 044
重庆市消防人员殉职纪念碑 ·················· 045
二府衙 ·················· 046
成德里 ·················· 047
棉花帮商号旧址 ·················· 048
火麻巷 ·················· 048
胡子昂旧居 ·················· 049
三北轮船公司旧址 ·················· 050
太华楼一巷 ·················· 051
太华楼二巷 ·················· 052

谢家大院 ·················· 052
芭蕉园62号小洋楼 ·················· 053
芭蕉园 ·················· 053
打锣巷 ·················· 054
东水门上巷 ·················· 054
下洪学巷 ·················· 055
湖广会馆建筑群 ·················· 056
东水门城门、城墙 ·················· 058
石灰仓 ·················· 059
大川银行旧址 ·················· 059
国民政府外交部（聚兴诚银行）旧址 ·················· 060
重庆海关监督公署旧址 ·················· 061
解放东路民国时期建筑 ·················· 062
公园巷 ·················· 064
罗汉寺 ·················· 065

三、西三街地区 ·················· 066
白象街 ·················· 066
江全泰号旧址 ·················· 068
《新蜀报》旧址 ·················· 069
太平门古城墙上的建筑群 ·················· 070
重庆海关办事处旧址 ·················· 071
海关报关行（寄信局）旧址 ·················· 072
巴县衙门 ·················· 073
巴县署旧址 ·················· 074
巴县征收局旧址 ·················· 076
国民党（左派）四川省党部及重庆高中旧址 ·················· 077
宋代高台建筑遗址 ·················· 078
西大街 ·················· 080
元通寺 ·················· 082
芝江巷 ·················· 083
征收局巷 ·················· 084

四、储奇门地区 ·················· 086
重庆药材同业公会旧址 ·················· 086
解放西路 ·················· 087
国民政府军事委员会委员长重庆行营旧址 ·················· 088
邮政局巷 ·················· 090
私立兴华小学旧址 ·················· 091
马家巷 ·················· 091

国民党中央执行委员会海外部旧址	092
储奇门大巷子	093
普安巷老宅院	094
李耀廷公馆旧址	095
善果巷	096
瞿家沟	097
储奇门双巷子	098
储奇门顺城街	099
九道门	100
羊子坝	101
月台坝	101
凯旋路	102
五、南纪门、石板坡地区	**104**
凤凰台	104
法国大使馆旧址	105
清真寺巷	106
厚池街	107
十八梯	108
马蹄街	110
中兴路	111
南纪门正街	112
下回水沟	113
南纪门一巷、川道拐民居建筑群	114
山城巷	115
柑子堡	115
永兴巷	116
雷家坡	117
六、较场口地区	**118**
较场口地区旧貌	119
官井巷	120
唯一电影院旧址	121
八一路（原保安路）	122
铜鼓台	123
百子巷	124
左百子巷	126
右百子巷	126
棉絮街	127
仓坝子	128

仓坝子76号	129
新民街	130
黄土坡	131
七、临江门、大阳沟、解放碑地区	**132**
临江门旧貌	132
五四路	134
中英联络处（真原堂）旧址	135
自力巷公馆	136
道冠井	137
川盐银行公寓旧址	138
拆迁中的依仁巷	139
陈诚公馆旧址	139
来龙巷	140
沧白路	142
国民参政会旧址	143
上小较场	144
五一路（原民国路）	145
抗战胜利记功碑	147
八、民生路、七星岗地区	**148**
《新华日报》社旧址	148
胜利大厦旧址	149
民生路	150
民生路105号老公馆	152
大韩民国临时政府旧址	153
若瑟堂	154
唐式遵公馆	155
和平路	156
和平路二巷	157
大韩民国临时政府遗址	157
水市巷	158
水市巷10号公馆旧址	158
潘家沟	159
天官府	159
国民政府军事委员会政治部第三厅旧址	160
鼓楼巷	161
鼓楼巷石房子	162
金汤街	163
仁爱堂旧址	164

火药局	167		金沙打铁街	206
上安乐洞	167		圆觉寺	207
通远门	168		中山林	208
打枪坝水厂	170		米亭子	209
			桂花村	210
江北城	**172**		邓家大院	211
江北城图	**174**		团结院	212
关于"江北城"	**178**		三家腰门	213
江北城	**182**		嘉北村	214
江北城全貌	182		江北新村	215
撑花街一巷	183		保定门	216
撑花街14号	183		东升门	218
撑花街	184		问津门	219
撑花街二巷	186		江北公园	220
上横街16号	186		吕祖阁	223
上横街33号	187		明玉珍皇帝陵	224
上横街6号老房	187		老洋房子	225
下横街	188		福音堂	226
岳家沟	189		法国天主教德肋撒堂	227
洗布塘街	190		火神庙街	228
武库巷	191		老墙灰雕（江北城三洞桥地貌图）	228
永平门	192		江北县建设局测候亭	229
永平村	193			
大文堡	194		**南岸老街**	**230**
王家菜园	195		**南岸老街地图**	**232**
水市口32号	195		**关于"南岸老街"**	**234**
石塘口	196		**一、龙门浩地区**	**238**
水市口	197		周家湾	238
石盘坡	198		周家湾200号	240
邱家菜园	199		周家湾古堡坎	241
林家巷	199		武昌中华大学旧址	242
汇川街	200		周家湾临江老建筑群	243
奎星阁	201		卜内门贸易公司办事处旧址	244
新城村	201		米市街1-1号吊脚楼群	245
文星门	202		下浩正街67号	245
老戏园	203		米市街	246
诚厚巷	204		下浩正街	248
戏园坝	205		米市街转角石梯	249

鄂中里	249
董家桥	250
董家桥21号洋房	252
白理洋行旧址	253
葡萄院	254
望耳楼	254
觉林寺报恩塔	255
蒲兰田公馆（美国使馆酒吧）旧址	256
枣子湾	257
摊子口正街建筑群	257
老码头	258
枣子湾60号别墅旧址	260
美国大使馆武官公寓旧址	261
新华银行和中国银行国际部旧址	262
美国大使馆武官住宅旧址	263
意大利大使馆旧址	264
比利时大使馆旧址	264
美国大使馆武官处旧址	265
上浩建业岗44号老房	266
建业岗别墅	266
杨家岗英国商人别墅	267
立德乐洋行、隆茂洋行旧址	268
马鞍山老巷子	269
马嘉礼别墅旧址	270
湖北黄州会旧址	271
上海益丰电池厂老板贺师能旧宅	271
万国医院（马鞍山医院）旧址	272
英国盐务办事处旧址	274
益丰电池厂旧址	274
南洋兄弟烟草公司和华福卷烟厂宿舍旧址	275
亚细亚火油公司旧址	276
二、玄坛庙地区	**278**
玄坛庙正街	278
新院村	280
玄坛庙正街百货商店	281
重庆工商联合会旧址	282
重庆强华公司旧址	283
海狮支路	284

英国海员住房旧址	285
海狮支路13号	286
慈云寺	287
安达森洋行旧址	288
狮子山海关遗址	290
"字水"题刻	291
黄家巷	293
黄锡滋公馆	294
美丰银行高管住房旧址	295
黄家巷43号	296
黄家巷老房子	296
白杨旧居	297
"中央电影摄影场"旧址	298
仁济医院旧址	300
仁济医院别墅	301
八角巷	302
友于里11号	303
天心桥	303
石溪路正街82号老房	304
石溪路正街砖柱夹壁老房	305
千佛寺	305
三、弹子石地区	**306**
弹子石正街	306
谦泰村	308
弹子石正街8号老房	309
谦泰巷	310
泰昌巷	311
王家大院旧址	312
了望楼	314
精益中学旧址	315
王家沱日租界老建筑	316
法国水师兵营旧址	317
重棉三厂职工宿舍	318
最后的弹子石老街	319
升平巷	320
后记	**323**
主要参考资料	**324**

前言 PREFACE

　　老城是一部厚重的历史教科书。一座城市最能唤起人们记忆的通常是它那历史悠久，具有地域特色的老街区、老建筑，重庆老城也不例外。作为城市的母城和发祥地，重庆老城记录了城市的兴衰，凝聚了城市的精华，演绎了人间的悲欢离合、市井民俗和社会的风云变幻，见证了城市的悲壮顽强、坚韧不拔和民众的拼搏奋起。

　　位于长江、嘉陵江两江四岸的"重庆城"、"江北城"和"南岸老街"是重庆城市发展演变的缩影，也是重庆城市特征和地域风貌的典型代表。本书研究的重庆老城特指这一区域。

　　重庆老城临水而建，因水而兴，两江环抱、地势起伏的地理环境，造就了它强烈的城市个性和富于变化的街巷肌理。《华阳国志·巴志》对重庆老城有"地势刚险，重屋垒居"的贴切描述。重庆老城的建筑布局依山就势，迂回曲折，交错重叠，看似无序和随意，甚至没有什么章法，但却往往在无序中产生有序，在凌乱中产生韵律，在随意中产生意想不到的视觉美感。著名文学家张恨水先生陪都时期寓居重庆8年，作为一位"下江人"，重庆老城给他留下了难以忘怀的深刻印象。张恨水先生的许多散文、小说和随笔，对重庆的街区、房屋、风貌、民俗有着入木三分的刻画。他在《重庆旅感录》写到："旅客乘舟西来，至两江合流处，但见四面山光，三方市影，烟雾迷离，乃不知何处为重庆。"又曰："此间地价不昂，而地势崎岖，无可拓展；故建房者，由高临下，则削山为坡；居卑面高，则支崖作阁。平面不得展开，乃从事于屋上下之堆叠。"

　　重庆3 000年历史，其核心区在长江、嘉陵江汇合的半岛地区，即人们通常称呼的"重庆城"。秦至宋代，重庆城垣历经多次修筑。明洪武四年（1371年），重庆府指挥使戴鼎在宋代旧城基础上大规模修筑石城，形成九开八闭17个城门之规模，城墙围合面积约2.35平方公里。宋、元、明、清四代，管辖川东或重庆的各级官府均驻重庆城内。清光绪十六年（1890年）三月三十一日，中英签署《烟台条约续增专条》，次年重庆成立海关，关址设在朝天门顺城街（后迁太平门顺城街）。重庆海关的成立，标志着重庆正式对外开埠，西方的技术、资本和文化加速渗入重庆，重庆的民族工业在与外商的竞争中也得到发展。1929年2月15日，重庆建市。1937年11月，国民政府正式宣布迁都重庆。1939年5月，重庆升为直辖市。1940年9月6日，国民政府定重庆为中华民国陪都。重庆市区面积随着战时内迁人口的增加而迅速拓展到战前的20多倍，市区人口从1939年初的50万人增加到1944年的100万人，呈现出战时首都的畸形繁荣。大量开埠至陪都时期的历史遗迹和抗战遗址留在了重庆城。

江北城与重庆城朝天门、千厮门隔嘉陵江相对，与南岸弹子石、王家沱临长江相望。江北城历史悠久，秦灭巴后建江州府，府治最初设在江北城。唐宋以后，江北城成为水路货物集散之地。清代重庆府辖一厅、两州、十一县，这"一厅"就是江北厅。江北厅设立于清乾隆十九年（1754年），治所在江北城内。江北城四周城垣围合面积约1平方公里，开有10个城门。重庆开埠后，江北城开放为对外通商口岸。1966年，随着嘉陵江大桥通车，城区向观音桥方向发展，江北城的建设缓慢下来，此后其面貌一直没有大的变化。

南岸与重庆城隔江相望，沿江没有城门和城池，故没有"南岸城"的说法。但南岸临江一线的窍角沱、王家沱、弹子石、玄坛庙、龙门浩、海棠溪、玛瑙溪、铜元局是重庆城市发展的重要区域，也是重庆开埠文化和陪都文化的重要载体和见证。重庆开埠之后，英、日、法、美、德等国商人、商船和兵舰相继进入南岸。英国人占领了南岸龙门浩码头，在此停泊军舰、商船，1891年在南岸上新街新码头开办了立德乐洋行。日本人在南岸王家沱建立租界，在租界投资办厂，设立码头管理机构，对过往船舶征收税款。法国人在南岸设立水师兵营，开设洋行，在慈母山修建规模宏大的天主教堂。国民政府迁都重庆之后，南岸成为内迁机关、工厂、学校重要的接纳地和建设区，各国驻渝使领馆和商务机构也纷纷在南岸租房或择地建房。迄今为止，南岸还留下不少开埠时期和陪都时期的遗址。

20世纪80年代后期至今，重庆城、江北城和南岸老街旧城改造步伐不断提速，新建筑日新月异，老房子日渐消失，老城历史信息和符号呈加速丢失之势，张恨水先生笔下描写的重庆老城意境已时过境迁，渐行渐远。

城市的发展是必然的，城市的改造也是不可避免的，在此过程中，传统与现代、历史与未来应当和谐共生。历史文化遗产应该拥有自己的尊严，保护老城历史街区是我们对自己历史的尊重。随着岁月的流逝，许多东西会在人们的记忆中消失，而曾经长期生活过的居所和街区，却往往存留在人们的脑海里，久久不能忘怀。那些穿越时空、历经风雨而留存的老街区、老建筑以其鲜活的物质形态，积淀着城市的文化和历史，展示着不同时代先辈们的生活方式和社会形态，它们是延续城市历史文脉、展现地域特色的根，是我们共有的历史财富和精神家园。

在城市发展过程中，如何注意保护、保留一些有代表性的历史街区和特色建筑，如何通过规划、维修、整治、利用使它们得以再生和延续传承，留下城市发展过程的脉络和迹印，这是我们需要面对和重视的问题。老城应该成为城市的历史名片和骄傲，而不应当成为负担和心病。但愿今后不仅仅只有从书本中才能读到重庆老城的历史。

十几年来，我拍摄了重庆城、江北城和南岸老街的大量照片，特别是抢在江北城消失之前较完整地记录下其历史旧影。我的想法是尽可能用胶片多留下一些对重庆老城的记忆。由于多年的爱好和研究方向，我更侧重从建筑、历史、人文的角度来探寻、审视、解读老街老巷老建筑，发掘其厚重的人文内涵和历史沧桑。本书文字达到22万字，582幅照片全部为我自己拍摄。希望这种黑白影像加文字解读的形式有助于加深人们对重庆老城的了解，从而唤起人们对逝去景物的回忆，引发人们情感上的共鸣和理性层面的思考。如果本书出版后能有这样的反响和效果，我将感到欣慰和满足，多年来的辛勤付出，也就变得非常值得。

何智亚
2009年7月1日

【重庆城】
THE CITY OF CHONGQING

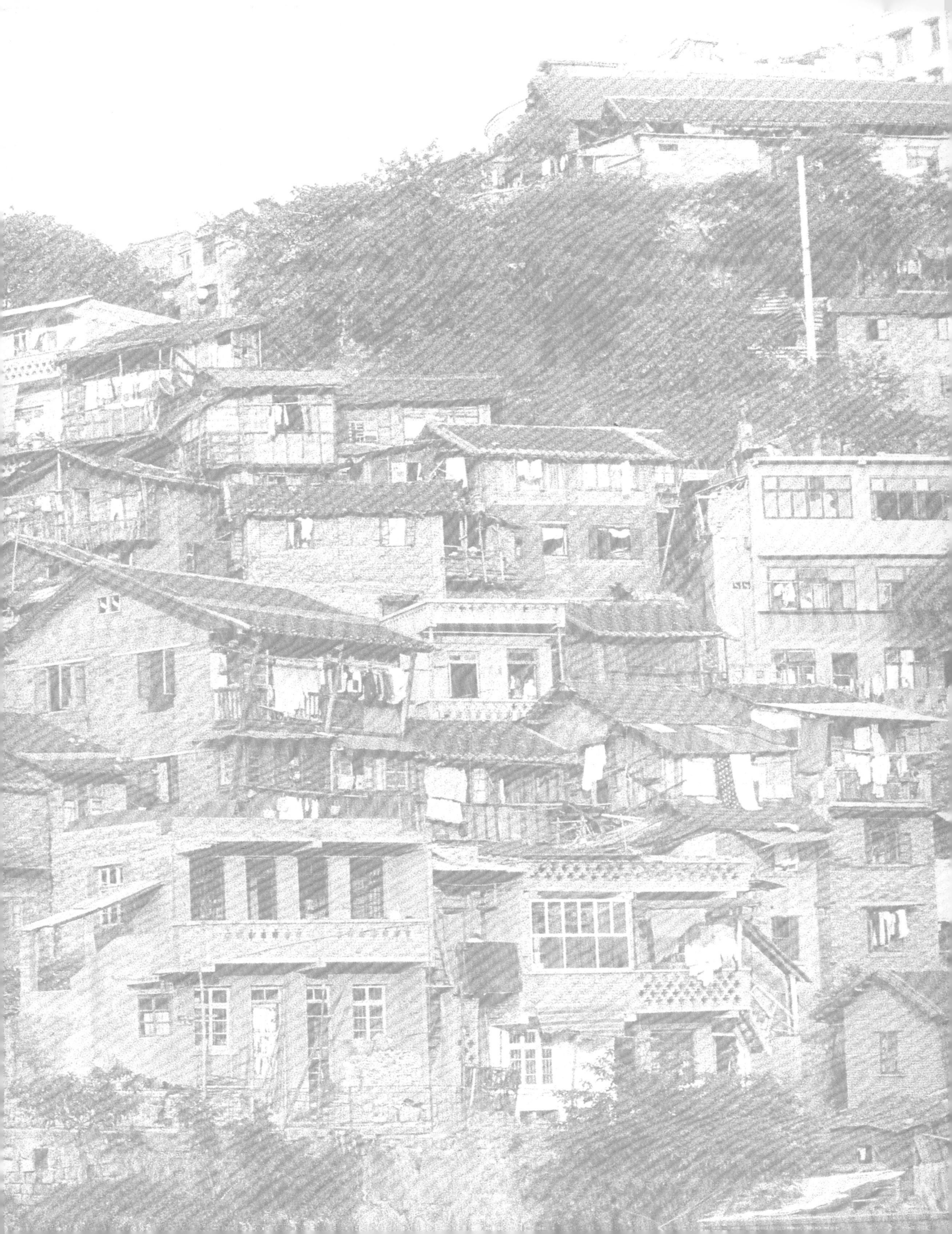

重庆城图

The Map of Chongqing City

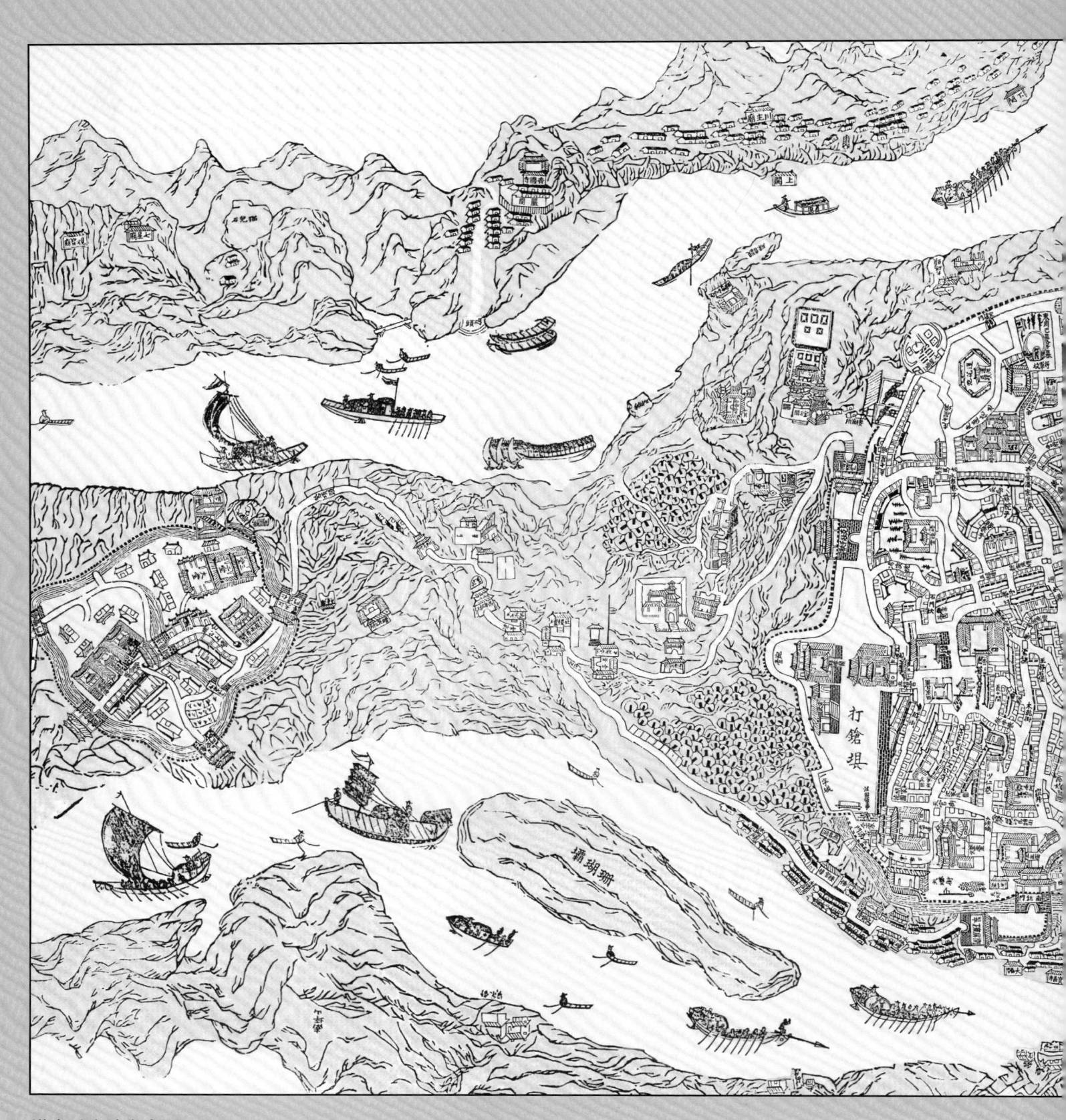

增广重庆地舆全图 光绪十七年（1891年） 綦邑刘子如绘制

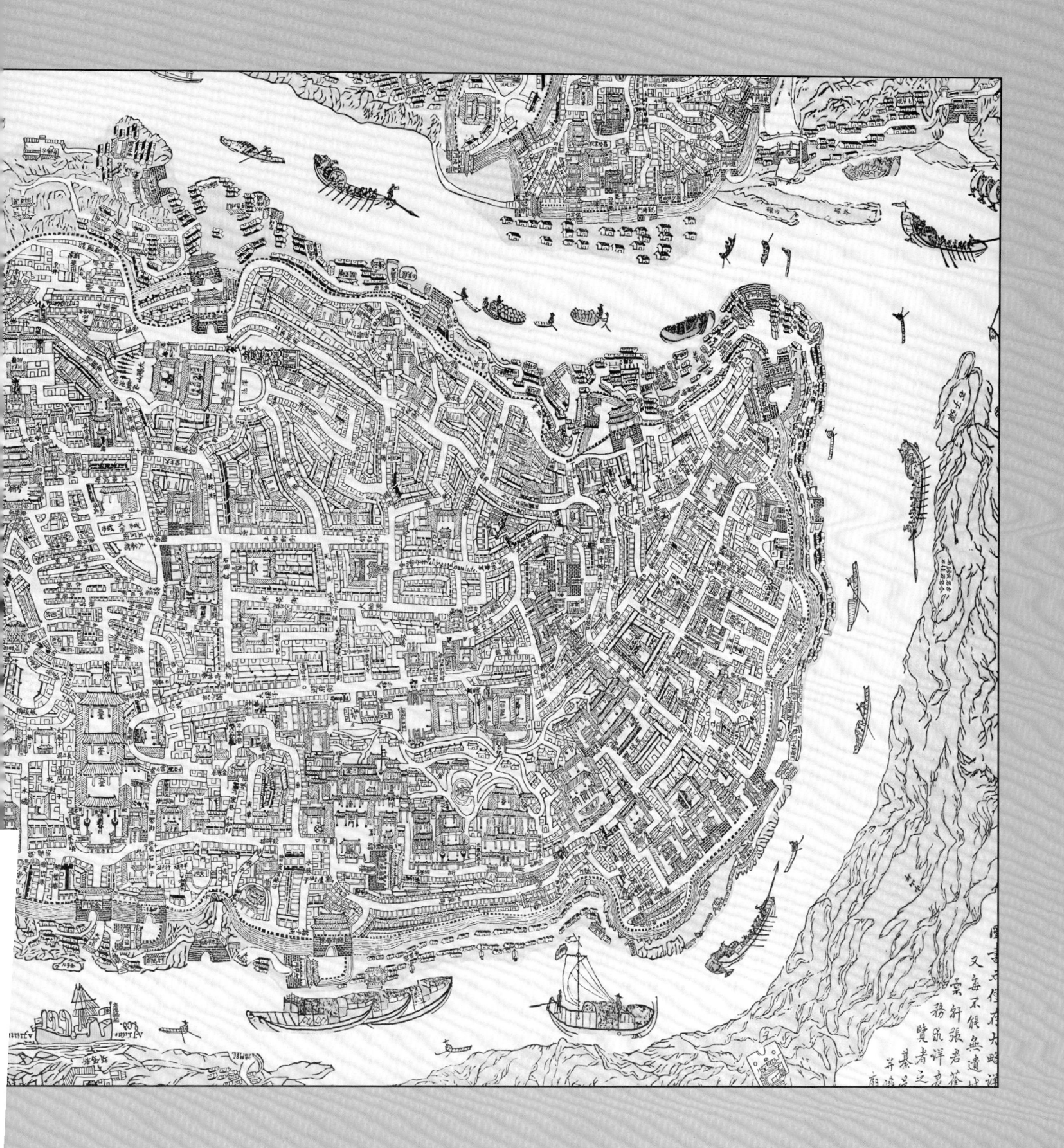

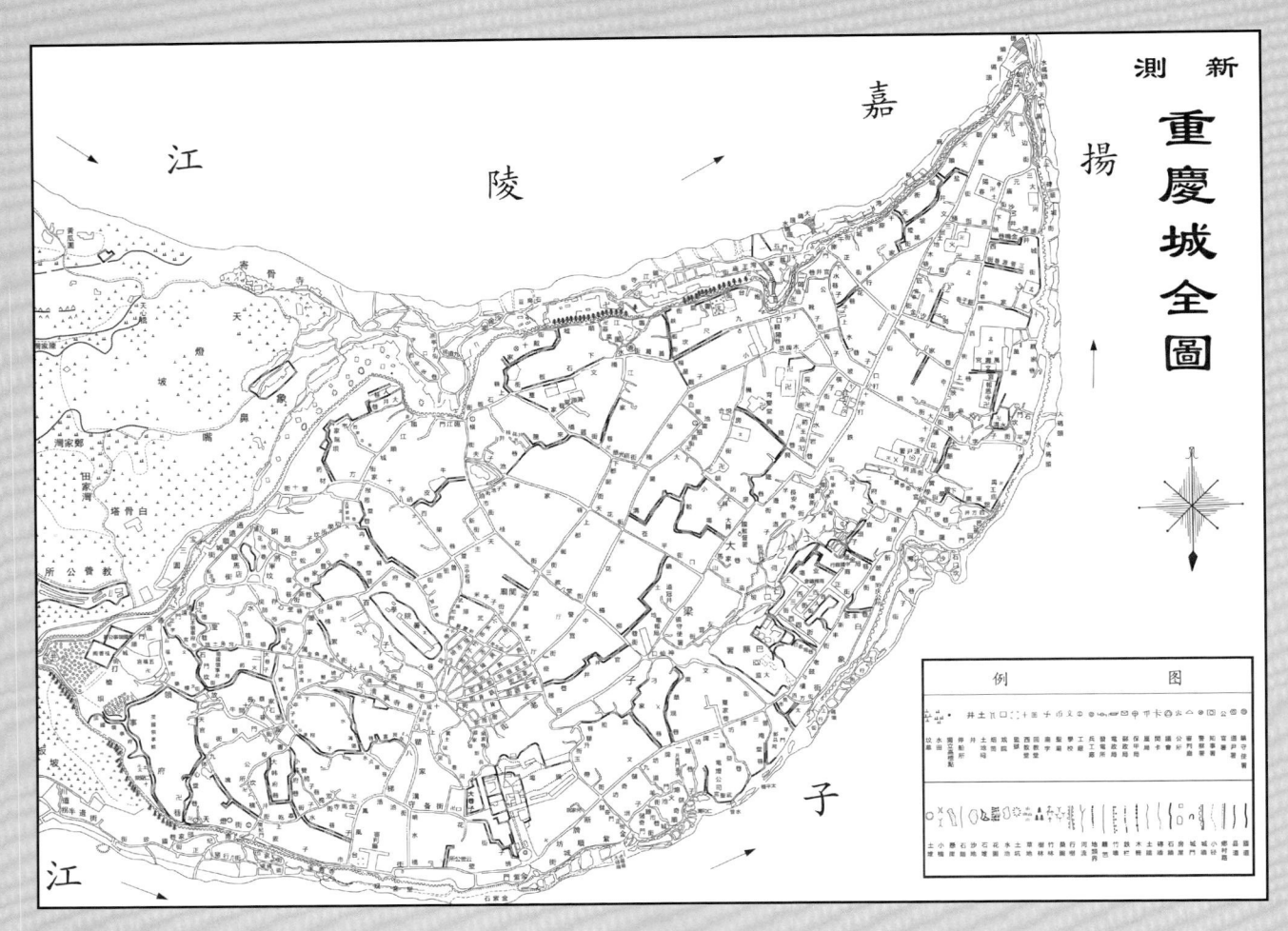

新测重庆城全图　中华民国元年初版九年三版

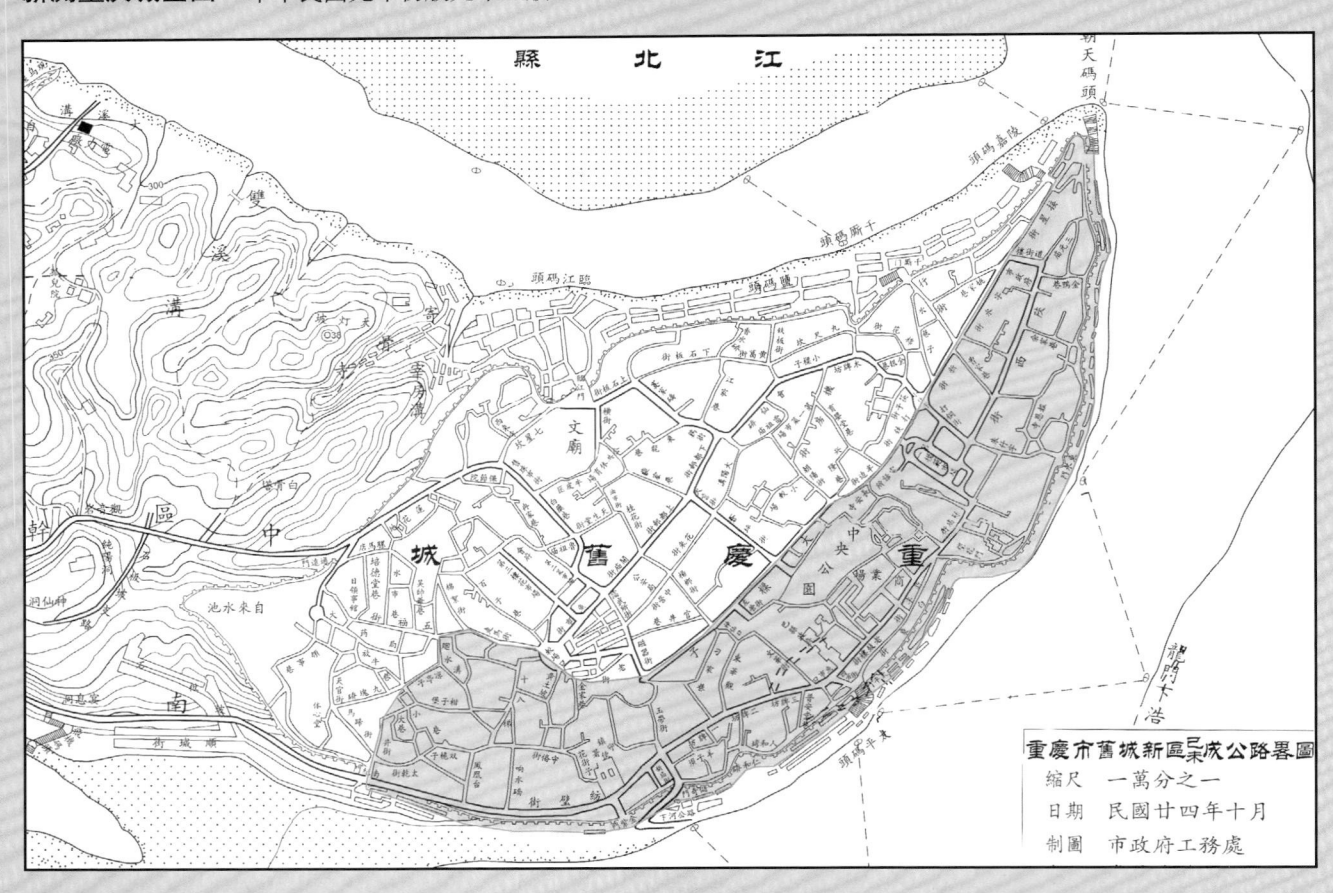

民国二十四年重庆城图　（灰色区域为"下半城"范围，为作者所加）

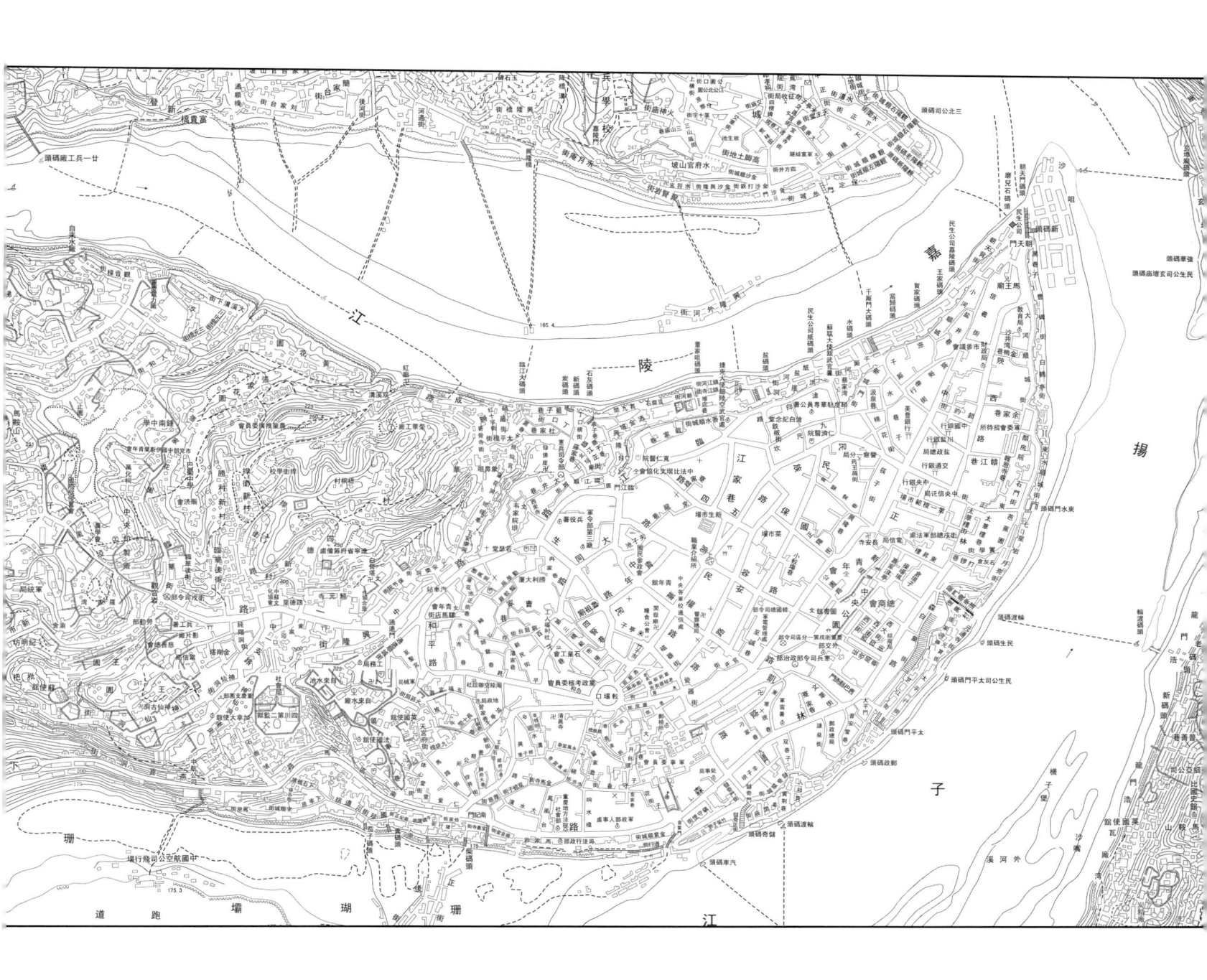

重庆市区街道图 中华民国三十五年三月军事委员会军令部第四厅绘制

关于"重庆城"
About Chongqing City

重庆城是重庆母城的发祥地，位于长江与嘉陵江汇流处，形如半岛，先后称江州、垫江、楚州、巴州、巴郡、渝州、恭州、重庆。

战国时期，江州是巴国国都所在地。周慎靓王五年（前316年）秦灭巴。周赧王元年（前314年），在原巴国北部地区设巴郡，治所初在阆中，秦昭王二十七年（前280年）移治江州，其中心应在今渝中半岛朝天门至小什字一带，距今约2300余年。两汉时期，巴郡属益州刺史部，郡治一直在江州县。东汉兴平元年（194年），益州刺史刘璋将巴郡分为巴郡、永宁郡、固陵郡，江州为永宁郡治所。建安六年（201年），以上三郡改称巴西郡、巴郡、巴东郡，江州复为巴郡郡治。东汉时期，巴郡和江州治所曾移到江北刘家台附近的"北府城"。蜀汉建兴四年（226年），江州都督李严在今渝中半岛端部新筑大城，称"南城"，江州治所遂由江北嘴北府城迁驻南城，距今1780余年。成汉玉衡元年（311年）置荆州，辖巴郡、涪陵郡、巴东郡三郡，荆州治所和巴郡治所均设于江州县。南齐永明五年（487年），江州县治所迁到僰溪口（今江津区顺江镇），垫江县迁入原江州县治（今渝中半岛），故当时的重庆城亦为垫江县所在地。梁简文帝大宝元年（550年），武陵王萧纪政改巴郡置楚州，州治设于垫江县。西魏废帝二年（553年），改楚州为巴州，州治在垫江县。北周闵帝元年（557年），复改巴州为楚州，州治仍为垫江县。隋文帝开皇元年（581年），改楚州为渝州，治所设于巴县。北宋徽宗崇宁元年（1102年），渝州改名为恭州。南宋孝宗淳熙十六年（1189年）八月，因恭州为光宗赵惇潜藩之地，依惯例升格为府，恭州更名为重庆府。南宋至元二十一年（1284年）改为重庆路，隶属陕西四川行中书省。元至正二十三年（1363年）正月，红巾军将领明玉珍在重庆称帝，国号大夏，年号天统，皇宫设在巴县长安寺（今新华路长江索道站一带）。明洪武四年（1371年），改重庆路为重庆府，隶属于四川行中书省。清代设川东道、重庆府、巴县署三级官府，治所驻巴县（今渝中区下半城）。川东道辖重庆府、夔州府、绥定府、忠州、酉阳直隶州和石柱厅，重庆府辖一厅（江北厅）、两州（合州、涪州）、十一县（巴县、江津县、长寿县、綦江县、大足县、璧山县、铜梁县、永川县、荣昌县、南川县、定远县）。

清宣统三年（1911年）十一月二十二日，重庆革命党人发动起义，宣布独立，成立蜀军政府，拥张培爵为都督。民国元年（1912年）三月，成渝两地军政府合并成立四川军政府，治所驻成都，在重庆设置镇抚府，辖54个州、县、厅。重庆镇抚府仅存4个月，于6月10日宣告撤销。中华民国成立后，于民国二年（1913年）在全国废府设道，以道辖县，重庆设川东道，保留巴县，道、县驻地仍在重庆城。民国十三年（1924年）六月和民国十四年（1925年）二月，曾两度在重庆设立四川省长公署，均未及一年。民国十八年（1929年）二月，重庆设市。民国二十四年（1935年）二月，改组后的四川省政府在重庆成立，当年七月迁驻成都。民国二十八年（1939年），巴县政府迁驻人和乡（今九龙坡区华岩镇冷水场），重庆市政府与巴县两级治所从此分开。1954年1月巴县政府迁驻鱼洞镇至今。

重庆历史上有几次大规模的筑城。第一次是公元前314年，秦国大夫张仪在江北嘴和现渝中半岛尖端修筑土城，史称"仪城江州"，范围大致从朝天门至后来的巴县衙门所在地带，面积未过2平方公里。第二次是三国蜀汉建兴四年（226年），江州都督李严在旧城基础上新筑江州城，范围向西扩大到大梁子、小梁子和较场口一线，开设了仓龙、白虎两道城门。第三次是南宋嘉熙四年（1240年），四川安抚制置副使兼重庆知府彭大雅改李严旧城土墙为砖墙，城池西移北拓至今较场口、临江门一带，范围扩大近两倍，开通了千厮、洪崖、薰风、镇西四道城门。第四次是明洪武四年（1371年），重庆府指挥使戴鼎在宋代旧城基础上大规模修筑石城，形成九开八闭十七道城门的格局。十七道城门分别为朝天、东水、太平、储奇、金紫、南纪、通远、临江、千厮九道开门和翠微、金汤、人和、凤凰、太安、定远、洪崖、西水八道闭门。墙垣范围由东至西约4公里，由南至北约1.5公里，城墙围合周长据清乾隆王尔鉴所纂《巴县志》记载为二千六百六十丈又七尺（合8890米）。第五次筑城在清初，因张献忠及其余部以及明军、清军反复争夺、攻打重庆，城垣损毁严重，清康熙二年（1663年）四川总督李国英下令补筑城墙，修补长度达12华里。这之后，还有乾隆二十五年（1760年）四川总督开泰下令修补城墙，咸丰二年（1852年）重庆知府鄂惠重修城墙，咸丰九年（1859年）川东道王廷植复又重修，同治九年（1870年）川东道、重庆府、巴县衙三级官府共同对城墙进行补筑等数次修建维护。人们通常所谓的重庆城，指的就是明代戴鼎主持扩建、清代李国英主持补筑的十七道城门范围内。重庆城历史悠久，文脉深厚，迄今为止，不少重庆人还把进入这一区域称为"进城"。

自两汉至20世纪30年代，重庆城核心一直在"下半城"。据民国三十五年（1946年）出版的《陪都十年建设计划草案》"人口分布"篇记述，"重庆城核心，从两汉至今，均在两江汇流处。最初时期，城市中心偏居今日之陕西路、林森路一带，以其接近江边，有航运和取水之便利，故居民聚集甚密，此为本市发展之第一期。嗣后城内外开辟公路，建立自来水厂，人口重心乃渐向城中转移，今之都邮街遂取城南之中心地位而代之。"

下半城是一个因地形特征和长江水码头而形成的特殊区域。大致范围是：长江沿线从朝天门、东水门、望龙门、太平门、金紫门、储奇门到南纪门，嘉陵江沿线从朝天门、千厮门、洪崖门到临江门，山脊线从朝天门、接圣街（今信义街）、新街口（今重庆饭店一带）、小什字、打铁街（今25中一带）、半边街（今25中到重庆群众艺术馆一带）、大梁子（今警备区到凯旋路口）至较场口。当年繁华的下半城面积约0.97平方公里。

长期以来，下半城都是重庆政治、经济、金融中心。清代的川东道署、重庆府署、巴县署、右营都司署、县学署、左营游击署、左营守备署和厘金局、邮政局、海关等署廨和机构都设在下半城。辛亥革命时期成立的蜀军政府，1929年建立的重庆市政府设于下半城。近现代重庆主要银行大都设在下半城。光绪二十五年（1899年），中国通商银行重庆分行在下半城成立；光绪三十一年（1905年），浚川源银行在朝天门朝天观成立；同年，大清银行重庆分行在千厮门正街成立。民国时期，下半城的陕西路、小什字一带成为繁华的金融区，川盐银行、川康银行、美丰银行、聚兴诚银行、大川银行、华威银行、和成银行、四川地方银行总行等银行都集中在这一区域。抗战时期迁渝的"四行二局"（中央银行、中国银行、交通银行、农民银行和中央信托局、邮政储金汇业局）大部分设于下半城打铜街、道门口一带。

据民国《巴县志》记载，清光绪时期，下半城陕西街有书业34家，钱业14家，夏布业40家，籆学巷有运输业50家，曹家巷有盐业120家，白象街有棉纱业72家、布匹绸缎业200家，羊子坝有药材业174家，朝天门半边街有糖业30家，打铁街有纸张印刷业62家，马王庙有胶皮业24家，东华观有山货业120家，文华街有煤业480家，中营街有瓷器业44家，新丰街有皮货业14家，等等。各种票号、当铺、金铺、银楼主要集中在下半城陕西路、白象街、打铜街一带。清代各地移民兴建的"八省会馆"全部建在下半城。重庆各种行帮公所，如盐帮公所、纸帮公所、绸帮公所、书帮公所，药材公会以及经营棉纱的同庆公所、经营杂货的河南公所、经营纽扣的扣帮公所都设在下半城。

直至20世纪四五十年代，下半城仍是繁华之地。据《新民报》统计，1947年，下半城的茶馆就有2 580家之多。重庆城上下半城之区别还有一个有趣的事：1926年，重庆市面使用双百铜元，因找补不便，上半城以制钱三文当十文使用，下半城则将双百铜元劈成两半或四半使用，上下半城之间互不通用。

光绪十七年（1891年）重庆正式对外开埠，英国人在重庆城内朝天门顺城街开设海关，同年在方家什字麦家院（今民生路重庆宾馆附近）设立领事馆。谢立三出任第一任英领事。

重庆开埠前，外国商人和外交人员已经进入重庆城。光绪二年（1876年）七月二十六日中英签署的《烟台条约》规定："英国可派员驻寓重庆，查看川省英商事宜；重庆开埠问题，待轮船上驶重庆以后，再行议办。"随后，英国派"驻寓"代表谢立三（Alexander Hosie）和英商代理人倍伯尔到重庆。光绪八年（1882年）一月，谢立三用以下文字描述了对重庆城的第一印象：

"重庆城坐落在长江北岸半岛的顶端，长江水穿过砂岩峭壁，从设防的佛图关小镇下流过，浑浊的江水与嘉陵江的清流在离朝天门沙嘴约4公里的地方相汇。重庆城建在山顶延伸出的坡上，俯瞰嘉陵江和长江河床。城外没有什么重要的郊区，站在对面的山头鸟瞰城中，几乎所有的土地都用在建筑上了。城内西北角的一两块土地上种着蔬菜，零星分布着一些树木，在大量紧贴山坡的灰色建筑中，这些是唯一的例外。据估计重庆有大约20万人口，也可以称得上是中国西部的商业大都市。因此，领事官员选择在此定居，以便监管英国在四川的贸易活动。1882年1月，我便在此住了下来。"

英国领事机构率先入驻重庆后，法国、日本、美国、德国、加拿大等国的商人、外交人员随之而来，他们先后在重庆设立领事馆，开办公司、银行。通远门附近有一条街叫"领事巷"，是外国领事馆集中之地。英国领事馆1900年从方家什字迁领事巷；1895年10月27日，美国领事馆设在领事巷桂香阁；1895年，法国领事馆设领事巷12号（老地名二仙庵）；德国领事馆设领事巷五福宫；1896年5月，日本领事馆设小梁子伍公馆，1907年5月设临江门大井巷，1912年5月设领事巷附近培德堂巷，1925年8月设临江门顺城街。

外国教会进入重庆先于开埠。明末崇祯年间，意大利籍神父利类思和葡萄牙教士安文思到成渝两地传教。清康熙三十五年（1696年）法国神父在重庆城定远坊杨家什字（今民生路、鲁祖庙和青年路上段形成的十字路口）建立天主教堂。康熙四十一年（1702年），罗马教廷毕天祥、穆天池来到重庆城，在华光楼（今民族路）购买民房作教堂。康熙四十六年（1707年），因尊孔祭祖之争，清政府禁止天主教在中国传播，穆天池被解送澳门。几年后，对外国教会又有松动，至雍正时期，外国传教士到重庆城数量逐渐增加。重庆开埠后，教会势力进一步得到扩展，重庆城内教堂多达十几家。比较出名的有位于七星岗的法国天主教若瑟堂，位于九块桥的英国福音堂，位于米花街（现民生路）的美国警世堂，位于放牛巷的英国基督教堂，位于塞家巷（现五四路）的法国真原堂，位于二仙庵（现领事巷）的法国天主教仁爱堂，位于保安路（现八一路）的英国基督教福音堂，位于磁器街的美国基督教社交会堂，等等。教会办的医院、学校、红十字会也遍布重庆城内。

20世纪20年代，随着外国资本的进入和重庆民族工业的发展，重庆城内人口增加，城市地位提升，重庆工商界和地方士绅都有着建市的迫切要求。1921年11月，时任川军总司令兼四川省长的刘湘在重庆成立重庆商埠督办处，由川军第二军军长杨森兼任督办。1922年8月由川军第三师师长邓锡侯兼任督办，改商埠督办处为市政公所。1926年，刘湘驱走黔军，四川为刘湘势力所控制，地方局势始趋平静，商业与经济也逐渐恢复正常。1926年6月，刘湘将重庆市政公所改为商埠督办公署，委派三十二师师长唐式遵兼任督办，旋由三十三师师长潘文华继任督办。潘文华担任督办后，深感重庆老城区面积狭小，市政设施远远不能适应发展需要，有必要在改造旧城区的同时，向老城外开辟新城区。1927年上半年，潘文华成立了重庆新市区管理局，委派旅长郭勋祺为局长，开始实施扩城计划。1927年11月，督办公署改为市政厅。

在此期间，潘文华积极向国民政府报请升重庆为特别市。为了促使国民政府重视，潘文华专派李西铺、宋邵增赴南京请愿。在重庆各界和潘文华等人的努力争取下，1929年2月15日，国民政府正式批准重庆成立特别市政府，潘文华出任首届市长。1929年7月颁布《重庆特别市市政府暂行条例》26条。总则第一条明确："重庆特别市依照国民政府公布之特别市组织法第三条第三项之规定，为中华民国特别市行政区域，直隶于中央政府，不入省县行政范围。"

1927年至1935年，潘文华在担任重庆商埠督办和市长的9年期间里，用了6年半时间向城外扩展新城区，城区面积从原2.35平方公里扩大到近10平方公里。与此同时，城市水、电、路、桥、电话、公交、码头等公共设施得到较大改善。

1927年2月，重庆商埠督办公署开始整修扩建朝天门码头（今四码头）和嘉陵码头（今三码头），委派工务局局长傅骕主持实施该项工程，朝天门城门和左右城墙各一段被拆除。码头整修扩建工程于同年7月完工，1927年9月投入使用。1930年整修千厮门码头，1932年整修太平门码头，1935年整修储奇门、金紫门码头。码头环境条件的改善，使重庆航运事业得以较快发展。

1927年上半年新市区管理局成立后，首要任务是迁除老城外数十万座坟墓。为了加强迁坟工作，新市区管理局改为迁坟事务所。从1927年8月至1934年5月，历时6年半、耗资2万余元，沿嘉陵江临江门到牛角沱，长江南纪门到兜子背，陆上通远门到两路口、王家坡一带向外开拓新市区，共迁坟435 894座，扩展新区约7.5平方公里。

1927年下半年开始建设中干道。1929年8月，从通远门外七星岗经观音岩、两路口、上清寺至曾家岩，全长3.5公里的城区中干道（陪都时期取名中正路，解放后更名为中山一路、中山二路、中山三路、中山四路）竣工通车。中干道建成后，市政府决定将朝天门与中干道连通，道路从朝天门过街楼起，经小什字、小梁子、会仙桥、都邮街、关庙街、劝工局街到七星岗再接中干道，即现在的新华路、民族路、邹容路、民生路一线。该道路于1930年动工修建，至1932年9月建成通车。

南干道从1929年5月开工建设，至1933年7月完成南纪门至菜园坝段，全长2.87公里；1933年4月动工修建南纪门至陕西路段，1935年6月完成，全长约4公里。

1926年至1927年初，潘文华发起筹办自来水厂。重庆市民旧时长期靠井水和河水供饮用和生活之需，20世纪初至水厂建成前，城区以挑水为生者即达万人之多，故重庆城以"水巷子"、"水市巷"为名的街巷不在少数。重庆自来水厂开建后，挑水工唯恐影响生计，还举行集会抗议。1929年2月，自来水厂开工建设，在大溪沟设立取水口，在通远门打枪坝修建储水净化池。1932年2月28日水厂建成，向城区试行通水。经过近两年的调试，至1934年2月开始正常供水。

重庆没有发电厂前，市民历来用菜油、桐油照明，开埠后逐步改用洋油（煤油）照明。1907年重庆绅商刘泽膏、赵资生等集资创办"重庆烛川电灯公司"。初设100千瓦直流发电机，后购置400千瓦直流发电机，在太平门人和湾建立发电厂，进行小范围城市供电。1932年9月，潘文华指示接管烛川电灯公司，另在大溪沟建设新发电厂。1934年9月，大溪沟发电厂建成发电，安装1 000千瓦发电机3台，1936年增加4 500千瓦发电机2台，重庆城区照明得到较大改善。

以上市政建设规划实施过程，在1936年由潘文华主持编撰的《九年来之重庆市政》一书中，有着较为详细的记载。

抗日战争爆发后，1937年11月20日，国民政府发布《国民政府移驻重庆宣言》，宣布迁都重庆。1937年11月26日，国民政府主席林森乘船抵达重庆。12月上旬，政府各机关陆续迁入重庆新址办公。1938年12月8日，蒋介石率国民政府军事委员会抵达重庆。1939年5月5日，国民政府主席林森签发《国民政府为改重庆市为直辖市给行政院训令》。5月11日，行政院院长孔祥熙、内政部长何健签发《行政院关于改重庆市为直辖市的训令》。1940年9月6日，国民政府颁发《国民政府明定重庆为陪都令》。随着国民政府西迁重庆，大量机关、学校、工厂、银行、研究单位和职员、家属搬迁重庆。原设于南京的各国外交机构也迁往重庆，先后有26个国家在重庆派驻使节，有14个国家在重庆设大使馆。据国民政府经济部统计，到1945年底，以资本总额计算，重庆工业占全国的32.1%，占川、滇、黔、康西南四省的45.5%，占全川的57.6%。重庆由一个西部区域性商业城市，一跃而成为抗战大后方的政治中心、军事指挥中心和经济、金融中心。

1938年2月到1943年8月，日军对战时首都重庆进行了长达五年半的大轰炸，企图摧毁中国人民的抗战意志。重庆城因房屋密集，道路狭窄，遭轰炸后经常是火灾蔓延，损失惨重。为减少空袭带来的灾害，改善城市道路和防灾条件，重庆市政府于1939年至1940年在旧城区拆除大量房屋，开辟火巷马路。重庆城内的中华路、中兴路、五一路、凯旋路、和平路等道路就是在这一时期修建的火巷马路。

开埠至陪都时期，各国驻渝使领馆、政府各级机构、党政军要员、商人、银行家和知名人士在重庆城内修建了不少府邸宅院，中西合璧式建筑比比皆是。抗战时期，由于城内人口激增，加之战时经济困难，重庆城出现大量"抗战房"，这些房屋多为简易竹木捆绑结构、土石结构和砖柱夹壁结构，沿江一带和坡地则出现吊脚楼相连成片的景象。重庆城地势起伏不平，道路弯曲、街巷狭窄，房屋依山就势、重重叠叠、鳞次栉比，形成独特的城市空间形态和山地建筑景观。

1946年4月30日，国民政府颁布还都南京令。至5月初，国民政府各院、部、委先后离渝，5月5日，国民政府重新在南京办公。1949年，随着上海、南京、武汉被人民解放军攻占，国民政府迁广州。10月12日，中华民国代总统李宗仁宣布，10月15日起，国民政府从广州迁重庆办公。1949年11月14日，蒋介石从台北飞抵重庆。11月21日，国民政府宣布"迁都"成都，28日，国民党和国民政府党政机关撤出重庆，迁往成都。29日，蒋介石在林园召开军事会议，决定30日晚撤出重庆。30日凌晨，蒋介石飞离重庆。

1949年11月30日，重庆解放，午后，人民解放军第11军、12军、47军先头部队5个营经南岸海棠溪渡江进入市区。12月1日，人民解放军举行入城式。12月2日，中央任命刘伯承为西南军政委员会主席。12月8日，中共中央西南局、二野领导机关进驻重庆。12月11日，奉中央人民政府电令，重庆市人民政府正式成立，陈锡联任市长，曹荻秋任副市长。1950年2月22日，西南军区在重庆正式成立。中央任命贺龙为司令员，邓小平为政委，陈赓、周士第、李达为副司令员，李达兼参谋长，宋任穷、张际春、李井泉为副政委，张际春兼政治部主任。1950年6月28日，中央任命贺龙、邓小平、熊克武、龙云、刘文辉、王维舟6人为西南军政委员会副主席。

重庆近现代历史沉淀深厚，大量开埠至陪都时期的历史遗迹和抗战遗址、名人旧居留在了重庆城。由于几十年来的城市建设和旧城改造，现留存下来的遗址、遗迹已经很少。特别是近20多年来大规模的拆迁建设，重庆城大部分老街巷和老地名已经消失。近年来，对渝中区老城历史街区保护的声音一直非常强烈，有关部门对十八梯、川道拐、石板坡、白象街、打铜街、解放东路、文化街、二府衙、湖广会馆、东水门、中山四路等历史街区作了不少保护性研究规划，但大都尚未得到有效运作和实施。

作为重庆的母城和发祥地，应该留下一些记录着城市发展演变历史的实体形态记忆，应该有规划、有计划地保留一些典型历史街区。如果说现在没有经济实力和更好的理念方法来对它们进行有效的保护利用，适当放一放、留一留可能也不失为一种方式，要相信后人比我们更有办法。怕就怕目光短浅，虑不及此，继续制造不可弥补的历史文化损失。

本章节所用照片全部选定在重庆城过去17个老城门和城墙范围，即从朝天门到七星岗通远门一带，目的是为了真实反映和体现"重庆城"的准确地域概念和历史面貌，有助于人们了解重庆城的历史文脉，从而对她多一份记忆和眷顾，多一分尊重和忧思。

一、朝天门、千厮门地区
Chaotianmen and Qiansimen Region

朝天门

朝天门位于长江、嘉陵江交汇处，历史上因有码头而逐步形成街区。明洪武年间，重庆府指挥使戴鼎在宋代旧城基础上大规模修筑石城，形成"九开八闭"17门的格局，朝天门成为17门中规模最大、气势最雄伟的城门。明代建造的朝天门是一座瓮城，有内外两座城门和门楼，城墙围合成半圆形，可以大大增强防守能力，内城门洞上横书"古渝雄关"四字。重庆合川区涞滩镇现保存有一座完整的清同治年间的瓮城，呈半圆形，围合面积约500平方米，设8道城门，4开4闭，守军只要将4道开门关闭，敌人进入便如瓮中之鳖，有进无出。"瓮城"之名，由此而来。

古时朝天门为地方官员恭迎皇上圣旨和钦差大臣之地，邻近朝天门有接圣街（今信义街）、圣旨街（今新华路下段），码头建有"接官厅"。官府在朝天门过街楼之上的字水街（今新华路下口）设立朝天驿。故民间有"朝天门，大码头，迎官接圣"的谚语，"朝天门"也因此得名。朝天门城门之外过去还有麻柳街、鹅项颈、鸡街、牛肉街、炭码头、糖行街、顺城街等街巷地名，现均已消失。始建于清乾隆时期的陕西会馆（亦称三元庙）位于朝天门半边街。抗战时期，陕西会馆作为重庆市民众教和市立图书馆馆址。1945年，湖北省航务办事处重庆分处在陕会馆内设立，负责办理湖北省第六战区军用物品，并协同船舶理所办理军粮拨运等水上航运业务。在1949年朝天门"九·二特大火灾中，陕西会馆被焚毁。

1919年6月19日，18岁的陈毅等60余人从朝天门乘"蜀通轮"取道上海赴法国勤工俭学。1920年8月28日，16岁的邓小平（时名邓希贤）与82名川东学子在太平门乘法商"吉庆"号客轮东下，转道上海赴法国勤工俭学。

1927年2月，重庆商埠督办公署决定拆除朝天门城门和左右城墙各一段，以整修扩建朝天门码头（今四码头）和嘉陵码头（今三码头）。重庆市商埠督办公署工务局局长傅骕主持该项工程。1927年3月16日，傅骕拍摄了朝天门城门最后的照片，此照片至今还留存在傅骕后人之手。工务局在当时的一份报告中称："朝天门为本埠之尾闾，两江交汇之点，整理城市交通，决以此为首图。先修下段平台，一面拆卸城楼门洞，以利交通。"码头整修扩建工程于同年7月完工。

傅骕（1887—1965），字友周，重庆巴县人，重庆市首任工务局局长。傅骕在重庆府中学毕业后，入上海复旦公学。1910年6月考取官费留美资格，进入美国科罗拉多大学采矿系工程科学习。1914年归国后，先在南开大学任教，1926年回重庆，任重庆市工务局局长。工务局后改称工务处，傅任处长。傅骕担任局长、处长期间，主持编制重庆城市发展建设规划，开辟新市区，修建码头、公园、道路，绘制完善重庆城图，为重庆近代城市建设作出的贡献和建树颇丰。1949年夏，傅骕担任重庆电力公司总经理。重庆解放前夕，傅骕组织工人保护电厂，他向潘文华借来步枪60支，加上公司自有的20支步枪，分配给大溪沟电厂、弹子石电厂、鹅公岩电厂。因有武器保卫，军警不敢贸然进厂破坏，电厂得以完整保留。解放后，傅骕曾担任重庆供电公司副总经理，市工商联常务委员，重庆市民主建国会副主任委员等职。1965年5月9日病逝，享年77岁。

朝天门地区发生的"九·二"火灾是重庆城损失最大，人员伤亡最多的特大火灾之一。1949年9月2日下午3时40分左右，下半城赣江街17号协合油腊铺不慎失火，火势迅猛蔓延，东水门至朝天门、陕西街至千厮门一带顿成一片火海，至次日晨大火方才熄灭。据市警察局调查，这次火灾共烧毁大小街巷39条，学校7所、机关10处、银行钱庄33家、仓库22所，拆卸房屋236户，受灾9 601户、41 425人，有户口可查的死者2 568人，掩埋尸体2 874具，伤4 000余人。

直至20世纪90年代，朝天门老城墙尚余部分段落，城墙上面是原港航监督站。1998年修建朝天门广场后，城墙全部消失。

1997年重庆直辖后，市委、市政府决定在朝天门建设大型市民广场。1998年3月28日，重庆朝天门广场工程奠基仪式在朝天门沙滩上隆重举行。朝天门广场是重庆直辖初期最大的一项民心工程，笔者时任工程指挥长。经过10个月艰苦奋战，1998年12月30日，朝天门广场如期建成，延续上千年的朝天门地形地貌被彻底改变。

朝天门三码头

朝天门四码头

朝天门二码头

朝天门五码头

千厮门正街

千厮门正街位于千厮门城门外，顺嘉陵江边延伸，东接朝天顺城街，西与纸盐河街（老地名为蔡家湾、王庙街）连接，街市具有一定规模。旧时千厮门江边有大码头、水码头、贺家码头、王家码头、当归码头、纸码头、盐码头、炭码头等码头，周边有老关庙、贺家祠、小河公所、王爷巷、蔡家湾街、新山王庙街、石坎坡等街巷。从千厮门正街上行，就进入千厮门城门。

过去千厮门为粮食货物仓库集散之地，千厮门有千仓万仓，预祝丰收满仓之意。故有"千厮门，花包子，白雪如银"之谚语。千厮门可考历史最早在宋代，当时重庆城有千厮门、洪崖门、薰风门、镇西门四道城门。明代的千厮门城门是一座瓮城，隔嘉陵江面对江北城，城门上题有"千厮巩固"四字。千厮门城墙遗址位于千厮门正街6号一带，20世纪初因房地产开发而消失。

光绪三十四年（1908年），大清银行（原名大清户部银行，1905年在北京成立，1908年改名为大清银行）重庆分行在千厮门正街创立。民国时期，千厮门正街与相邻的纸盐河街一带建有许多存放货物的仓库，还有不少轮船公司、运输公司的办公楼和职工住宅楼。

千厮门二码头

千厮门二码头是嘉陵江上的主要码头之一，使用历史已有2 000余年。明清时期，川盐经此码头运往嘉陵江上游各地，千厮门码头成为重要的盐运码头。为了加强对食盐运输的管理，雍正八年（1730年），清政府在千厮门设立盐埠。1926年，民生轮船公司开辟了千厮门至合川的客运航线。1930年，重庆市政当局拆除千厮门城墙，修建石梯通道，加宽码头泊位，改善了码头的停泊运输条件。

旧时千厮门二码头沿江老街巷有纸盐河街、纸码头、盐码头、大火巷、猪毛街等地名。

紧邻千厮门码头上游方向有一座镇江寺，寺里建有戏楼，民国年间镇江寺被毁，但镇江寺的地名一直到20世纪八九十年代还在使用。

千厮门行街

此街与千厮门正街大致呈十字交叉,一端接城门,另一端接新街口(现新华路)。千厮门行街附近有姚家巷、花巷子、水巷子、汲泉巷、二郎庙街、棉花街等街巷。

千厮门行街是从千厮门码头进城的一条主要通道,过往人流货物川流不息,街道两旁店铺商号林立。据1942年史料记载,分布在千厮门、棉花街、水巷子和陕西街有棉花贩运商59家,棉花行栈5家,棉花铺66家,零售花铺186家。20世纪七八十年代之后,随着水运功能的衰退,此街逐步冷落下来。

陕西路下段及过街楼

陕西路得名于清代,上端与林森路、道门口相连,下段通朝天门,东北方向与打铜街、过街楼垂直状连接。过街楼是陕西路与新华路之间的通道,因旧时建有过街骑楼而得名。清代的八省公所、八景宫、三元庙(陕西会馆)和朝天观位于过街楼一带。清至民国时期,陕西路和过街楼是非常繁华的主街。迄今为止,陕西路仍然是朝天门市场店铺最密集、商业最发达的地段。

建于过街楼的朝天观是一座道观,始建年代不详,在1886年的《重庆府治全图》上,朝天观与八省公所、八景宫相邻。清代和民国时期,朝天观是重庆城有名的寺庙建筑,街巷亦称朝天观街。清代末期的府城议会曾设于朝天观。光绪三十一年(1905年),浚川源银行总行、浚川源银行重庆分行设于朝天观街。1911年11月22日,重庆蜀军政府成立大会在朝天观召开。1923年,四川银行、重庆官银号设于朝天观街。1929年2月15日重庆建市后,市政府设于朝天观,抗战初期始迁中山二路川东师范学校内(今重庆市劳动人民文化宫图书馆)。重庆市政府从朝天观迁走后,原址改为重庆市参议会。民国时期朝天观曾作为剧场,是重庆城最早实行买票进场看戏的场所。1949年9月2日,朝天观毁于重庆"九·二"特大火灾。

洪岩洞

原名洪崖洞街，1982年改为洪岩洞。洪岩洞位于重庆城"九开八闭"中的闭门——洪崖门城门之外。洪岩洞街区建于悬崖下的坡地，悬崖上是城墙和炮台街、书院街（现沧白路）。崖壁上过去留有苏轼、任仲仪、黄庭坚等古代大书法家和名人的题刻，现均已消失。明代《蜀中名胜记》记载："城西雉堞下有洞曰洪崖，复以巨石，其下嵌空，飞瀑时至，亦名滴水崖。有元丰时苏轼、任仲仪、黄庭坚题刻。"

洪岩洞历史可追溯到东周末年。公元前316年秦灭巴后，秦国大夫张仪在半岛尖端修筑土城，洪岩洞位于其中，此为重庆城之始。1921年，重庆商埠督办公署在洪岩洞沿江开设了民生码头、董家码头、广庆码头、纸码头、盐码头、烟码头等各类码头，归千厮门码头统一管理。过去民间有"洪崖门，广开船，杀鸡敬神"的谚语，形容了洪岩洞码头船只密集、运输繁忙的情景。直至20世纪六七十年代，洪岩洞人气仍很兴旺。

洪岩洞岩坡绿树成荫、野花遍地，大雨之后苍翠欲滴，时有瀑布飞流而下，故称"洪岩滴翠"，被列为巴渝十二景之一。清乾隆《巴县志》对"洪岩滴翠"有如下描述：

"洪崖洞在洪崖厢，悬城石壁千仞。洞可容数百人，上刻'洪崖洞'三大篆字，诗数章漫灭不可读。城内诸水逾堞，抹崖额而下。夏秋如瀑布，冬春溜滴，汇为小池入江，石苔叠翠，池水翻澜，夕阳反照，五色陆离，莫可名状。至若渔舟唱晚，响达崖音，又空色之别趣也。"

洪岩洞东侧有一座叫"南国丽景"的住宅楼，原址是1944年广东商人修建的"南国大厦"。国民政府军事委员会在战时曾租用南国大厦，作为苏联驻华使馆武官处和美国红十字会暨援华会办公之处。抗战胜利后，大厦改为酒店，由屈姓香港人经营。解放后房屋交由重庆市公安局使用。由于南国大厦是砖木结构建筑，加之年久失修，又地处滑坡地带，后作为危房被拆除。

洪岩洞与天成巷、纸盐河街大致平行，其间有许多纵向的巷子，形成三横六纵的街巷格局。这里地形奇峻，山水相依，重屋垒居，石梯遍布，展现出独特的山地建筑景观。

洪岩洞一带房屋建造较为简陋，且多木结构，一旦失火，则蔓延极快。1928年4月19日，洪岩洞发生火灾，大火由东川书院入城，延烧香水桥、石坡街一带；又沿千厮门、临江门入城，延烧横街、七星坎、省立女子师范学校，受灾者达7 000余家。洪岩洞紧靠老城墙和岩坡，历史上曾多次发生垮塌事件。如1944年9月29日，洪岩洞城墙发生垮塌，压死21人，伤9人；1948年5月9日，洪岩洞发生岩石崩塌，死亡11人，伤20人；1948年6月2日凌晨，洪岩洞又发生岩石崩塌，死亡61人，伤51人。

洪岩洞、天成巷、千厮门行街房屋密集，大部分属于危房，街巷里随意搭建的棚房不少，居住者相当部分是流动人口。由于没有天然气，居民大多烧煤烧柴，加之巷道狭窄，电线线路老化，火灾隐患十分严重。千厮门行街临江房屋标高普遍低于洪水位，长江水位一到180米（黄海高程），大部分房屋都要进水一两米。每到涨水期，区政府、街道和地段的干部都要帮助居民紧急转移家具和物品。

从2000年下半年到2001年，渝中区政府投资数千万元，对洪岩洞实施危旧房拆迁，搬迁居民400多户。

2000年4月，由笔者担任主任的渝中区"两江沿线危旧房改造办公室"（简称"两江办"）委托四川美术学院以郝大鹏教授为主的团队承担"重庆洪岩洞传统民俗风貌区"概念性设计。四川美术学院组织教师和学生对洪岩洞的地形地貌、交通状况、历史沿革和典型建筑进行了认真的分析、研究、测绘。为准确体现重庆特色的风貌建筑，郝大鹏教授和他的团队作出了极大的努力。

2001年8月，重庆小天鹅（集团）公司通过招投标获得洪岩洞项目的开发权。2002年，小天鹅（集团）公司开始投资打造"重庆洪岩洞传统民俗风貌街区"。小天鹅（集团）公司总裁何永智对洪岩洞项目进行了深入研究策划，在几年时间的建设过程中，付出了巨大的精力和心血。

经过五六年时间的打造和培育，洪岩洞片区已建成为集餐饮、购物、观光、休闲、娱乐、演出、商务和巴渝民俗文化展示为一体的风貌街区，成为重庆山地建筑典范和重庆对外特色文化名片。

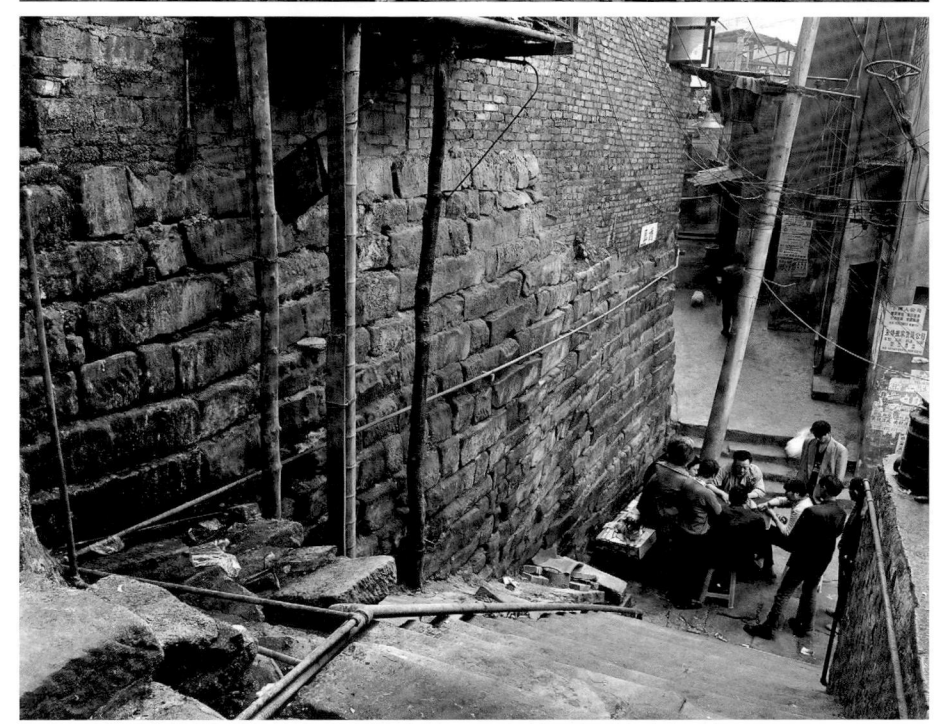

天成巷

　　清初，此处居民多做牵藤手工品出售，后"牵藤"谐音念为"天成"，故此得名。天成巷位于洪岩洞街与纸盐河街之间，与洪岩洞同处沧白路之下，有几条高差很大的支巷。天成巷房屋密集，随坡跌宕起落，长长的石梯从江边一直通至沧白路外侧的城墙。

陕西路

陕西路亦称陕西街，是重庆较早兴起的商业和金融区。过去从朝天门半边街起，依次分为下陕西街、中陕西街和上陕西街。乾隆二十五年前，在今陕西路过街楼与信义街之间（旧时为朝天门半边街）有陕西商人集资建造的移民会馆——陕西会馆（又称三元庙）。清时期，外省到重庆经营商业、票号、钱庄、当铺的以山西、陕西商人为多，又主要集中在朝天门过街楼和上下陕西街一带。1821年，山西日升昌颜料铺商人雷履泰在陕西路开设"日升昌"票号，办理汇兑业务，成为重庆最早的私人金融机构。重庆开埠后，票号增加，据海关税务司调查报告，重庆城票号在20世纪初有16家。之后，丝、茶、布匹、毛皮等各业商人纷纷效仿，票号逐渐兴隆，极盛时发展到28家。票号以山西人创办为主，按地区不同又分为平遥帮、祁县帮等。平遥帮的票号有日升昌、蔚泰厚、蔚盛长、蔚丰厚、蔚长厚、新泰厚、天成亨、协同庆、协同信、协和信、百川通、谦吉升、新盛亨、永泰庆、宝丰隆等。祁县帮票号有大德通、大德恒、存义公、三晋源、源丰玖、中兴合等。

清末民初，在票号、钱庄、典当行的基础上，各种银行、保险公司、证券公司、信托公司发展迅速，相当部分集中于陕西路。

1912年1月1日，重庆市第一家邮政支局——陕西路邮政支局在陕西路设立。1914年，巴县崇善堂、江北明心堂在陕西街创办宏仁医院，此为重庆国人开设的第一所私立西医院。1920年，四川著名民族资本企业"重庆宝元通公司"在陕西路开业，时为重庆城最大的百货公司之一。20世纪30年代，重庆城有名的中华大剧院、新川大剧院（后改为电影院）都建在陕西路。1942年11月4日成立的加拿大公使馆（1944年升格为大使馆）设于陕西路大河顺城街42号"英美会"内。陪都时期，国民政府第45军军医院设在陕西街通惠银行内，重庆市参议会、第74军驻渝办事处设于陕西街，《民主导报》、《渝工导报》等报社也设在陕西街。

重庆市有名的市民银行（后改为重庆商业银行）设在陕西街。1929年重庆设市后，市长潘文华为筹集开辟新市区、修建公路等市政建设经费，开始筹建市民银行。1931年1月5日，重庆市民银行在陕西街正式开业，温少鹤任重庆市民银行董事会主席，潘昌猷（潘文华之弟）任经理。1934年8月29日，重庆市民银行更名为重庆银行总行。1934年至抗战爆发前，重庆银行总行分支机构开设到上海、万县、成都、新都、自贡、内江等城市，抗战期间又增加康定、雅安、贵阳、三斗坪、中坝、南充、合江、达县、璧山、山洞、合川、太和镇、三台、绵阳、宜宾、泸县、五通桥、西昌、昆明等25处分支机构。1941年奉财政部令，重庆银行改为重庆商业银行。抗战胜利后，1946年重庆银行总行改为重庆总管理处，又在汉口、天津、南京、广州设立分行。1949年11月底，重庆银行停业。

民国时期，先后在陕西街开设的银行多达数十家。1913年，晋丰银行重庆分行设在陕西街。1934年，四川地方银行总行设于陕西街。1935年，泰丰银行设于陕西街。1938年，安徽省银行重庆分行设于陕西街179号。1939年，西康省银行重庆通讯处（1945年改为分行），湖南省银行重庆分行，广东省银行重庆分行设于陕西街。1941年，重庆市合作金库设于陕西街167号。1942年，贵州省银行重庆分行在陕西街75号开办。1943年，聚康银行总行设于陕西街80号，胜利银行总行设于陕西街199号，永美厚银行总行设于陕西街201号，茂华商业银行总管理处设于陕西街103号。1944年，金城银行总管理处设于陕西街119号，华康银行总行设在陕西街197号，华西商业银行设在陕西街223号，聚丰银行总行设于陕西街。1946年，福川银行重庆分行设于陕西街205号。1947年，至诚银行总行设在陕西街230号，全国省银行重庆联合通汇处设在陕西街。

刘义凡府邸旧址

1937年为华懋公司所有，后为银行家、开明人士刘义凡私人府邸。该建筑体量较大，一面临陕西路，一面临太华楼二巷，分为前后两栋相互连接而风格迥异的楼房，内有4米见方的采光天井和两处各自独立的楼梯间。临陕西路楼房为4层砖木夹壁结构，立面造型简洁，底层作营业门市，楼上为办公之用；临太华楼二巷楼房为办公、住宅兼用，中西合璧式风格，砖柱砖墙，装饰做工精细。砖柱之间为空透拱形大窗，每层房屋外有内走廊，墙体外立面做有砖砌图案和灰塑，室内雕花撑拱、雀替、挂落等木构件部分尚存。房屋外有一小院坝，临街建有5米高的青砖围墙。

1954年，在公私合营改造中，刘义凡将此房以旧币陆亿伍仟万元（合人民币6.5万元）卖给重庆食品公司，他本人也成为食品公司员工。现产权属于重庆食品集团公司。2008年被评为重庆市优秀近现代建筑。

临太华楼巷立面

临陕西路立面

建国银行旧址

位于新华路与民族路交会处十字路口（地名小什字），门牌号为民族路2号。民族路过去包括了木牌坊、小梁子、会仙桥、白龙池、新生路。1939年，为纪念孙中山先生的三民主义，几个街名被合并更名为民族路。

1941年，由刘芹堂创办的建国银行在民族路2号开业，初期为砖柱夹壁简易平房，1944年重建为5层楼圆形砖木夹壁结构楼房。1945年，美国《生活》杂志记者卡杰克·威尔克拍摄了小什字的街景。照片上，矗立在小什字路口的建国银行是最高的大楼，大楼上部横书"建国银行"四个大字，旁边建筑物有"银耳大王"竖幅招牌；照片应该是在夏天拍摄，市民穿短衣短裤者居多，亦有打伞遮挡太阳的行人；几部黄包车在马路上疾驶，拉车的力夫解开上衣，穿着草鞋，在马路上跑步如飞。卡杰克·威尔克在图片文字说明中写道："它（建国银行）是一栋由竹子和泥巴为材料修建的四五层高的圆形楼房，经过战乱的这个城市，同样还是那样的充满活力。"

现存历史档案《重庆市工务局建国银行建屋卷第一》记载，1944年4月，由于民族路4号店铺重新修建，开挖时掘到民族路2号建国银行的地基，导致建国银行房屋地基下形成一个洞穴。建国银行总管理处遂向相关部门报告："值此夏季正多大风暴雨之际，诚恐倒塌……，将原有行址房屋重新翻新建造。"在另一份标有"建国银行总管理处用信笺"的信笺纸上写道："谨呈者：查本行建筑新屋地形图业经钧局核准在案。惟左角靠水巷子一方毗连坡道处，改成圆形一节，自应照办。惟该地基面积极小，设计困难，且水巷子乃系人行坡级，车辆不过，原图设计方角，并不阻碍交通。左侧和成银行，亦系采用方角形。拟请钧局准免缩改圆角，以状市容观瞻，而资通过，实为公便。"

建国银行的银行标徽底图为地球和世界地图，下有梅花图形，中间为横书的"建国银行"四字，蓝底金字，边框亦为蓝底金边金字，金字为英文"NATIONAL RECONSTRUCTION BANK LTD"。

20世纪50年代，建国银行停业。70年代前后，有几家金融机构在这里办公。1988年，重庆市有价证券公司（西南证券前身）在该楼房办公。90年代为朝天门街道办事处所在地。

川盐银行（国民政府经济部）旧址

川盐银行前身是1930年成立的重庆盐业银行，1932年6月更名为川盐银行，位于小什字新街口（今新华路47号重庆饭店大楼）。兴盛时期，川盐银行在上海、昆明、汉口、成都、自贡、万县、内江、泸县、宜宾等处设有分支机构。

川盐银行董事长吴受彤（1888—1937），名炜，字受彤，浙江杭州人。青少年时期，吴受彤在成都就学，1914年受聘来重庆担任盐运使署秘书，1924年调任盐运使署自贡行署委员。20年代末，吴受彤应刘湘之邀到重庆担任盐运使署科长，编写《四川盐政史》，深得四川盐运使王瓒绪青睐。1931年，重庆盐业银行因亏欠存款无力支付，经营困难，宣告停业。在王瓒绪的支持下，吴受彤受命负责清理整顿重庆盐业银行。1932年6月，经国民政府批准，重庆盐业银行更名为重庆川盐银行，于7月4日正式复业，吴受彤被推选为董事长。吴受彤上任后，提出银行经营的"四不宗旨"：不作投机事业，不放信用贷款，不发类似纸币的票据，不赌重庆流行的申汇。他强化了银行的经营管理，创办了盐业保险，加大了对盐业发展的支持。在吴受彤主持川盐银行工作6年期间，由于经营有方，银行连年盈利。

为了提高银行声誉，增强股东信心，吴受彤大力投资房产。从1933年起，川盐银行先后在重庆城米花街（八一路中段191号）建成川盐一里，在石灰市建成川盐二里，在七星坎街（临江路67号）建成川盐三里，在来龙巷（来龙巷9号，后改为来龙巷11号）建成川盐四里，在真原堂巷（现五四路）建成川盐五里。川盐银行总经理王政平在夫子池旁奎星楼巷子修建了庆德里。在当时的重庆城，修建这样成规模的6处高级公寓房是十分罕见的。1935年，吴受彤在美丰银行对面曹家巷购地160平方丈，投资修建9层高钢筋混凝土结构银行大楼。1936年12月，川盐银行大厦竣工，成为重庆城首屈一指的高层建筑，其规模和气势超过了马路对面的美丰银行。吴受彤亲笔书写碑石一方，上书："丰台起于垒土，高楼始于初基，萃群才之力，成其屋渠渠，祝行业之永固，同此石而久历。"1935年，在川帮银行头面人物康心如、刘航琛、潘昌猷等人的支持下，吴受彤被选为重庆市银行公会主席。1937年8月，吴受彤病逝。1938年春，川盐银行董事会推选刘航琛出任董事长。刘航琛执掌川盐银行9年时间，向外投资了大批企业。据银行账面记载，川盐银行投资的工矿企业有27家，投资的商业企业有14家，投资的金融、信托、保险事业有17家，投资的新闻事业有14家。

1938年1月，中国航空总公司内迁重庆，办公地点设在川盐银行，售票处设在"下半城"篑学巷。

1938年7月31日，国民政府经济部迁渝，驻川盐银行办公。经济部部长为翁文灏，政务次长为秦汾。经济部系1937年12月31日，经国防最高委员会决定，由原实业部改组而成。1938年1月7日，国民政府通过经济部组织法，决定将建设委员会，全国经济委员会，军事委员会第三部、第四部，军事委员会第三部资源委员会、工矿调整委员会、农产调整委员会等机构的全部或局部并入经济部。经济部内设秘书、参事、技术3个厅，总务、管制、矿业、工业、电业、商业、企业7个司，会计、统计两个处。为执行职务之需要，还设有各种委员会10余个。

1938年，中国工程师学会迁来重庆，办事机构设在川盐银行大楼，1945年，中国工程师学会在中山二路新建大厦后搬出川盐银行。1939年，国民政府交通部曾在川盐银行临时办公。1943年3月1日，英资汇丰银行租用川盐银行房屋开业，后迁至第一模范市场38号新址（现道门口）。

1950年，川盐银行和川盐银行修建的宿舍楼被重庆市财政局接收。1953年，川盐银行停业。现为重庆饭店使用。

中国银行重庆分行旧址

位于新街口（现新华路）与曹家巷交会口，门牌号是新华路41—43号（原门牌号是曹家巷3号）。钢筋混凝土结构，高6层，底层用黑色大理石作饰面，上面5层用米黄色釉面瓷砖贴面，现代风格，气势雄伟。现为重庆饭店东1楼，作朝天宫大酒楼使用。中国银行重庆分行与川盐银行仅一街之隔，重庆饭店接管使用后，在曹家巷上空修建了一座连廊，将中国银行重庆分行旧址与川盐银行旧址连通。

与中国银行毗邻的曹家巷1号过去是杨钟岫先生（笔名牛翁，1922年出生，资深记者、书法家，重庆老新闻工作者协会会长）祖上留下的房产。杨钟岫曾祖父杨祐庭是清末重庆富甲一方的棉纱帮首富，在重庆城内置下大量房产，故有"杨半城"之称。抗战时期，国营招商局内迁重庆，在重庆设立长江业务管理处，曾租用曹家巷1号杨家房屋办公，使这里成为战时航运信息中心之一。抗战胜利后招商局回迁上海，房屋归还杨家。此房后来毁于朝天门"九·二"特大火灾。

中国银行于民国元年（1912年）成立于北京。1928年，国民政府在南京成立中国银行，在上海成立特许经营国际汇兑的中国银行专业银行。中国银行资本金主要是私人资本，官方成分只占五分之一。1935年，国民政府颁布中国银行条例，通过政府增加资本金，达到官、商各占一半，由宋子文担任董事长，宋汉章担任总经理。抗战爆发后，中国银行总处于1939年10月迁重庆，入驻曹家巷3号办公。1943年，政府进一步增加资本金6 000万元，官、商资本金比例达到二比一。1944年，改由孔祥熙担任中国银行董事长。抗战时期，中国银行在大后方各省广泛设立分支机构，截至1942年，国内分支机构202处，国外分支机构19处。

中国银行重庆分行成立于民国初。1914年，四川省财政厅电请财政部转饬中国银行来川开办分行。1915年1月18日，中国银行重庆分行在重庆城内择址开业。同年重庆分行在成都、泸县、万县、自贡等地设立分支机构。1922年7月，中国银行总处将重庆分行改为支行，隶属汉口分行管辖。1930年1月，中国银行总处恢复重庆分行。之后，重庆分行在嘉定、内江、涪陵、叙府、潼川、隆昌、成都、南台寺等地先后设立机构。1936年，中国银行重庆分行在曹家巷3号新建5层高办公大楼和营业厅。1942年底，重庆分行辖区包括四川、贵州、西康三省，共设机构69处，其中58处系抗战时期新设。1946年8月，中国银行昆明支行划归重庆分行管辖。至此，重庆分行实际上成为西南四省的区域管辖行。至重庆解放，中国银行重庆分行被军管会接管为止，前后历时35年，先后担任经理的有王丕煦、唐瑞桐、丁志兰、黄忠佑、程传璋、周宜甫、徐维明、赵宗溥等人。

根据国民政府公布的《战时健全中央金融机构办法》及有关法令，中国银行与中央银行、农民银行三家银行担负着协助政府推行战时金融政策，增强抗战实力，巩固战时金融的任务。1942年5月，中国银行、中央银行、农民银行、交通银行总管理处（简称四联总处）颁布了《四行业务划分及考核办法》，规定中国银行的主要任务是：受中央银行委托，承办政府国外款项的收付，经办进出口外汇及侨汇业务，发展与扶助国际贸易，办理有关事业之贷款及投资，办理国内商业汇款以及储蓄及信托等业务。1945年8月抗战胜利后，中国银行于同年10月迁回上海。

国民政府盐政总局旧址

位于渝中区新街口（现新华路下段），靠近重庆饭店，建于1921年。中西合璧建筑风格，砖木结构，小青瓦屋顶，一楼一底，上有阁楼。屋顶飞檐翘角、错落有致，脊饰精美。地下挖有防空洞，可通重庆饭店和人民银行地下室。1946年1月国民政府军事委员会军令部第四厅测图绘制的《重庆市区街道图》上，此处标为"盐政总局"。

食盐是涉及国计民生的重要物资，历代官府对食盐的管理都非常严格，故有"官盐"之说。四川是著名产盐区，重庆是重要的川盐集散码头。雍正八年（1730年），官府在千厮门外设盐埠，称为老埠；乾隆五年（1740年），又于临江门外增设盐埠，称为新埠。清代重庆盐帮的行业组织为重庆盐业公会（初称盐帮公所），系本地四大商帮之一。官方的盐政管理机构为四川盐茶道，1910年改为四川盐运使署。1916年四川盐业使署迁驻重庆。盐运使署一职初由北洋军阀政府委任，刘湘割据四川时，曾先后直接委派其部属担任盐运使署一职，仅向上报请备案而已。由于盐运使署是一个肥缺，民国初期，各地军阀多以此职务来调剂其高级部属。1935年重庆成立盐务管理分局，管辖川东及涪陵、万县等盐务机构和重要盐仓。

1938年，国民政府财政部盐政总局从上海迁渝，在新街口办公。1939年6月，因日机轰炸，总局疏散到乐山五通桥，部分机构仍留重庆。1940年，总局从五通桥迁回重庆新街口原址。战时为避免敌机轰炸，总局各处采取分散办公方式，分别在歌乐山金刚碑、山洞，南岸龙门浩、弹子石等地设立办事机构。盐政总局在渝领导指挥后方14个省区盐务管理局的工作。2003年，盐政总局旧址因重庆饭店扩建被拆除，拟在洪岩洞恢复重建。

美丰银行旧址

建成于1935年6月，系美丰银行经理康心如聘请中国著名建筑师杨廷宝设计的新型7层楼钢筋混凝土结构大楼，工程由当时国内一流施工企业馥记营造厂承建。馥记营造厂从上海派来施工技术人员组织工程建设。大楼用材考究，装饰豪华，功能齐备，总面积约5 000平方米。建筑外立面一至二层用高档黑色花岗石贴面，第三层以上用米黄色釉面薄瓷砖贴面，外观端庄美观。室内营业厅高达两层，顶部有气楼式天窗玻璃吊顶，营业柜台用大理石贴面。第三层至六层为办公楼，由侧门经电梯出入，地下室建有坚固的金库。

美丰银行是民国时期重庆有名的私营银行，初为中美合资，由美商雷文（Frank．J．Raven）和中国商人邓芝如、陈达璋、康心如等合办。1921年6月，中美双方代表在北京美国驻华公使馆签订合同，1922年4月10日在朝天门新街口正式开业，定名四川美丰银行，总股本为美金100万元，美方占52%，中方占48%。

第一次国内革命战争开始后，各帝国主义国家纷纷撤退侨民。1927年2月，美丰银行经理美国人海冀德接到撤退通知后，准备把银行的现金、账册和文件封存，并把钥匙带走。为避免美丰银行出现关门停业的局面，康心如会同银行股东周见三找到21军军长兼四川善后督办公署督办刘湘，力主借此机会，筹集资金收买美方全部股份。周见三是刘湘在四川陆军速成学堂的同学，曾经担任过刘湘的副官长，加之刘湘认为此事对21军今后掌控美丰银行也有利可图，于是授意周见三和康心如运作此事。周见三以刘湘的名义邀集21军部属和重庆商帮筹集现洋13万元，于1927年3月30日，买下美方全部股权，使美丰银行由中美合资一举变成为中资银行。1927年4月，股东会议通过新章程，推选汪云松、周见三、曾禹钦、胡汝航、周云浦5人为董事，聘康心如为总经理，李星桥为副经理，改四川美丰银行为美丰商业银行。以后20多年，美丰银行经营管理一直由康心如掌握。除设于新街口的美丰银行总行外，美丰银行还设有重庆分行新生路支行和上清寺办事处、段牌坊办事处、邹容路办事处、民生路办事处、化龙桥办事处、北碚办事处等分支机构。

康心如执掌美丰商业银行经营管理权后，依靠自身的努力和刘湘的支持，银行业务发展迅速。为了展现银行实力和形象，1934年，美丰银行决定在朝天门新街口新建银行大楼。为筹措建设资金，美丰银行专门发行了"美丰大楼纪念储金"。1935年6月大楼竣工投入使用，成为当时首屈一指的高档建筑，大大提高了美丰银行的影响和信用。美丰银行大楼历经抗战时期日机的狂轰滥炸和1949年"九·二"特大火灾，又经过之后的几十年岁月，至今仍然完好如初。

康心如（1890—1969），名宝恕，著名银行家、实业家、社会活动家。祖籍陕西城固县，光绪十六年（1890年）出生于四川绵阳。1911年春赴上海参加同盟会，随即东渡日本，入早稻田大学政治经济专科学习。回国后，1913年任浚川源银行上海分行经理，同年在上海创办《雅言》刊物，进行反袁世凯活动。1915年与张季鸾等创办《民信日报》，任报社经理。1916年袁世凯垮台后，报社迁北京，康心如在北京任国务院侨务局佥事，兼任上海《新闻报》、重庆《新蜀报》记者。1916年任《中华新报》经理兼编辑。后该报社被查封，康心如与张季鸾同时被捕，关押近一年后释放。1922年4月10日，中美合资四川美丰银行成立后，康心如任银行协理。由于康心如业务能力强，又善于处理外方关系，深得美方总经理雷文信任，逐步掌握了银行管理实权。1927年初，中方收购了美方股权，美丰银行成为中资银行，康心如任总经理。至20世纪30年代，康心如与康心之、康心远三兄弟占有美丰银行资本40%以上，成为重庆著名的金融财团。1937年，康心如被推选为重庆银行公会主席。1939年，美丰银行投资创办了7个"丰"字号的公司和永成、大夏两家银行，康心如还投资创办复旦中学，捐资修建南开中学图书馆，发起组建西南实业协会。1940年，康心如被选为重庆市临时参议会首届议长。1950年4月，美丰银行宣布停业。

中华人民共和国成立后，康心如历任西南军政委员会财经委员会委员，四川省、重庆市政协委员，重庆市第一、第二届人大代表，重庆市民建、工商联副主任委员，全国工商联执行委员等职。1957年被错划为右派，后得以纠正。1969年11月16日病故于北京，终年79岁。

康心如与周恩来是法国勤工俭学的同学，与周恩来一直保持着良好的关系。中华人民共和国成立初期，周恩来到重庆，还抽空去康心如家看望叙旧。

美丰银行旧址现为重庆市文物保护单位，由中国人民银行重庆营业管理部和国家外汇管理局重庆外汇管理部使用。

川康平民商业银行旧址

川康平民商业银行简称川康银行,由川康殖业银行、重庆平民银行、四川商业银行3家银行于1937年9月合并而成,位于打铜街16号,与交通银行紧邻。建筑为西式风格,高5层,正面有6根高大的罗马柱,气势巍峨挺拔。

川康殖业银行是在四川军阀、21军军长刘湘支持下,由刘航琛与何北衡、甘典夔、张必果、周季梅等人于1929年5月创办。川康殖业银行先在曹家巷开张营业,同时在打铜街修建新行址,1930年1月向南京政府财政部注册,同年9月1日迁入打铜街新址。银行初始资本金100万元,其中85万元由刘航琛利用21军财政处处长职权,通过向盐帮预借3个月盐税期票贴现、调拨禁烟特税以及挪用购买枪弹的军款凑集。1935年资本增为150万元。川康殖业银行第一次股东会议选出何北衡(川江航务处处长)、卢作孚(民生公司总经理)、刘航琛(重庆银行界资深人士)、周季梅(刘湘原秘书)、杨粲三、张茂芹(杨张二人代表聚兴诚银行)、汤壶峤(汤子敬之子)为董事。郭文钦(21军参谋长)、乔毅夫(21军对外政治代表)为监察。推选何北衡任董事长,卢作孚任总经理,周季梅任协理,汤壶峤任经理。两年后刘航琛出任总经理。由于川康银行与21军有着千丝万缕的联系,一度成为被刘湘所控制和为其服务的银行。1930年21军成立总金库时,军部财政处签发各部队的支付书有时不能兑现,可先向总金库换取期票。当时由邹汝百任总金库经理,因用他私人名义签发的期票最多,一时被称为"邹票"。而川康殖业银行当时就以这种期票贴现为主要业务。

1931年,川康殖业银行经川康督办公署核准,发行一元、五元、十元3种无息存票460多万元在市面流通。四川省发行善后公债和建设公债时,川康殖业银行无不带头认购,获得厚利。刘湘部队的军需用款也多由该行承汇转发。

重庆平民银行创立于1928年7月,资本为银元10万元。初为委员制,由张子黎任经理,次年改为董事制,由张子黎任总经理。该银行主要办理小额贷款,存款不多,业务未能发展。1933年增资为25万元。1934年改选董事监察人,推由邹汝百任总经理,张子黎任经理。1935年刘航琛任该行常务董事,次年11月任董事长，资本增为100万元，业务有所发展，成为一家颇有实力的银行。

四川商业银行由唐棣之、甘典夔、刘航琛、范绍增、汤子敬、罗震川、汤壶峤、夏仲实、戴矩初等20多人联合创办。于1932年6月开业，资本60万元。唐棣之任董事长，汤子敬任总经理。经营存放汇兑业务，代办申渝航线轮船货物运输以及报关、保险等业务。1934年增资为100万元，改由范绍增（原任21军师长）任董事长，范仲渠任总经理。业务经营着重在申渝两地进行申汇投机和多头公债等活动。

1937年芦沟桥事变发生后，重庆公债暴跌，物价波动，存户纷纷提存，市场银根转紧，不少银行资金周转困难。在这种形势下，刘航琛提出重庆平民银行、四川商业银行、川康殖业银行三行合并的倡议，以便集中三行资本，发展业务，并与聚兴诚、美丰两银行竞争抗衡。经过三行董事联席会决定，同意于1937年9月11日正式合并。1937年10月12日，川康银行召开合并后的第一次股东大会，选出范绍增、周见三、夏仲实等15人为董事，由刘航琛任董事长。1944年成立川康银行总管理处，1947年总管理处迁上海。

川康银行在抗战时期储存过故宫文物。1938年5月，数千箱故宫文物在故宫博物院馆员庄严（后任"台北故宫博物院"副院长）、吴景周（吴瀛，著名戏剧作家吴祖光的父亲）等人员押运下，由汉口辗转运至重庆，先集中到巴县石油沟，然后再分散各地储藏保护。因川康银行仓库异常坚实，部分文物存放于此。为保护国宝，当年川康银行驻有军队。经历80年风雨洗礼，这栋老建筑依然完好无损地屹立于打铜街。川康银行现为渝中区邮局使用。

交通银行旧址

位于打铜街14号（原打铜街26号）。交通银行原址为四川商业银行，再早为四川饭店，为齐姓商人开办。1932年6月，四川商业银行成立。1934年，四川商业银行拆除四川饭店旧房新建银行大楼。建筑设计由加拿大建筑师倍克承担，工程由汉口迁渝的洪发利营造厂承建。新建建筑为7层大楼（含地下层），西式风格，建筑面积4 330平方米，钢筋混凝土加砖木石混合结构，地下室之上第一层作成三开间券拱门廊，第二、三、四层立面设计有4根硕大的罗马柱，大门前有15级台阶。此建筑投资不菲，内外装饰细腻，风格典雅华贵，与后来修建的川康平民银行（1937年建成）并排雄踞于打铜街。四川商业银行大楼于1935年落成后，一层、二层作银行办公使用，三层以上57间客房还给四川饭店继续经营。1937年9月，四川商业银行与川康殖业银行、重庆平民银行合并成立川康平民商业银行，迁驻打铜街16号新址办公。1938年1月，交通银行以45万元购买打铜街26号四川商业银行房屋设立特等支行，同年11月改为交通银行重庆分行。20世纪50年代中期，交通银行停止使用。其间曾为重庆市冶金局办公所用，后为重庆建设银行办公大楼。

打铜街下口接陕西路，通下半城；上口连新华路，通解放碑；中段接道门口，总长约180米。清代此街因铜匠铺多，制铜业兴旺，故得名打铜街。与打铜街相邻还有一条打铁街，位于打铜街之上小什字路口左面，过去是铁匠铺集中之地。打铁街上有1914年加拿大英美女布道会四川分会创办的文德幼儿园（1918年改为文德小学，1924年更名为文德女子中学）。

清时期，打铜街下段是川东道署所在地，道署大门开在道门口，东辕门面朝陕西路，西辕门面朝重庆府城隍庙。道门口得名于清末，意指此街位于原川东道之大门口。重庆蜀军政府成立后，曾将行政部设于川东道署旧址。1924年、1925年，邓锡侯、赖星辉先后任四川省长时，均将省府设于道门口原道台衙门。20世纪20年代后期，原川东道署建筑被拆除，改建为重庆第一模范市场。1937年，在道门口建立新世界游艺场，仿上海"大世界"修建，1939年毁于日机轰炸。

国民政府迁都重庆后，"四行二局"随之迁到重庆办公，四行二局即中央银行、中国银行、交通银行、农民银行和中央信托局、邮政储金汇业局。中央银行总行初借新街口美丰银行五楼办公，后在道门口9号新建大楼办公，交通银行驻李子坝，中国银行驻曹家巷，中央信托局驻道门口。陪都时期，国民政府经济部，财政部重庆直接税务局和英资的汇丰银行、麦加利银行，法资的东方汇日银行办事处，以及川康银行、美丰银行、川盐银行、建国银行等商业银行和众多的私营银行都集中在打铜街、新街口、道门口一带。据1946年12月调查，重庆城区人口密度最大的地段在打铜街，达到每公顷1650人。重庆城建筑楼层最高的地段也在打铜街，以四五层高的银行大楼居多。

英资汇丰银行是重庆成立最早的外资银行。1942年冬，英资汇丰银行（1865年在香港成立）派默里（Murraw）来重庆，筹建汇丰银行重庆分行。1943年1月，国民政府发给汇丰银行第一号营业执照，汇丰银行重庆分行于同年3月1日在朝天门新街口的川盐银行大楼租房正式成立，不久即迁到第一模范市场（现道门口）38号新址营业。1942年冬，英资麦加利银行（1853年成立总行，1857年在上海成立分行）派员来重庆筹建麦加利银行重庆分行。在取得国民政府颁发的外资银行第二号营业执照后，该行于1942年6月1日在中国旅行社新大厦开业，后迁到打铜街11号营业。

中国交通银行创立于光绪三十四年（1908年），是我国早期官商合办的新式银行，由清政府邮传部在北京设立，专门办理轮船、铁路、电报、邮政四种银行业务。交通银行最大股东是邮传部，其规模和地位仅次于大清银行（中央银行）。宣统三年（1911年），交通银行总管理处迁天津，1928年由天津迁上海。1915年12月，交通银行在重庆开设分行。抗战爆发后，交通银行总管理处迁驻武汉，业务重心撤至香港。1938年1月10日，交通银行在重庆打铜街26号（现打铜街14号）原四川商业银行设特等支行，同年11月改为分行，为交通银行四川省管辖行。1938年秋，日军大举进攻武汉，交通银行总管理处迁重庆李子坝办公，业务重心仍在香港。1941年12月8日太平洋战争爆发，香港形势紧张，交通银行业务重心遂由香港移至重庆。1945年8月日本投降后，交通银行总管理处于同年迁回上海。

重庆解放后，原交通银行重庆分行由重庆市军事管制委员会金融部接管，1949年12月恢复营业。1950年3月改组为交通银行西南区分行，1952年4月升为西南区行。1954年，中央决定撤销大区一级行政机构，交通银行西南区行于10月1日撤销，交通银行重庆分行改为重庆支行，受重庆市财政局直接领导，支行行址迁到五四路51号。1958年，交通银行重庆支行被撤销。

1954年10月，建设银行重庆市支行在原交通银行重庆分行基础上建立，行址设重庆打铜街14号原交通银行旧址。其主要业务是办理基本建设投资拨款监督。1958年9月15日，建设银行并入市财政局基建财务科。1959年8月1日重新恢复，归口市财政局领导。1965年3月3日，建设银行重庆支行升为市级局，改支行为分行，归四川省建设银行和重庆市市政府双重领导，以重庆市领导为主。

笔者父亲在打铜街建设银行工作多年，直至退休。父亲1937年毕业于成都志诚高级商职校，1938年进入民族资本开办的济康银行工作，期间在《华西日报》兼会计。1944年父亲到济康银行内江办事处任主任，1949年8月回重庆。1951年8月经田一平（中共党员，曾任《华西日报》、《华西晚报》经理，西南军政委员会文教委员会副秘书长，四川省社会主义学院副院长、四川省第二至五届政协副主席等职）介绍，进入重庆市政府交际处做会计工作。1953年前后，重庆市财政局开办会计培训班，聘请父亲授课。培训班结束后，父亲即被安排到重庆市财政局工作。1954年建设银行在打铜街成立，父亲进入该行工作。笔者年少时经常到父亲单位玩耍，记得银行内的大厅非常豪华气派，内庭屋顶还有彩色玻璃天花（类似后来看到的教堂穹顶），室内梯道旁安装有老式电梯，电梯四周是透空的铁钎子，几根钢索把电梯箱拉上拉下，当时感到特别新奇有趣。

旧址现为中国建设银行重庆分行营业部使用，重庆市市级文物保护单位。

二、望龙门地区
Wanglongmen Region

望龙门大码头

　　原名王爷庙，20世纪30年代因临近长江水码头而得名。此街上接解放东路，下通望龙门河边，北连望龙门巷，长长的石梯从解放东路顺坡而下，一直延伸到江边。

　　望龙门码头位于太安门附近。太安门是重庆城"九开八闭"17座城门中的闭门，故无石梯和码头通道。过去望龙门江边是悬崖陡壁，城墙修筑在崖壁之上，与南岸之间无渡江船只。重庆开埠后，南岸龙门浩上新街形成新的街市，为了加强与南岸龙门浩地区的联系，1935年开始拆除太安门城墙，修筑石梯通道，开辟望龙门人和湾过江码头。1938年8月，望龙门到南岸龙门浩上新街的过江轮渡开通，至此，从望龙门过往的人流货物增加，码头船次往返频繁，水运日渐繁忙。陪都时期，随着外来单位和人员的涌入，望龙门大码头和附近的望龙门巷、东升楼一带人口及房屋增加很快，公司修建的里弄大院比比皆是，不少贫民搭建的吊脚楼遍布于堡坎上、梯道旁。

　　1945年5月，重庆第一条连接望龙门码头与林森路（现解放东路）街市的公共客运缆车在望龙门大码头修建。望龙门缆车通车后，从望龙门到龙门浩更为方便，望龙门大码头也愈加繁华热闹。

望龙门巷

原名望龙门街，上连望龙门大码头，下接芭蕉园。望龙门不是城门，而是一条以"望龙门"命名的街巷。因在此街可观对岸龙门浩长江中的"龙门"巨石，故此得名。民国时期，望龙门巷有不少公司修建的青砖楼房，至今还有部分保持着原貌。

解放后，笔者家庭迁到望龙门巷一座青砖大院。因家里孩子多，经济拮据，母亲就从望龙门河边的木船上买回成筐的橘柑，家里几个孩子一起剥皮去筋，橘皮和筋晒干后卖给药铺，剥出的橘瓣则用土碗盛满，拿到望龙门缆车站旁的石梯上叫卖。那时笔者只有五六岁，和二姐、五弟3人，赤着脚，顶着寒风，坐在望龙门大码头石梯上高声吆喝："快来哟，甜橘柑，一分钱一碗！"

还记得院子里驻过一支部队，士兵们打着绑腿，腰间的布口袋装着手榴弹，他们和院子里的小孩很亲近。特别吸引我们的是他们吃完饭后大锅里的锅巴，当兵的炊事员见我们眼巴巴地围着铁锅不肯离开，就用锅铲把锅巴铲起来，一人分一块。那香喷喷、黄焦焦的锅巴至今难忘。后来他们走了，临行时把一些生活用品送给院子里的人家，我家分得一口旧羊皮箱子，母亲把它当做为一件重要的家私，一直用了很多年。

几十年过去了，我再也找不到那个老院子，但在记忆中却总是抹不掉望龙门沿江的老巷子、高高的石梯和深深的老宅院留下的印象和眷恋。

望龙门巷6号大院

望龙门巷6号大院建于民国时期。20世纪50年代前,大院里只有4户人,现在居住了几十户人家,房屋产权分属望龙门房管所、市第二安装公司和私人所有。院内附1号是最老的房屋,建于20世纪二三十年代,两层楼砖木结构,门楣上嵌有瑞兽门头,现产权属于市第二安装公司。据当地居住的老人介绍,解放前此房曾为一位区长的府邸(1939年至解放初,市中区分设为7个区)。

东升楼

清末民初名东升楼街,1982年改为东升楼。东升楼位于望龙门缆车站对面,与过去的仓坝子、操场坝、肖家凉亭、葡萄院街几条小巷子相连,上石梯可到长安寺(今25中一带),下石梯到林森路。东升楼街巷陡峭狭窄,石梯、石堡坎多,房屋依坡而建,是比较典型的重庆老巷子。1913年,由李柱臣、连式之创办的"和记"钱庄设立于东升楼1号。陪都时期,重庆市电信局设在东升楼上口。

望龙门缆车

抗战时期,重庆成为战时首都,人口陡增,交通问题日趋严重。由于重庆沿江码头高差甚大,解决爬坡上下的交通,成为市政建设一个重要课题。1941年1月21日,重庆市市长贺耀组根据中国桥梁公司的计划书,代表市政府率先提出兴建缆车的提议。

1944年2月,由国民政府经济部、重庆市政府和中国桥梁公司共同发起,邀集银行界、工商界和重庆轮渡公司,筹组"重庆缆车特种股份有限公司"(以下简称缆车公司)。3月22日,缆车公司筹备委员会在打铜街交通银行二楼举行。5月,缆车公司正式成立。公司董事会设董事11人,推举国民政府经济部部长翁文灏为董事长,钱永铭(交通银行)、徐国懋(金城银行)、傅汝霖(中国兴业公司)、杨卓庵(市政府)等4人为常务董事,聘请中国桥梁公司专家茅以升为缆车公司总经理兼总工程师,梅旸春为副总工程师。缆车公司初期筹集资本金法币4 500万元,后增为6 000万元。

修建缆车虽非巨大工程,但在重庆尚属首创;加之抗战期间物资匮乏,修建缆车也非易事。好在当时重庆工程技术人员云集,对工程设计和设备制造提供了有利条件。

1944年5月缆车公司成立后,对望龙门码头、嘉陵江码头、牛角沱码头、临江门码头等处进行实地调查、勘察规划。经董事会研究,决定首先选址在人流量较大的望龙门码头修建客运缆车。当时望龙门滨江地段水流湍急,较小的趸船难以锚碇,故选在轮渡趸船后30米处修建钢筋混凝土停车站一座,其高度以水位到轮渡不能开航时,缆车也随之停运为标准。江边停车站仅供乘客上下及候车之用。缆车道在原码头石级上修建钢筋混凝土栈桥,桥上铺轨,轨上行车。望龙门缆车轨道呈"鱼腹式",中间设双车道,两端为单车道,上下缆车在中间分道行驶。

望龙门缆车工程由茅以升总工程师和梅旸春副总工程师负责主持设计建造,工程包括土建、栈桥、轨道、车辆、缆索、绞车、马达、电源等。工程于1944年7月开工,1945年4月竣工,5月6日试车营业。望龙门缆车有车厢2辆,每辆可载客50人。运行初期,日运量约5 000—7 000人次。据当时通车8个月有效运营情况记载,客票营运收入为法币1 750万元,乘客人次为上行66 988人次,下行22 046人次,总计89 094人次。望龙门缆车是重庆建成的第一条公共客运缆车,茅以升总工程师为此竭心积虑,研究解决了许多工程上的技术难题。缆车建成时,翁文灏写下《创建重庆望龙门缆车记》,称"此类创举,不失为抗战期间工业发展史中一史实"。

茅以升(1896年1月9日—1989年11月12日),字唐臣,江苏镇江人,桥梁及土木工程学家、教育家、社会活动家。茅以升1911年考入唐山路矿学堂(即唐山交通大学,今西南交通大学),1916年被清华学堂官费保送赴美留学,1917年获美国康奈尔大学土木专业硕士学位,1921年获美国卡内基梅隆大学大学理工学院工学博士学位。1921年回国后,任交通大学唐山学校教授。以后历任东南大学(今南京大学)工科主任、河海工科大学校长、交通大学唐山学校校长、北洋工学院(今天津大学)院长、杭州钱塘江桥工程处处长、交通大学唐山工学院院长、国民政府交通部桥梁设计工程处处长等职务。1933年至1937年,茅以升任钱塘江大桥工程处处长,主持修建了我国第一座公路铁路兼用的钱塘江大桥。1950年后历任北方交通大学(由今北京交通大学)校长、铁道科学研究院院长、中国科协第二届副主席、名誉主席、北京市科协主席、中国科学院技术科学部委员、中国土木工程学会第三届理事长、九三学社中央副主席、第六届全国政协副主席。

据1974年至1985年12年的资料统计,望龙门缆车平均日运量13 400人次,最高曾达17 000人次。望龙门缆车在重庆城特有的上、下半城地形的交通中,一直起着重要的公共客运交通作用。

望龙门客运缆车的兴建,开创了山城轨道交通的先河。在此后60年间,重庆市先后修建此类缆车8条,因交通结构变化等原因,这些缆车先后报废或者停运,现仅存主要供旅游之用的朝天门缆车。

1993年,因修建长江滨江路,使用近50年的望龙门缆车站被废弃。2009年12月15日,重庆市人民政府公布望龙门缆车为重庆市文物保护单位。

公园入口

上解放碑的主通道

溜冰场

公园内的盘旋梯道

中央公园（现人民公园）

位于上下半城之间，旧地名叫后祠坡，此处原为上下半城之间的斜坡荒地。1921年杨森任重庆商埠督办后，开始在此兴建公园。当时仅修建了堡坎、沟渠等部分工程，因川军内战、杨森撤走而停工。1926年潘文华任重庆商埠督办后，续议兴修中央公园。重庆工务局局长傅骕受命主持修建工程。由于此处地址太窄，遂将原巴县政府后方空地划入公园建设范围。工程于1926年10月开工，1929年8月完工，建成后成为重庆城第一座市民公园。因公园位于重庆城中部，故取名中央公园。公园建成之初，入内要收取铜钱100文，后因老百姓反对，并写顺口溜在报上讽刺而取消收费。公园内有盘旋石梯，可从"下半城"上到大梁子（今重庆警备区至凯旋路上口一带）。

1936年，由重庆市政府市长潘文华主持编撰的《九年来之重庆市政》一书中，对中央公园作了如下描述：

"杂莳花木，绿树成荫。东北隅筑金碧山堂一，曰葛岭，其下栏蓄奇兽，右有亭曰小灵湫。过此西行，有洞二，门垒假山，额曰巴岩延秀。南有中山亭，其西南隅建江天烟雨阁。涨秋山馆大门进口有喷水池、悠然亭，并有中山像、阅报室、网球场、高尔夫球场、儿童游戏场、草坪等，颇具园林形态。计全面积不过一千余平方丈。"文中所叙的涨秋山馆得名于晚唐著名诗人李商隐寓居巴蜀异乡时的诗句："君问归期未有期，巴山夜雨涨秋池。何当共剪西窗烛，却话巴山夜雨时。"涨秋山馆当时是一家西餐馆。用中国古代诗词取名经营西餐馆，倒也相映成趣。

1935年3月，重庆市立通俗图书馆在中央公园建立。1939年更名为重庆市立图书馆，隶属重庆市社会局。1939年5月，日机对重庆城进行大规模轰炸，中央公园建筑受到严重损毁，图书馆迁江北红砂碛。1945年7月，在中央公园原址新建图书馆。1945年7月，在中央公园内建立小型动物园。1946年7月，将原篮球场改建为溜冰场。陪都时期，国民政府外交部欧洲司设于中央公园内。郭沫若、茅盾、巴金等社会名流经常在中央公园的茶楼聚会交流，著名音乐家冼星海曾在中央公园举行音乐会。1946年，"中央大戏院"（后改为市中区文化馆）在人民公园创办。迄今为止，在下半城解放东路、望龙门一带居住的人，步行到解放碑仍然是从人民公园内的石梯上下。

续议兴修中央公园的重庆市商埠督办、市长潘文华是民国时期在渝任职时间最长，也是在城市建设方面建树颇丰的一位市长。潘文华（1885—1950），四川仁寿人，1908年入四川陆军军官速成学堂，之后任川军33师师长。1926年7月兼任重庆商埠督办公署督办。1927年督办公署改为市政厅，1929年2月15日市政厅改为市政府，潘文华出任首届市长。1935年7月，潘文华辞去市长职务。潘文华担任重庆商埠督办和市长9年时间，在城市建设方面卓有建树，特别是为开辟新城区做出了显著成绩和贡献。1937年后，潘文华历任第七战区第23集团军23军军长，第28集团军司令，川康绥靖公署副主任，川陕鄂边区绥靖公署主任，川黔湘鄂绥靖公署主任，重庆行营副主任等职。1949年12月9日，潘文华与刘文辉、邓锡侯在四川彭县通电起义。1950年1月任西南军政委员会委员，同年10月在成都病逝。

潘文华之后的重庆市市长任期都不长，短的仅7个月，长的不过3年。他们分别是：张必果（任期1935年7月—1936年4月），李宏锟（任期1936年4月—1938年8月），蒋志澄（任期1938年8月—1939年5月），贺国光（任期1939年5月—1939年12月，为重庆改为中央直辖市的第一任市长），吴国桢（任期1939年12月—1942年12月），贺耀组（任期1942年12月—1945年11月），张笃伦（任期1945年11月—1948年4月），杨森（任期1948年4月—1949年11月）。

重庆市消防人员殉职纪念碑

位于人民公园内。纪念碑碑身高6.55米，宽1.95米，正面和背面镌刻"重庆市消防人员殉职纪念碑"12个大字，两侧分别镌刻"中华民国三十六年八月十九日建"和"重庆市各界建碑委员会立"。碑身用水磨石作表面，碑座为砂岩。砂岩四方镶嵌4块石碑。建碑发起人单位有重庆市消防联合会、银行公会、钱业公会、总工会、妇女会、商会、渔会、教育会、参议会，个人有重庆市市长张笃伦及各界知名人士胡子昂、唐毅、范众渠、仇秀敷、周懋植、蔡鹤年、陈诗可、刘兆丰、詹郁秋等36人。"碑记"记载："重庆为西南重镇，华洋杂处，人烟稠密。无论昼夜寒暑，一遇火警，辄患燎原，故消防之设备不可一日或缺。惟自七七事变后，国府内迁，命□□□文为□□□□（"□"为字迹不清，下同）。倭寇肆虐，轰炸仍频，全市遭空袭九十六次，火场达二百九十六处。当时消防人员本着服务精神，奋不顾身，宵旰竭力抢救，或被弹炸死，或塌房伤亡，罹难长员计八十一员。名与前方抗战将士壮烈牺牲者，无或稍殊，其功甚伟，勒诸于石，以志不朽，亦其宜也。爰为之铭曰：消防何为，绸缪安燕。七七以还，功同抗战。从事长员，是邦之彦。以仁宅心，以智应变。见义勇为，耻居后殿。赴难争先，勋名共见。并寿河山，永垂史传。"落款为：蜀南富邑□□□记。

从长江索道渝中区站看二府衙片区

二府衙

原名二府衙街，因清代此处设有"二府衙"而得名。从此街上行可到长安寺（现新华路），下行出口接林森路东段（现解放东路）的白象街口。二府衙与望龙门缆车站隔解放东路相对，二府衙街巷长约200米，与解放东路相连的道路有4米多宽，与东升楼相连的巷道狭窄，宽不足两米。二府衙还有一些历史悠久的院落和老房子，如二府衙19号、二府衙35号都有近百年历史。二府衙紧邻县城隍庙，与重庆府署相距不远。光绪十二年（1886年）《重庆府治全图》在此标有"二府衙"街名，但图上没有像重庆府、巴县署那样绘有府衙建筑，说明二府衙建筑已经消失，仅存老街名而已。史料记载，乾隆三年（1738年），重庆府在重庆城白象街设置同知署（即二府衙）管理江北镇政务。乾隆十九年（1754年），重庆府将江北镇划出，升格设置江北厅，新建同知署衙于江北城弋阳观山下，直属川东道重庆府管辖。二府衙在乾隆十九年就从白象街搬迁到江北城弋阳观，但其地名一直保留至今，已有250多年。

二府衙名称来源于"同知"官名。同知官名始置于宋朝，为知府、知州、知县的佐官，明清较为普遍。同知、二府系同一官名，为同知设置的署衙习惯称为二府衙。

1927年，重庆艺术专科学校在二府衙设立，由王希瑾任校长。该校设中国画系、西洋画系、艺术教育系、音乐系、普师系，学生有200多人，教师有李凡丞、罗希成、肖轼尘等。

革命先烈杨闇公的父亲杨淮清居住在二府衙19号（原70号）。房屋为两层楼砖木结构，面宽约10米，拱形大门开在楼房正门左侧，内有小天井。杨闇公于1925年10月任中共四川地方委

二府衙到解放东路出口

员会书记。1926年2月，中共重庆地方执行委员会在中法学校（位于大溪沟）秘密成立，杨闇公被选为首任书记。二府衙杨淮清家成为中共重庆地方执行委员会驻地。1926年11月，中共四川地方执行委员会军事委员会成立，杨闇公任书记。1992年3月19日，二府衙19号被公布为重庆市文物保护单位，定名为"中共重庆地方委员会旧址（即四川省委旧址）"。21世纪初，此旧址在房地产开发中被拆除，拟易地重建恢复。

巴县党务指导委员会旧址位于望龙门街道二府衙社区，现门牌号是解放东路64号。房屋紧靠解放东路，东邻重庆第26中校址，西邻二府衙巷道，二楼一底砖木结构，坐北朝南，进深18米，面阔13.6米，建筑面积572平方米。1935年，巴县党务指导委员会在此办公。解放后改作巴县文献委员会，后转卖给西南纺织管理局。1958年移交给市中区房管局，由望龙门房管所管理。

成德里4号楼

从解放东路进成德里的狭窄巷道

成德里3号楼

成德里

位于解放东路69号巷子内，建于民国时期，此段街道过去叫县庙街。宿舍楼由德兴成银行修建，因重庆城已有"德兴里"，故此楼取名成德里。德兴成银行大致成立于20世纪20年代至30年代，为吴姓银行家投资创办。

成德里一面临解放东路，马路对面是二府衙；另一面临望龙门巷，面朝长江。从解放东路进出院子有一条宽不足2米的巷子，从望龙门巷方向也有通道进出院子。成德里现有5栋楼房，其中1号至4号楼是民国时期建筑，5号是20世纪80年代修建的房屋。成德里4号为3层楼砖木结构，每层有4米多高，共有几十间房屋，是成德里最老最大的楼房，为德兴成银行于民国时期所建。房屋室内木结构破损较严重，但建筑砖结构至今尚完好。

重庆城老院子称"里"的不少，如通远门外保节院的协和里，莲花池的德兴里，奎星楼巷子的庆德里，来龙巷的川盐四里，守备街的青年里等。"里"的名称与外来移民文化有关。

20世纪50年代，成德里驻扎过志愿军归国部队。之后产权归西南钢铁公司（现重钢公司），后作长航军代处。军代处搬走后产权归属长航公司，长航公司将房屋分配给几十户长航职工居住。由于房屋内部木结构损毁严重，加之无配套设施，现大多数房屋已转租给进城打工者居住。

棉花帮商号旧址

位于太华楼一巷3号附2号,建于清末民初。砖木结构,中西结合式风格,八字形朝门,一楼一底。二楼有开敞廊道,砖柱圆拱,砖柱柱顶上用民间通常采用的灰塑大白菜作装饰。房屋平面布局紧凑,内庭院小巧舒适。原房主名张寿壹,棉花帮生意人,祖籍江西。张寿壹与太华楼二巷的大户谢家是亲戚。清末民初,重庆棉花、棉纱帮行会众多,势力不小,棉纱帮的同业行会为同庆公所。现房屋产权属长航公司。

火麻巷

因清代此处有堆放火麻的行栈而得名。火麻巷位于陕西路之下,地处朝天门和东水门之间,与东正街临近。火麻巷是一条较短的小巷子,门牌号从1编到9。清代至民国时期,巷子里有一些商人及银行家修建的大院。

火麻巷4号为20世纪30年代盐商修建的青砖楼房,由于地形起伏不平,楼房用条石作房屋基础,既解决了地形高差,又增加了建筑的防水和坚固性。

火麻巷4号老房子

胡子昂旧居

位于解放东路太华楼一巷6号，紧邻重庆湖广会馆。建筑为砖木结构，3层青砖小楼，清水外墙，条石墙基，整体呈"凹"字形。朝门用青砖砌成，造型简洁美观。进大门后有一小院坝，院落尺度小巧宜人。旧居位置高于湖广会馆，在楼上可观长江和南山景致。

胡子昂（1897—1991），巴县南坪镇人。中国民族工商界杰出代表，著名爱国民主人士、社会活动家，中国民主建国会创始人之一。胡子昂1919—1923年就读于北京农业专科学校（北京农业大学前身）。1923年毕业返川后，在重庆、巴县任中学教员、校长、视学、巴县农会会长、重庆商埠督办公署教育科科长等职。1926年之后担任川康边务处处长、江西农学院总务主任兼技师。1935年重返四川后，痛感国家经济落后，内忧外患，山河破碎，民不聊生，便立下"实业救国"的志向。他与友人共同兴办机器厂、水泥厂、钢铁厂等企业，先后担任中国兴业公司协理、总经理，重庆华西公司经理，重庆自来水公司经理，川康兴业公司总经理、董事长，华康银行董事长等职。经胡子昂与同仁们艰苦创业，潜心经营，终于建成一个以工矿业为主，包括金融、贸易在内的西南地区有名的企业集团，为发展我国民族工商业和支持抗战作出了贡献。

1945年，胡子昂与黄炎培、胡厥文等人筹建中国民主建国会。1946年，胡子昂出任重庆参议会议长，并被选为国民参政会参政员和立法委员。1948年底，胡子昂离开重庆到香港。1949年9月，胡子昂应中央邀请，由香港到北京，参加了第一届全国政治协商会议和开国大典。同年12月随刘邓大军挺进西南，回到重庆。新中国成立后，任西南军政委员会委员，重庆市政府副市长，重庆市政协副主席，四川省政协副主席，重庆市工商联主任委员等职。1956年以后，任全国工商联主任委员，中国民主建国会副主席，全国政协副主席。1991年11月19日在北京逝世，终年94岁。

2008年，渝中区房管局投资对胡子昂旧居进行了全面维修后，作为胡子昂历史陈列馆向外开放。2009年12月15日，胡子昂旧居被公布为重庆市文物保护单位。

三北轮船公司旧址

位于陕西路支巷内，两层楼砖木结构建筑，门窗作有西式券拱。三北轮船公司总部在上海，由虞洽卿于1914年创办，因公司当时有慈北、姚北、镇北3艘轮船而得名。陕西路旧址是三北轮船公司开设的钱庄。三北轮船公司在白象街还设立有分公司。三北轮船公司曾以9万吨的运输船队成为全国最大的民营航运公司。

抗日战争时期，三北轮船公司和其他爱国轮船公司为抗战作出了重大牺牲。1937年8月，为阻止日军沿长江西进侵犯大陆腹地，国民政府实施了"江阴沉船计划"。由海军总司令部调集海军舰艇8艘，商船20艘，趸船8艘，民船盐船185艘，下沉于江底，以阻塞敌舰船。国营招商局和民营三北轮船公司、大达轮船公司承担了巨大的损失，三北轮船公司沉船吨位达2万吨。1937年12月，日军攻占上海、南京后，国民政府又在江西境内组织实施第二次沉船，三北轮船公司再次作出了牺牲。两次沉船，虞洽卿的三北轮船公司轮船损毁过半。这一壮烈的沉船行动，阻止了日军沿长江快速西进的战略计划。

虞洽卿（1867—1945），名和德，浙江慈溪人，1894年后任德商鲁麟洋行买办，1904年在华俄道胜银行做买办，继而又转任荷兰银行买办。1906年春，虞洽卿与端方、载泽、戴鸿慈、李盛铎、尚其方等五大臣赴日本考察，对国外的工商业有了进一步了解。1908年，虞洽卿等人在上海创办我国第一家私营银行"四明银行"，虞洽卿被推为理事。同年虞洽卿创办宁绍轮船公司。1911年虞洽卿在上海任都督府顾问官、外交次长等职。1914年独创三北公司，在此基础上，先后又创办了宁兴轮船公司和鸿安轮船公司，为发展我国民族航运业作出了贡献。1920年虞洽卿与人合伙创办上海证券物品交易所，任理事长，1923年当选为上海总商会会长。

鉴于虞洽卿在商界、实业界、金融界的影响和业绩，1936年10月1日，上海公共租界曾将西藏路一段改名为虞洽卿路（1943年恢复原名）。1941年春虞洽卿离开上海，转道香港赴重庆。到大后方后，他经营滇缅公路运输，为支持抗战作出了贡献。1945年4月26日虞洽卿在重庆病逝，终年79岁。逝前留遗嘱将千两黄金捐赠给国民政府用于抗战，国民政府追赠"输财报国"匾额一块。匾额现存于虞洽卿故乡浙江省慈溪市。

太华楼一巷

原名太华楼巷，因靠近太华楼街而得名，1982年改为现名。太华楼一巷上口是解放东路与陕西路的拐角处，下行可到湖广会馆。

太华楼二巷

原名太华楼街，清末因此处有太华楼饭店而得名，1982年改为现名。太华楼二巷路宽4—5米，长约百余米，有几处石阶，下口接东正街，上口接解放东路，与邻近的太华楼一巷大致呈垂直状。巷内过去有钱人家的宅院较多。重庆富商汤子敬岳父谢艺诚（清代重庆著名布商）所建谢家大院和民国时期银行家刘义凡府邸位于太华楼二巷。

清末民初，太华楼是钱庄集中之地。1927年创办的"安康"钱庄、"义亨"钱庄，1941年创办的"正和"钱庄（后改为银号），1942年开设的"永成"银号都设在太华楼。

谢家大院

位于渝中区道门口太华楼二巷2号，现存建筑为清代后期所建。谢家大院又名"谢锡三堂"，原为重庆富商汤子敬（汤百万）岳父谢艺诚所建。大院面阔28米，进深34米，通高约10米，二进式穿堂布局，穿斗抬梁结构，石朝门上阴刻"宝树传芳"4个大字，具有典型川东宅院建筑特色。解放后房屋收归公有，由市中区房管局望龙门房管所管辖，承租给十几户居民居住。由于长久失修，加之大部分房屋转租给进城打工者居住，院内搭建了不少棚房，建筑损坏较为严重。

2007年，渝中区房管局对谢家大院居住户实施了搬迁，同时委托重庆市规划设计研究院、重庆雅凯斯凯建筑设计公司承担谢家大院保护性修复设计工作。2008年12月，谢家大院修复工程完工，经市区两级文物管理部门组织专家验收后对外开放。现为市级文物保护单位。

芭蕉园62号小洋楼

房屋建于1935年，当地人称为"小洋楼"。砖木结构，两楼一底，拱形券廊，歇山屋顶，屋顶开有老虎窗。抗战时期此房曾作为临长江的军火转运站办公处。

成立于1928年的中共四川省军委旧址位于芭蕉园62号附近。1928年夏天，经中共中央军委书记、中央组织部部长周恩来提议，委派李鸣珂（四川南部县人）回四川组织省军委，并任中共四川省委委员兼军委书记。为便于开展隐蔽工作，李鸣珂将夫人、哥哥、妹妹、堂弟等从家乡接到重庆，安排在城内顺城街、十八梯厚池街等处做生意，暗中掩护党的工作。1930年4月中旬，李鸣珂外出执行任务被捕，后英勇就义于朝天门，时年30岁。

芭蕉园

因清末此处种植有芭蕉而得名，"文革"中改为曙光街，1982年恢复原名。芭蕉园面临长江，靠长江一面是东水门城墙，与打锣巷、石灰仓、下洪学巷、望龙门巷相邻。因一边为城墙，芭蕉园最早是一条半边街，后来居民在城墙上搭建了不少简陋的木板房和吊脚楼，使芭蕉园成为一条狭窄的巷子。临芭蕉园城墙之下还有一条叫月亮坝的小街，后来并入芭蕉园。全国重点文物保护单位——重庆湖广会馆、广东公所、齐安公所建筑群位于芭蕉园与下洪学巷之间。

陪都时期，南岸裕华纱厂在芭蕉园设有一座大型棉纱仓库。1942年某日，因市场混乱，棉纱一日数价，加之市参议会提出"裕华囤纱引起纱价上涨，要求检查裕华纱厂囤纱仓库"，造成纱商恐慌，一夜之间纷纷从仓库抢提棉纱。由于芭蕉园库存棉纱数量大，被连夜抢提运出仓库的棉纱最多，成为当时轰动重庆的"芭蕉园事件"。

打锣巷

旧时以鸣锣报时而得名。该巷与下洪学巷、石灰仓、望龙门巷相邻,向上可到县庙街(现解放东路),向下可到芭蕉园街。打锣巷坡度大,梯道多,房屋沿石梯修建,高低不平,错落有致,是重庆城典型的老巷子之一。

东水门上巷

原名大河顺城街、顺城街,与芭蕉园街相接。1982年,东水门城墙之上的街区定名为东水门上巷,东水门城墙之下的街区定名为东水门下巷。东水门上巷是一条半边街,临长江一边是石崖和城墙,内侧过去有两三座青砖院落,大部分房屋为简易修建的砖房和木板房,临时搭建的棚房、阁楼也很多,巷道非常狭窄。20世纪90年代之后,此巷成为一条以流动人口居住为主的街巷。2004年至2005年,在重庆湖广会馆修复期间,对此巷实施了危旧房拆迁。原址修建了与湖广会馆配套的风貌街区,现已建成开放。

下洪学巷

因此处有文庙，过去办有簧学（孔学），该巷位于文庙之下而得名簧学巷。为便于读记，后来改"簧"为"洪"。下洪学巷上口过去还有簧学街（后林森路，现解放东路），簧学街对面有一条上簧学巷（现上洪学巷）。1929年重庆市工务局绘制的《重庆市区地形图》上，在簧学街与上簧学巷之间标有巴县高级小学校，校内有泮池。巴县高级小学是过去的文庙所在地。下洪学巷从解放东路下到芭蕉园，长约300米，街巷风貌形态还大致保留着原来的格局。重庆著名清代移民会馆——广东会馆（南华宫）坐落在下洪学巷15号、19号、33号区域。光绪三十一年（1905年），川东师范学堂曾设于洪学巷（后迁往中山二路）。1935年，中国农民银行总行重庆分行设洪学巷。1935年，《盐务日报》报社设在下洪学巷。1938年1月，中国航空总公司迁渝，总部设在小什字新街口川盐银行，售票处设在洪学巷。

湖广会馆建筑群

湖广会馆建筑群

  位于下洪学巷、芭蕉园、东正街一带，紧靠东水门城门。湖广会馆建筑群始建于康熙年间，复建于嘉庆、光绪期间。现存禹王宫、南华宫和齐安公所3处会馆建筑，统称湖广会馆建筑群，总建筑面积约4 500平方米。

  明末清初，四川发生持续几十年的战乱、灾荒、瘟疫乃至虎患，导致百业凋敝，人口锐减。清政府统一全国后，从康熙至嘉庆长达100多年时间里，发生了以"湖广填四川"为代表的大规模移民运动。大批移民从全国约13个省区先后迁徙到四川"插占为业"，其间既有朝廷和各级官府的主导、鼓励，也有民间的自发行为。移民们到四川落脚生根，并通过艰苦创业取得一定经济地位后，为联谊乡情，维护同乡利益，协调与客地官府、商人的关系，制定经商行业规范，开始修建以同籍为纽带的移民会馆。重庆城内先后修建了湖广会馆、广东会馆、江西会馆、江南会馆、陕西会馆、福建会馆、浙江会馆、山西会馆和云贵公所9所会馆，习惯称为"八省会馆"。九所会馆全部集中在重庆城的下半城。

  旧时会馆的活动十分频繁。每年农历节日，如春节、端阳节、中秋节、重阳节、腊八节等，会馆都要举办各种祭祖、庙会庆祝活动。会馆修建翻新也要请来戏班庆贺。每到会馆祭祖、庆典活动期间，会馆内外人群摩肩接踵，盛况空前。各省会馆之间相互攀比，各显高招，纷纷聘请名角、名班演出。太平盛世年间，重庆会馆几乎无日不演戏，有的会馆戏台多，一日内数台同时演出的情况也不少见。庙会戏班演出和酬神活动，有时要持续数日，甚至达十数日之久。

  重庆海关税务司好博逊在《重庆海关1891年调查报告》中记录道："会馆的社交聚会是相当频繁的，常随会员人数多寡而定。例如江西会馆（近年间由江西来川的移民较他省为多）十二个月中多至三百次，湖广会馆达二百次以上，福建会馆在一百次以上，其他各会馆七十次至八十次不等。全体宴会并演剧则在特定庆祝时举行。"

  会馆也是达官贵人聚会的高档场所。晚清著名实业家郑观应

齐安公所

被改作民居的齐安公所

于光绪十九年（1883年）二月至四月，以轮船招商局帮办的身份考察长江各商埠情况，沿途撰写了《长江日记》。其中一篇记载了招商渝行（招商局在重庆设立的机构）负责人"山苞兄"在齐安公所宴请川东道道台黎庶昌和地方军、政、海关、税务、电力等实权人物的情况：

"二十六日戊申，晴。是日渝局仍假座齐安公所，宴本地道、府、州、县及镇营、新关、厘局、电局各官，山苞兄请代作陪。午后衣冠，顺道至某典，拜访罗星潭之族弟思齐，晤谈移时，乃至齐安公所宴客。川东道黎观察、重庆府王太守、巴县耿明府咸至，余则电报局、税关、厘局委员及二三商董也。席间黎观察谆谕商须顾全大局，要知招商局为我国自设公司，非怡、太（此处指英商怡和、太古公司）外人可比，各商宜同心帮助，乃能保我国利权云云。众商皆悦服。"

抗战时期，湖广会馆部分毁于日机轰炸，残存部分房屋作为国民政府206军用仓库。解放后禹王宫改作重庆百货批发站东水门仓库，1956年移交给重庆市国营商业储运公司，更名为105仓库，部分房屋为新光包装厂使用。20世纪50年代至80年代，江南会馆、江西会馆、山西会馆因危旧房改造和房地产开发被拆除。在湖广会馆修复前，禹王宫、齐安公所、南华宫的大殿、戏楼、天井和周边搭建的房屋里共居住了362户居民。

1998年至2003年五六年时间里，笔者同市区有关部门和有识之士一起，为湖广会馆的保护与修复做了大量前期工作。在重庆市委书记黄镇东和市长王鸿举的重视下，2003年2月28日，重庆市委、市政府决定，由市区两级政府共同投资修复重庆湖广会馆，并明确由市委副书记邢元敏总负责。笔者有幸担当了湖广会馆修复建设项目总协调人，组织、参与了湖广会馆修复建设的全过程。

2003年12月28日，重庆湖广会馆修复建设工程举行开工典礼。经过21个月的精心组织、精心设计、精心施工，2005年9月29日，重庆湖广会馆修复工程竣工开馆。2006年4月，重庆湖广会馆被公布为全国重点文物保护单位。

建在石崖上的东水门城墙

东水门城门、城墙

位于东水门上巷、东水门下巷与芭蕉园之间，因地处重庆城正东，故名东水门。现存城门和城墙建于明洪武四年（1371年）。东水门与位于七星岗的通远门是重庆城仅存的两座古城门。

秦至宋代，重庆城垣历经多次修筑，至宋代有千厮门、洪崖门、薰风门、镇西门四道城门。千厮门、洪崖门临嘉陵江，薰风门临长江。"薰风"意指东南风、和风，薰风门应为东南方向的城门，从相对方向来看，东水门正好在宋代重庆城东南方向，因此，薰风门大致在现东水门处。镇西门应在重庆城西面，具体位置是在较场口还是在通远门尚待考证。重庆城9座城门中有8座都是瓮城，只有东水门不是瓮城。由于地形原因，东水门也是唯一没有面江的城门。

东水门与长江南岸的龙门浩相对，过去有"东水门，正对着，鲤跳龙门"之谚语。东水门城门门洞为双券拱，宽3.2米，高5米，进深6.7米，城门上的城楼已不复存在，砌筑门洞的条石风化严重。清代所建湖广会馆、江南会馆、广东会馆、齐安公所都坐落在东水门城内。辛亥年（1911年）八月，清王朝崩溃前夕，清朝廷派钦差大臣端方入川镇压保路同志会，巡视重庆府。端方抵渝后下榻东水门内的江南会馆。是夜革命党人在江南会馆门口贴出一副对联："端的死在江南馆，方好抬出东水门。"对联中嵌入了端方人名和东水门地名，十分巧妙有趣。一个月后，端方在四川资州被起事的新军杀死，果真应验了对联。

过去东水门是出城渡长江到南岸的要道，也是东水门码头货物集散进出必经之处。1911年，德国驻渝总领事韦斯·福里茨夫人拍摄了一张东水门城外的照片。照片上东水门门楼还存在，城门外行人很多，有挑水的、担货的、抬轿的，人流来来往往，显得繁华热闹。1945年5月望龙门缆车站建成后，从东水门进出的人流开始减少。2004年，重庆湖广会馆修复建设工程指挥部在修复湖广会馆时，对东水门城门和城墙作了维修加固，对城门表面作了防风化处理。

东水门城门洞

石灰仓

因民国初年此处设有石灰堆栈而得名。石灰仓巷道狭窄、迂回转折、墙高院深。步行其间，有一种曲径通幽、变幻莫测的感觉。巷内还保留着一些清末民初的四合院落。石灰仓与附近的芭蕉园、下洪学巷、望龙门巷、打锣巷、仓坝子、东升楼、东水门等街巷因历史悠久、文化积淀深厚、地域风貌特征明显，被列为湖广会馆、东水门历史文化街区保护规划范围。至今这一区域还大致保持着原有的空间格局和建筑风貌。2008年，渝中区房管局对位于石灰仓与下洪学巷之间的清末建筑"明清客栈"进行了全面的修复，现已对外开放。

大川银行旧址

位于解放东路31号（原林森路17号），因地形高差，临解放东路为4层，背面为5层，房屋有地下室作金库之用。大川银行成立于1941年10月，总行原在成都，1942年由成都迁重庆。该银行以调济工商业资金、辅助西南建设为宗旨，主要经营存款、放款、国内汇兑、票据贴现、代理代缴款项、买卖有价证券、保管有价证券及贵重物品等业务，在成都、泸县、内江、贵阳、长沙、重庆等城市设有分行。1950年3月，大川银行申请停业，之后房屋产权归属西南军政委员会交通部国营运输公司，1961年交给重庆港务局，1962年12月移交重庆市搬运装卸公司，现为渝中区房管局望龙门房管所管理公房。

大川银行临解放东路立面

大川银行背面

国民政府外交部（聚兴诚银行）旧址

位于解放东路112号，是重庆富商杨文光和其三子杨希仲、五子杨粲三共同创办的聚兴诚银行总行所在地。该建筑由日本留学归来的黎治平工程师仿照日本三井银行样式设计，1916年建成，三楼一底砖木结构建筑，具有20世纪初期盛行的折中主义风格。建筑面宽47.5米，进深28米，高23米。正面梯道为八字形，分左右两方上下。从一层到三层的窗顶为半圆形，窗楣上有雕花图形，窗户之间有圆形立柱，立柱表面做有装饰线条。底楼是条石墙基的半地下室，过去作储藏室和金库之用。房屋面朝林森路，背后有花园、球场和辅助楼房，总建筑面积约5 000平方米。聚兴诚银行是重庆成立最早的民营银行。

早在光绪年间，杨文光创办的聚兴诚商号已有一定名气，其分号设于省内外重要商业城市，并同时经营票号业务。杨文光五子杨粲三18岁时被派往上海参与分号的经营业务。1908年，21岁的杨粲三回到重庆，开始成为杨文光的得力助手。杨文光三子杨希仲清末留学日本，1910年由日本归来，后又赴美国伊里诺艾学院深造，专攻商科，1913年从美国返回重庆后与杨文光共同筹集资金创办银行。1914年12月10日，聚兴诚商号改组为聚兴诚银行，资本金100万元，总行设重庆，由杨希仲任总经理，杨粲三任协理。杨希仲是西洋文明的崇拜者，而杨粲三是地地道道的旧式商人，杨文光认为杨希仲虽有才学，但在商场上缺少实际经验，不熟悉本土市场情况，故在经营业务上比较信赖杨粲三，因此银行管理的实权实际上在杨粲三手里。20世纪20年代，由于四川军阀割据，战乱频繁，对银行勒索摊派，1921年，聚兴诚银行总行将其总管理处迁至武汉。1924年，由于聚兴诚银行业务陷于困境，杨希仲忧愤自杀。自此以后，由杨粲三接任银行总经理。杨粲三于1930年将银行总管理处迁回重庆，重点发展西南业务。聚兴诚银行在新丰街（今解放东路二府衙、征收局位置）42号设有分行，在民权路、上清寺设有办事处。1929年3月，由重庆金融界刘航琛、康心如、何北衡、甘典夔、张茂芹、杨粲三等人发起，在聚兴诚银行内开办实用商业夜校，设银行、商业、女子商业班，均为1年毕业。后因学生人数增加，先后迁至长安寺、第三模范市场办学。1931年，以聚兴诚银行为主，在城区石灰市创办实用高级商业职业学校，开设全日制高中班，分银行、会计两科招生。抗战爆发后，国内各金融机构和大量资金涌入重庆。由于聚兴诚银行已有较好的基础，在市场竞争中处于有利地位，迎来了业务发展的兴盛时期，聚兴诚银行在全国开设的分支机构达到32家，成为首屈一指的川帮银行。

1938年至1945年，国民政府外交部租用聚兴诚银行大楼作办公之用。外交部是国民政府行政院下属部门，管理国际交涉及在外侨民、居住中国的外国人、中外商务的各种事务，下设亚东司、亚西司、欧洲司、美洲司、条约司、情报司、礼宾司等12个司、处、室，宋子文担任外交部长。外交部是政府的大部，1943年管理驻外大使馆、领事馆、公使馆、专员公署等有82处。陪都时期，外交部在重庆有几处办公地点。人民公园1号附1号是外交部欧洲司驻地，后作为市中区川剧团宿舍，2003年公园改造时被拆除。位于金紫门绣壁街（今解放西路100号）的云贵公所亦曾作为外交部办公地址，征收局6号的重庆高中旧址也为外交部使用。

1951年，由杨粲三掌管的聚兴诚银行实现公私合营。杨粲三被安排作公私合营银行联合总管理处副董事长，四川省政协常委、重庆市工商联常委。1962年，杨粲三病逝于重庆。旧址现为市农联家电市场所用。2009年12月15日，旧址被公布为重庆市文物保护单位。

海关监督公署大山门

重庆海关监督公署旧址

位于海关巷内,建于清末时期,现门牌号是解放东路263号。1890年3月31日,清政府与英国签订了《烟台条约续增专条》,承认重庆对外开埠。1891年3月1日,重庆海关成立,重庆海关税务司由中国海关总税务司赫德推选时任宜昌海关税务司的好博逊(H. E. Hobson)担任。海关设海关监督公署,首任重庆海关监督由川东道台张华奎兼任。重庆海关监督公署初设朝天门顺城街糖帮公所,1905年迁到太平门顺城街(现海关巷)。重庆海关的行政管理和关税征收大权实际上掌握在税务司好博逊手里,好博逊主要对中国海关总税务司赫德负责,地方海关监督公署无法干预税务司事务。

旧址建筑为砖木结构折中主义风格,3层高,内有2个天井,大门八字开,门上有醒目的灰塑吉祥纹饰。旧址内部基本保留原有格局,部分作了加建和改建。现为渝中区房管局储奇门房管所管理公房,居住了47户居民。

2008年,重庆海关监督公署旧址被列为重庆市优秀近现代建筑,2009年12月15日被公布为重庆市文物保护单位。

从长江索道上拍摄的解放东路老房子

解放东路临街建筑

解放东路靠望龙门段

解放东路民国时期建筑

解放东路是重庆下半城的主干道，为过去的簧学街、县庙街、新鼓楼街、新丰街、老鼓楼街、三牌坊街、二牌坊街、一牌坊街等几条街的总称。潘文华主政重庆时，对此道路进行了加宽改造。1937年以国民政府主席林森名字命名为林森路。1949年12月1日，人民解放军举行盛大入城仪式，部队从下半城林森路经小什字、小梁子、会仙桥、柴家巷、七星岗、中山路到上清寺。1950年7月7日，为纪念重庆解放，从道门口簧学街到储奇门一牌坊街被更名为解放东路，从储奇门到南纪门（过去的断牌坊、绣璧街、麦子市）被更名为解放西路。

乾隆五年（1740年）前，由浙江商人修建的浙江会馆（又称列圣宫）位于解放东路398号一带（过去的三牌坊街）。清代重庆府通判署位于现解放东路164号至168号区域，后为重庆蜀军政府旧址。

民国时期，解放东路建筑密集，房屋层高一般为三至五层，房屋建造档次在重庆城处于较高水平，许多公司、银行、商号、洋行聚集在解放东路一线。迄今为止，解放东路部分路段还大致

解放东路临街建筑

解放东路临太平门的老房子

解放东路接陕西路的弯道

保持着民国时期的风貌。道路两侧有不少狭窄深幽的巷子，巷子里有许多青砖楼房，当年都是赫赫有名的银行、公司、商号、国民政府机关或大户人家的府邸。

浙江药材帮于1926年创立的"重庆私立临江小学"位于解放东路388号，主要为浙江药材帮子女入学提供方便。由于药材帮富有，此小学被称为贵族学校。解放初期仍为私立临江小学，1956年转为公立小学，更名为解放东路第三小学。解放东路331号（后解放东路329号-3号）也是私立临江小学董事会的房产。

1943年4月建立的招商局重庆分局旧址位于解放东路166号、168号（原林森路146号）。招商局是清末至民国时期大名鼎鼎的公司。1872年12月26日，经清政府批准，招商局在上海洋泾浜南永街正式成立，初名轮船招商公司，1873年5月更名为轮船招商总局。1912年，招商局实现完全商办，更名为商办招商局。1932年，国民政府将招商局收归国有，更名国营招商局。抗战爆发后，招商局组织大批轮船抢运军用物资、工厂器材设备和人员入川，并将21艘轮船安全撤到重庆。为阻止日寇沿长江水路西进，招商局曾自沉轮船24艘阻塞航道。国民政府迁都重庆后，招商局部分西迁，在重庆设立长江业务管理处。总经理蔡增基率部分人员迁香港。1941年12月，香港沦陷，交通部决定招商局在重庆恢复办公，任命徐学禹为总经理，在五四路真原堂租得一座新建的院落作为办公地址。1943年4月26日，招商局总局在重庆正式恢复办公，同时在林森路146号设立招商局重庆分局，在曹家巷1号设立办事机构。抗战胜利后，招商局总局回迁上海。1948年10月1日，招商局实行股份制改造，更名为招商轮船股份有限公司。上海解放后，陈毅、粟裕以上海军事管制委员会主任、副主任名义于1949年5月28日发布命令，将招商局收归国有。

解放东路二府衙附近的重庆26中是原巴县文庙。1946年4月从北平内迁的"私立重庆正阳法商学院"设于文庙旧址。学院初以法律专业为主，同时代培法院书记官，后增设经济专业，1948年更名为重庆正阳法学院。

民国时期，解放东路集中了多家银行。聚兴诚银行设立于解放东路112号。1942年由成都迁渝的大川银行设于解放东路31号。与大川银行隔街相对的华威私立银行位于解放东路16号。此外，重庆市邮政局发行科位于解放东路409号，巴县党务指导委员会位于解放东路64号，重庆华华公司位于解放东路329号附1号、附2号，创办于1943年的"庆余堂"药房位于解放东路380号。20世纪50年代下半城有名的百货商店"兴隆泰"老字号位于解放东路2号。

2008年10月，重庆市规划局通过《重庆市历史文化风貌区规划纲要》，确定了一批历史街区，分三个等级。解放东路历史街区被列为二级保护的历史街区，重点对解放东路一带的"三街十巷"进行风貌保护。三街即解放东路、白象街、打铜街，十巷即刁家巷、东华观巷、巴县衙门巷、二府衙巷、四方街、普安巷、邮政局巷、储奇门双巷子、九道门、羊子坝。

公园巷

原名公园新街、公园路，因紧靠人民公园而得名，1982年改为现名。公园巷与征收局巷、巴县衙门相连，由征收局巷下行到林森路（现解放东路），上行穿过中央公园通大梁子（现新华路）。

重庆市文物保护单位——"国民党（左派）四川省党部暨重庆高中旧址"位于公园巷下口与征收局巷之间。1932年12月21日，《重庆大江日报》在公园路19号创刊。陪都时期的侨务委员会设在公园巷，青年会位于公园巷附近。1950年1月，在公园路原民艺馆礼堂建立中华剧专实验剧场，1951年4月更名为群众会堂。

公园巷与人民公园一带旧时称后祠坡，1924年，重庆著名的"小洞天饭店"创建于后祠坡下。饭店依山而建，靠崖壁开凿深洞，以洞为室，命名为小洞天。开张后菜品深受食客喜爱，业务兴旺，顾客盈门，成为重庆经久不衰、久负盛名的高档川菜馆。抗战时期遭日机轰炸，小洞天房屋部分被毁，后迁至长安寺租房继续营业。1979年，在较场口转盘附近新建小洞天饭店大楼。

公园巷高墙里的国民党（左派）四川省党部

上通新华路，下到解放东路的巷道

石堡坎和小道

公园巷与征收局巷接口处

罗汉寺

坐落在渝中区民族路（原罗汉寺街7号），位于繁华市中心，现为全国重点寺庙，重庆市佛教协会所在地。寺庙始建于唐代，扩建于宋英宗治平年间（1064—1067），名治平寺。宋代治平寺规模宏大，范围包括了岳王庙街、治平巷、育婴堂巷，大山门延伸至新城门街的千厮门。治平寺内有罗汉洞和先天洞两个古洞。《蜀中名胜记》记载："治平寺有石刻'西山佛'三字，旁刻开山祖月名。祖月，宋治平时僧也。有罗汉、先天二洞，皆古洞。"其后寺庙历经沧桑、几度兴废，寺名亦多次更改，先后有神龙祠、罗汉寺、古佛岩等称谓。因治平寺旁有水池，明代吏部尚书蹇义曾将御赐的太湖石置于此，故此池亦称为西湖池。明熹宗天启三年（1623年），重庆知府余新民在此池旁题"西湖古迹"石碑。罗汉寺所在地旧名为神龙池大街，后改名龙王庙街，抗战时期并入民族路。

明末寺庙毁于兵燹。康熙五年（1666年），四川总督李国英重修寺庙。乾隆十七年（1752年）又作改建。光绪七年（1881年）史料记载："古佛寺，涪之德泉禅师振锡道场也。在渝城内，旧名罗汉寺。"光绪十一年（1885年），隆法和尚再次重修寺庙，仿新都宝光寺建罗汉堂，泥塑五百阿罗汉，恢复罗汉寺名称。1912年，由释海清主持修建法堂、戒堂、禅堂、克堂、观堂等建筑。抗战时期，中国佛学会迁重庆，在罗汉寺设立办事处，罗汉寺成为战时全国佛教中心。1940年7月罗汉寺遭日机炸毁，寺庙化为废墟，仅存大山门和古佛岩石刻群像，继后修复部分殿堂重新开放。1952年，政府拨款对罗汉寺进行了较大规模的培修。1957年拍摄大型纪录片《佛教在中国》，罗汉寺在全国得到广泛宣传。"文革"中，五百阿罗汉塑像被捣毁，宗教活动停止。1982年至1983年，国务院宗教事务局和重庆市政府拨专款修复罗汉寺。1983年经国务院批准，罗汉寺为汉族地区佛教全国重点寺庙之一。

2006年电影《疯狂的石头》选择罗汉寺作拍摄场景，由于此电影放映后异常火暴，重庆罗汉寺更是声名远扬。

三、西三街地区
Xisanjie Region

白象街

白象街位于重庆城的下半城,街长约500米,宽约10米。此街在清初建有白象池,故而得名。又有一说:据传此地有白色石象与南岸狮子山相对,有"青狮白象锁大江"之说,故此得名。白象街西南面与太平门顺城街和邮政局巷连接,东北面出口接林森路(现解放东路)。清代至民国时期,白象街是下半城的主要商务、商业街区,也是重庆最早的富人区之一。居住在"上半城"的居民,也时常到白象街购物娱乐。

道光二年(1822年),綦江人陈洪义在白象街开办民间通信组织"麻乡约"民信局,当时在重庆设立的"民信局"有16家,以麻乡约影响为最大。光绪十六年(1890年),中英签订《烟台条约续增专条》,重庆开辟为通商口岸,因白象街靠近官府,濒临太平门水码头和城市干道,办事方便,许多银行、海关报关行、保险公司、轮船公司、运输公司以及火柴、洋碱、煤油、电灯等公司先后建在此街。据当时统计,白象街上仅轮船公司就有20来家。外商也纷纷在白象街设立机构,如美商大来公司、捷江公司,日商日清公司,英商太古公司、怡和公司等外资公司在白象街都设立有办事机构。入驻白象街的民族资本企业有光绪末年虞洽卿在上海创办的三北轮船公司,1926年6月著名实业家卢作孚创办的重庆民生公司,1929年6月重庆富商黄锡滋与法商成立的聚福洋行轮船公司办事处,重庆巨商李耀庭开设的"天顺祥"商号等。20世纪30年代,重庆棉纱业公会、匹头绸缎公会、干菜业公会都集中在白象街。

光绪十二年(1886年)九月,重庆市电报分局在白象街建立。1913年,重庆电报分局改为重庆电报局,由国民政府交通部川藏电政管理局管辖。1938年7月成立重庆电话局,1943年1月,电话局与电报局合并为重庆电信局。清末至民国时期,从白象街到太平门顺城街、邮政局巷一带，许多房屋都属于电报局、邮政局、重庆海关和海关报关行所有。

宣统元年（1909年）十二月，由英国公谊会及中外人士共同发起，在白象街成立中西德育社，时有会员251人。中西德育社以博爱、大同为宗旨，提倡中西文化互相交流容纳。该社董事会由35人组成，名誉董事中方人士有胡文澜、胡寅安（四川检察使）、曾禹钦（重庆商会总理）、赵资生（重庆商会顾问）、古绥之（重庆商会协理）等5人，西方人士有潘尔纳（驻渝英领事）等10人。古学渊（英商白理洋行买办）作为中方会长，陶维持（英国基督教公谊会传教士）为西方会长，聘袁世凯担任名誉会长。中西德育社常年活动经费由公谊会等中外团体及个人捐助，经常性活动以联络感情，交换信息知识，举办演讲会、游艺会、舞会，放映电影，组织中外人士家庭互访等为主要内容。该社还附设有女德育社、重庆卫生会、博物院、图书室等机构和单位。民国初期，该社活动频繁，影响较大。后因活动逐渐减少而停止。

白象街是报刊业集中之地。1987年11月创办、由宋育仁任报馆总理的重庆第一家现代日报《渝报》馆址设在白象街。1921年2月1日创办的《新蜀报》和1939年2月创办的《新蜀夜报》设在白象街45号。1941年4月4日创办的《全民周报》设在白象街88号。1945年4月20日创办的《世风周刊》设在白象街50号。1945年8月，商务印书馆重庆分馆在白象街18号成立东方图书馆。

民国时期，重庆城为数不多的大型公共建筑"西南实业大厦"位于白象街。西南实业大厦是20世纪40年代重庆城主要集会场所之一，大厦内有一宽大餐厅，既可会餐，又可作集会礼堂。1945年6月24日，重庆文化界700余人在西南实业大厦集会，祝贺茅盾50寿辰，王若飞在《新华日报》发表文章称茅盾是"中国文化界的光荣，中国知识分子的光荣"。1945年12月16日，由黄炎培、胡厥文、章乃器、施复亮、孙起孟等发起的"中国民主建国会"在西南实业大厦召开成立大会。1946年3月7日，重庆迁川工厂联合会在西南实业大厦成立，该会拥有280余家会员工厂。1945年至1948年，张笃伦任重庆市市长时，有一段时间每周四都在西南实业大厦举行记者招待会。《新华日报》也在西南实业大厦举行过记者招待会，以争取新闻界对报社的支持。9月1日是记者节，每年"九·一"，重庆各媒体记者都在西南实业大厦举办纪念活动。

国民政府西迁重庆后，由于正面战场节节失利，湖北宜昌沦陷，长江水路受阻，为了战争需要，陆路运输不断得到强化，水运逐渐衰退。渝城行政、经济中心开始逐步转移到大梁子、较场口、都邮街、夫子池一带。但当时的白象街依然繁荣，一直到20世纪50年代之后，白象街才逐渐冷落下来。

在重庆市规划局2008年10月编制的《重庆市历史文化风貌区规划纲要》中，白象街历史街区被列为重庆市二级保护的历史街区。

江全泰号旧址

位于渝中区白象街142号，是重庆开埠时期典型的中西合璧风格建筑。房屋高四层，中轴对称，砖木结构，正立面每层开有4个大窗，内部木质门窗及雕花窗格、木楼辐、木楼板及木楼梯基本完好。每层有砖砌花式线脚，窗框用3线砖砌成弧形窗拱，二至四层窗台做有砖砌倒锥形装饰线脚，屋顶有砖砌火焰状尖拱，两座砖砌尖拱之间有一宽大的露台。各种砖砌形式的组合变化，丰富美化了建筑立面。除江全泰号外，白象街内侧还有几栋建于清末民初的中西合璧风格建筑，形成较为集中的近现代建筑景观。

20世纪20年代，此房为"江全泰"号口所有，1927年7月转卖给"宏裕"号口。1932年7月，宏裕号倒闭，债主"志诚钱庄"诉请巴县法院扣押、拍卖房屋，由杨芷芳以9 600元买价购得。20世纪二三十年代，由于重庆海关和报关行设在白象街，在渝外资轮船公司几乎都在白象街设有办事机构，如英商的怡和、太古，日商的日清，美商的捷江、大来等轮船公司。美商大来洋行是20世纪二三十年代航行于长江的主要外商轮船公司之一，曾租用此房作为办事处。1952年房屋卖给洪发利机器厂，1953年2月由西南机械管理局接收，1954年房屋产权变更为第一机械工业部西南办事处，1963年变更为西南一机站。现作住宅使用，居住了十几户居民。2008年被列入重庆市优秀近现代建筑，2009年12月15日被公布为重庆市文物保护单位。

《新蜀报》旧址

《新蜀报》位于白象街115号，由刘湘21军2师参谋长兼铜元局局长鲜英及罗仪三等筹资，于1921年2月1日在重庆创刊出版。

报社聘陈愚生为社长，以"输入新文化，交流新知识"为报刊宗旨。1922年，《新蜀报》聘请从法国归来的周钦岳（重庆巴县人，解放后任重庆市副市长、四川省政协副主席等职）担任主笔。1923年至1926年之间，从法国留学归来的陈毅在《新蜀报》发表过不少评论时事的文章。1924年6月，萧楚女到重庆四川省立第二女子师范学校任教，同时担任《新蜀报》主笔。同年8月，萧楚女任中共中央驻四川特派员，并继续在《新蜀报》担任主笔。萧楚女利用《新蜀报》宣传反帝反封建进步思想，发表了许多针砭时弊、脍炙人口的文章，深受读者推崇。《新蜀报》另一主笔漆南薰由日本留学回国后，在报社担任主笔约一年半时间，撰写下大量立场鲜明、观点犀利的社论。大革命时期，《新蜀报》被誉为"四川新文化运动的一面旗帜"。1927年，周钦岳因在《新蜀报》公布了震惊全国的"三·三一"惨案真相，触犯当局，遭到通缉，被迫离任出走，后留洋日本。1935年秋，周钦岳从日本返回重庆，担任《新蜀报》总经理、社长。

周钦岳（1899—1984），巴县人，著名新闻工作者。1918年考入北京大学理科预科，1919年10月赴法国勤工俭学。1922年春回重庆，出任重庆《新蜀报》主笔、总编、总经理、社长等职。1925年加入中国共产党。重庆"三·三一"惨案后离渝到武汉，任国民革命军第11军26师政治部主任。后流亡上海、日本等地。抗战时期，周钦岳受周恩来委托，为《新华日报》迁重庆提供了帮助。1945年，《新蜀报》办报宗旨发生变化，周钦岳离开重庆去香港。中华人民共和国成立后，周钦岳赴北京参加全国政协第一届全体会议和开国大典，历任西南军政委员会委员兼副秘书长、重庆市文化局长、重庆市副市长、重庆市人大常委会副主任、四川省政协副主席、历届全国人民代表大会代表。

1938年8月，著名作家，中华全国文艺界抗敌协会实际负责人老舍从武汉来到重庆，寓居《新蜀报》社。老舍当时与《新蜀报》副刊《蜀道》编辑姚蓬子（姚文元父亲）同住报社后右侧一间不到10平方米的平房里。在这里，他写出了话剧《残雾》、《面子问题》、《国家至上》和长诗《剑北篇》，同时还在《新蜀报》发表了不少散文。

《新蜀报》积极拥护抗日民族统一战线，报社广集群贤，读者甚广，日销量达数万份，成为宣传抗日救国和民主政治的舆论阵地。1942年，冯克熙先生（著名爱国民主人士，重庆市第一届人大常委会副主任，中国民主同盟中央委员会名誉副主席）曾在《新蜀报》编辑部工作。1945年6月，《新蜀报》被报社原采访部主任张骏接手。张骏将时任社长鲜英排挤出报社，另组报务委员会，改变报社办报宗旨。1950年1月17日，《新蜀报》停刊。

20世纪末，《新蜀报》旧址因修建住宅楼被拆除。

太平门古城墙上的建筑群

房屋建于民国时期和20世纪五六十年代，高三至五层，建筑正面临白象街，背面是太平门码头和长江，部分房屋骑压在太平门城墙上。

太平门始建于南宋嘉熙四年（1240年），是重庆城一道重要的开门，城门额上题有"拥卫蜀东"四字。重庆府、巴县衙及府县的下属机构大都设在太平门内。太平门内的白象街是重庆城最繁华热闹的街区之一。陪都时期，由于人口剧增，白象街、太平门顺城街、邮政局巷一线修建了不少房屋，这些房屋大多比较简陋，多为砖木结构、砖柱夹壁结构，也有不少附在城墙上用竹木捆绑而成的吊脚楼。

太平门古城墙上的建筑群

白象街152号

重庆海关办事处旧址

位于白象街152号，建于清末，与海关报关行（大清邮局）旧址相邻。建筑为典型的中西合璧式风格，3层楼砖木结构。房屋两侧封火山墙带有明显的客家移民建筑风格，窗户为西式尖顶。此建筑曾为重庆海关办事处使用，1938年登记产权人是谢文明。1954年房屋产权归属西南钢铁公司（现重钢公司），1955年转给长江航运管理局重庆分局，现产权为重庆长江轮船公司所有。与白象街152号相邻，位于四方街、白象街、太平门行街（原太平门顺城街）、邮政局巷十字路口的166号原登记产权人也是谢文明，过去均为重庆海关所用，解放后由重庆港务局接收，改作职工宿舍。1954年由西南钢铁公司买得，1955年转给长江航运管理局重庆分局。

据当地老人介绍，白象街166号房屋首层设有海关接待室、走私犯关押处、货物储藏室，二层为海关官员办公室，三层为纳税室，四层为外国公司聘用的买办住处。

1949年6月之后，因南京、上海、武汉相继失守，国民政府从广州迁回重庆。11月3日，重庆分关升格为重庆海关。11月4日，

白象街166号老建筑

国民政府关务署迁重庆。11月6日，关务署令重庆海关安排关务署署长及工作人员办公场所和宿舍，重庆海关腾出白象街海关房屋给关务署办公，直至1949年11月30日重庆解放。

海关报关行（寄信局）旧址

位于白象街154号，建于19世纪末，3层楼砖木结构。清末为海关报关行和大清邮局。

重庆开埠前后，川江尚未通行机动轮船，重庆港进出口物资均由木船承运。清政府招商局于光绪十年（1884年）在重庆设立"招商渝行"，俗称"福号"，由招商局贷款4万两白银作为经营资本，雇用木船承运货物。为区别于其他民船，在木船上悬挂招商局旗帜。1891年重庆开埠后，厘金税制尚存，从事货运的商人既要在重庆办理海关报关手续、缴纳关税，又要应付沿途厘金税卡的课征。由于当时重庆海关被英国人控制，各种文件票据均用英文，一般客商因语言文字障碍，既不了解报关纳税手续，也不熟悉海关税则，海关报关行即应运而生。

招商局"福号"于1891年之后改组为"招商渝"，成为重庆最早的海关报关行。白象街还有一家有名的"大川通"报关行，由重庆商人童子钧创立。童子钧在上海九江路修建"大川通"报关行大厦，在汉口、宜昌、万县开设分支机构，将总行设在重庆城白象街。当时的报关行还有专办英国太古公司货物的"太古渝"，专办怡和洋行货物的"怡和渝"，专办立德乐公司货物的立德报关行。此外，还有"信和"、"盘记"、"云泰"等报关行。报关行为商家代理申报进出口货物报关纳税手续、代办货物保险，商家支付给报关行佣金，类似现在的船舶代理机构。海关报关行成立后，生意十分兴旺，为扩大业务范围，报关行还兴建仓库，为商家堆存货物，并提供代轮船公司找货，代货帮找船等中介服务。

光绪二十二年（1896年），清政府成立大清邮局。同年，中国海关总税务司英国人赫德（1835—1911，1863年被任命为大清海关总税务司，在此职务长达48年，去世后被追授为太子太保）获清廷准许由海关办理邮政业务。重庆海关遂设立邮政代理机构——重庆海关寄信局，白象街海关报关行也增设寄信业务，为客户提供信函寄送服务。1897年2月20日，重庆海关寄信局改为大清邮政官局，地点设在南岸王家沱重庆海关内。光绪二十六年（1900年），重庆邮政局改为重庆邮政总局，时为四川最高邮政管理机构，辖重庆、顺庆、绥定、叙州、保宁、潼川、昭通、遵义等府的邮局。光绪三十三年（1907年），重庆邮政总局随重庆海关迁至重庆城太平门顺城街。1911年，重庆邮政总局脱离海关，划归邮传部管辖。辛亥革命后，邮传部改称中华邮局。1923年4月，四川邮区划分为东川、西川两个邮区，东川邮区管理局设于重庆，下设6个支局。

古代重庆邮传利用邮驿方式进行，邮驿又称为"铺"，有急脚铺、马递铺、水铺之别。光绪二十二年（1896年），重庆府向清廷呈报开办邮政局奏折，经朝廷批准后，在太平门顺城街（现邮政局巷）创办了重庆第一家邮局——重庆府邮政一等局。为了引进国外先进的邮政管理经验和方式，重庆当局聘请英国人查理·曼为首任邮政局长。重庆府邮政局沿袭英国管理方式，职员也多为英国人。1923年，重庆邮政一等局升格为东川邮政管理局，下辖6个支局。第一支局设在下陕西街，第二支局设在鸡街（现来龙巷），第三支局设在大梁子（现新华路），第四支局设在十八梯，第五支局设在江北横街，第六支局设在龙门浩上新街。同时，在重要乡镇分别设立二等局、三等局和代办所、信柜，从而形成邮政传递的初步网络，为重庆邮政业务发展奠定了基础。

解放后，白象街154号楼房产权先属西南钢铁公司（现重钢公司），后归有色金属公司，现属重庆长航，里面居住了11户居民。2008年被公布为重庆市优秀近现代建筑。

巴县衙门

因有巴县署设于此街而得名。明洪武四年（1371年）至清末，此处一直为巴县知县衙门驻地。辛亥革命后，清朝廷灭亡，巴县衙门一度被废弃，部分房屋被拆除开辟为街道。1972年改为解放新街，1982年恢复现名。巴县衙门与征收局巷、中大街、西四街大致平行，出口接原老鼓楼街（现解放东路），后面是山坡，坡上方是左营街、人民公园。邻近巴县衙门还有巴县衙门一巷、巴县衙门二巷、巴县衙门三巷。始建于宋嘉熙年间（1237—1240）的重庆府，始建于明代的巴县署位于巴县衙门和征收局巷子之间。

巴县署三堂房屋旧址

巴县署旧址

位于巴县衙门，与征收局邻近。巴县署始建于明代，明末毁于战争。康熙六年（1667年）知县张冉重建，乾隆十六年（1751年）知县王尔鉴重修。遗址为四柱三开间，面宽18米，进深四柱、17.5米，内空高7.5米，房屋两侧和背面有封火山墙，部分撑拱、挂落、雀替、驼峰等雕花木构件至今尚完好，一些木构件表面镏金还熠熠生辉。巴县衙门是重庆仅存的一座县级衙门遗址。

光绪十二年（1886年）张云轩绘制的《重庆府治全图》上，于征收局巷子附近标有重庆府、经历署、捕厅和巴县衙，在巴县衙标有仪门、大堂、二堂、三堂。现存巴县衙门建筑从《重庆府治全图》上分析，应为巴县衙门三堂的部分遗址。

历史上巴县建立先于重庆。巴县建立于561年，重庆得名于1189年。明清两代，川东道、重庆府、巴县三级官府治所均设在巴县所辖的重庆城内。

川东道署设于东水门内，临打铜街。川东道署是当时重庆城里级别最高的官署。"道"的设置始于元代，相当于省级行政的派出机构。元代设"重庆路"，隶属四川南道管辖，明代属上川东道管辖。清代设重庆府，属川东道。至康熙八年（1669年），因道署兼管兵备，川东道统称川东兵备道。贵州遵义人黎庶昌曾于光绪十七年（1891年）任川东兵备道道员。川东道辖三府（重庆府、夔州府、绥定府）、两州（忠州、酉阳直隶州）、一厅（石柱厅）。

重庆府署位于巴县衙左侧，临白象街。重庆府为重庆知府彭大雅于宋嘉熙年间（1237—1240）修建。明洪武初年，知府袁维真重修。明末毁于战争。康熙八年（1669年），知府吕新名重建。康熙二十二年（1683年），知府孙世泽重修。康熙四十七年（1708年），知府陈邦器又重修，并建府治谯楼，名丰瑞楼，楼上题"寰海境清"四字。重庆府辖一厅（江北厅）、两州（合州、涪州）、十一县（巴县、江津县、长寿县、綦江县、大足县、璧山县、铜梁县、永川县、荣昌县、南川县、定远县）。定远县现为四川省广安市武胜县。辛亥革命重庆成立蜀军政府，在重庆府旧址设立财政部。1913年全国撤销府制，重庆府署不再存在。随即重庆府被当做官产拍卖，重庆市总商会出面集资，组织大同公司买下重庆府署和所属行台、经历署（现西大街、西二街、西三街、西四街一带）等处地产，开工建设重庆当时最大的综合性商业场。

民国《巴县志》中记载："（巴县署）旧在重庆府治右，依山东向。明末毁于兵，清康熙六年知县张冉重修，乾隆十六年知县王尔鉴重修。清制，县役吏、户、礼、兵、刑、工六房。"据史料记载，吏、户、礼、兵、刑、工六房位于巴县衙门大堂两边厢房。二堂两厢为花厅、签押房。大堂前为仪门，仪门外是大坝。大坝右为监狱，左为衙神祠、捕厅、马王庙、朝天驿。大坝前立有巴县衙牌坊，出牌坊的左侧即为老鼓楼。仪门内的木坊上有"戒石铭"，上书："尔俸尔禄，民膏民脂，下民易虐，上天难欺。"1928年，县公署改为县政府，县知事改称县长。

1939年5月5日重庆升格为特别市。按国民政府令，巴县政府迁至市外办公，暂驻南城坪、人和乡（今九龙坡区华岩镇冷水场），1941年迁驻李家沱马王坪，1952年10月暂迁南温泉，1954年1月迁驻鱼洞镇至今。巴县政府迁出重庆城之前，县政府在清代留下的县衙里办公，巴县公安局紧邻巴县政府东侧，巴县征收局位于巴县政府东侧约50米处。巴县政府1939年搬迁后，此房由重庆邮政局使用，曾作邮政包裹房。

2010年3月17日，笔者与渝中区文管所在巴县署遗址内右侧发现一处过去被遮掩的门洞，门洞上有"水月"题字。水月疑为庵名，是否以前作过尼姑庵，尚待考证。另在屋顶脊梁上发现用毛笔书写的"□□□重庆府巴县知县李玉宣□"题字（"□"表示字迹不清的字，下同）。查民国《巴县志》，对李玉宣记载为：李玉宣，河南祥符人，同治九年（1870年）任巴县知县，同治十三年（1874年）复任知县。这一重要发现，使现存巴县署修建时间得到准确印证，同时也说明至乾隆十六年（1751年）知县王尔鉴重修巴县署后，李玉宣任知县期间，亦主持了巴县署的修建，距今约140年。2010年7月2日，在巴县署后跨的屋顶脊梁上，又发现有"大清光绪□□□□"字样，说明在光绪年间，对巴县署再次作过部分整修和扩建。

解放后，巴县署房产归属四川省邮电局，曾作为招待所使用。后来邮电局将房屋租给一家服装加工厂，一直使用到2009年拆迁。几十年来，在不同单位的使用中，巴县署旧址局部被改建维修：屋顶作了翻盖，原来开敞的正面被砖墙封闭，室内地面被改成三合土，正面和两侧加建了一些房屋。但至今为止，巴县署的建筑整体格局、主要梁架结构及雕花构件还基本完好。

殿堂正面的木雕挂落

石栏板上的雕花石礅

雕花撑拱

巴县署遗址全貌

巴县征收局旧址

建于民国时期，位于征收局巷2号，两楼一底青砖房，面宽10米，进深12米。屋顶阁楼开有几个老虎窗，屋后有一院坝，院坝外有4米多高的围墙。此房在民国时期曾作征收局办公之用，现为储奇门房管所办公楼。

光绪三十四年（1908年），巴县政府设经征局，掌管田赋、契税、房税、屠宰税、执照税、典当税、酒油捐等事务。民国元年（1912年），经征局改为征收课，由巴县知事任课长。1913年11月起，改为巴县政府征收局，负责征收房捐、田赋、契税等事务。

清朝后期，中央管理税赋的机构是户部，地方省级税务机构称布政使司。由于没有划分国家税和地方税，所有税收均由地方政府征收，中央收入靠地方解缴。重庆府驻巴县，其驻地税捐除由巴县经征局征收外，重庆府单独设置有税务机构。咸丰六年（1856年），官府设置重庆百货厘金局，按"值百抽六"收取百货厘金。咸丰十年（1860年），因盐商获利较大，四川省在重庆设盐厘局，同年在唐家沱设卡，征收出口货厘金。同治二年（1863年），为防太平军，重庆府在新丰街（今解放东路二府衙、征收局位置）设土厘局，征收鸦片厘金，以补充军费。光绪四年（1878年），在南岸设第一分局和第二分局，进一步加强对鸦片厘金的征收。光绪三十一年（1905年），废除绅商设局征收厘金制，将原厘金局改变为重庆百货厘金总局。在此之前，一些地方采取由绅商承办厘税的制度，即把一些政府很难收取的税种"承包"给地方绅商。承包厘税的绅商要么是一定势力和影响的头面人物，要么与官府有着千丝万缕的利益关系，这种征收方式往往导致苛捐杂税层出不穷，一般纳税人则苦不堪言，废除绅商设局征收厘金制应该是一种进步。至民国时期，重庆税务机构设置复杂，变化也很大，最初阶段是按税种设立税务机构，至20世纪30年代中期才按中央税和地方税分别设立税务机构。

国民党（左派）四川省党部及重庆高中旧址

位于征收局巷6号，分左右两栋外形大致相同的楼房。左楼面宽15米，五柱四开间，进深15米，砖柱拱墙，原为国民党（左派）党部。右楼面宽12米，四柱三开间，原为巴县议会所用，后作重庆高中使用。陪都时期，重庆高中房屋曾作国民政府外交部办公使用。

国民党（左派）四川省党部原在莲花池6号，1927年初迁至征收局巷6号左楼，杨闇公（时任省党部常委）曾在此办公。重庆高中创办于1929年4月，由中共党员、黄埔军校学生梁靖超创办，刘湘兼任校长，梁靖超任实际负责的副校长，校址设在征收局巷6号右楼。重庆高中是20世纪20年代共产党地下组织在重庆直接办的3所学校（重庆公学、中法学校、重庆高中）之一。

1959年至1997年，市中区图书馆设于征收局巷6号，时间长达38年之久。市中区图书馆前身是"青年会通俗图书馆"公园路分馆，创建于1932年，由青年会教育部管理，位于公园路19号。1934年，江津富商邓蟾秋捐资2万元建立青年会通俗图书馆基金，为纪念邓蟾秋义举，馆名改为"青年会蟾秋图书馆"，简称"蟾秋图书馆"。

邓蟾秋，字鹤年，江津白沙镇人，重庆富商，以仗义疏财、热心赞助教育和社会公益事业而出名。邓蟾秋曾言："集财非难，散财实难，集而不散，用而不当，非道也；遗之子孙，资之作恶，尤非道也。"1938年7月，陈独秀携妻潘兰珍隐居于江津县乡下，得到邓蟾秋无私帮助。陈独秀曾说："一个人聚财不难，疏财实难，像蟾秋翁百万家财，就以十五万赠聚奎（指江津聚奎中学），五万办图书馆，设义仓、济困厄、修桥铺路，无不慷慨解囊，其余分赠子侄亲友及乡中贫寒有为之士作留学费用，自己仅留五万度晚年，古往今来，实属罕见。"

1951年，蟾秋图书馆改为重庆市青年会图书馆，馆址仍在公园路19号。1956年，重庆市图书馆人民公园阅览室在征收局6号设立。1959年，青年会图书馆交给市中区人民政府。同年6月1日，市中区政府在征收局6号成立市中区图书馆。"文革"期间，图书馆停馆，1969年在馆内设立红卫兵接待站。1984年，市中区图书馆在国民党（左派）四川省党部及重庆高中旧址前新建4层楼砖房，作为图书馆图书借阅和办公场地，旧址改作库房和其他用途。

1997年，渝中区图书馆将房屋交给渝中区文物管理所作办公使用。1997年2月渝中区文管所在维修房屋时，于屋内夹壁发现了国民政府外交部的封条，封条长60厘米，宽5.3厘米，上面盖有外交部的篆字印章。

2000年9月7日，该旧址被公布为重庆市（直辖市级）第一批文物保护单位。

考古发掘现场

印有文字的宋砖　　断墙一角　　断墙一隅

宋代高台建筑遗址

地处太平门内，位于征收局巷与巴县衙门之间，面临解放东路，与巴县署相邻。清代此处为鸣鼓报时的老鼓楼所在地。老鼓楼亦称谯楼，旧时关于重庆17座城门的谚语中，有"太平门，老鼓楼，时辰极准"之说。

老鼓楼始建于康熙四十七年（1708年），时名"丰瑞楼"，位于重庆府署之右，巴县署之左，面临白象街。乾隆二十四年（1759年），重庆知府陈邦器在重庆府署左侧新建一谯楼，与"丰瑞楼"相对，因此楼位于新丰街，故得名新丰楼。新丰楼建成后，丰瑞楼便称为老鼓楼。丰瑞楼、新丰楼遗址早已不复存在，但新丰街的地名保留至今。

2009年巴县衙门危旧房片区拆迁完成后，在进行房屋拆除平场时，一壁呈"L"形的断墙因疑是老城墙被暂时留下。笔者于2009年12月28日到现场详细察看，排除了是老城墙的可能性。查光绪十二年（1886年）张云轩绘制的《重庆府治全图》，在此位置标注有"老鼓楼"，光绪十七年（1891年）刘子如绘制的《增广重庆地舆全图》此楼标注为"丰瑞楼"，两图在城墙上都标有"寰海境清"四字。巴县署过去设有男监、女监，男监已毁，女监紧靠老鼓楼断墙。在拆迁时，渝中区文管所发现，断墙边已改作民房的女监还基本保留着原来牢房的开间格局。当时在现场初步判断，此处断墙应为清代老鼓楼遗址。

笔者在现场对疑似清代老鼓楼的遗址进行了测量。遗址为"L"形断墙，与现存巴县署三堂旧址距离38米，与解放东路垂直一边长22米，与解放东路平行一边长23米。墙体下大上小，下部厚2.5米，顶部厚约1.5米，高5.3米。由于还有部分墙体埋在废墟弃土之下，估计墙体应有六七米之高。墙体用老式青砖砌筑，青砖长39厘米，宽20厘米，厚10厘米。

2010年3月17日，笔者与渝中区文管所在遗址断墙一块青砖上发现有阴刻"淳祐乙巳"四字。"淳祐乙巳"是宋理宗淳祐五年（1245年），距今已有765年历史。这一重大发现，将此断墙遗址的年代从清代向前推进了400多年。但宋代老鼓楼是否存在？为什么断墙上只有一块青砖上有文字？砖上文字的发现，倒为这壁断墙的历史增添了新的疑问和神秘的色彩。

之后，我将现场发现的情况及时告诉了重庆市文物局分管副局长程武彦和文物处，并建议对这一重要遗址进行考古发掘。

2010年4月26日，重庆市文物局委托重庆市文物考古所进入现场，对"老鼓楼"遗址进行小规模试掘。试掘结果显示，该遗址为一处重要的宋代高台建筑遗迹。随后，重庆市文物考古所在现场开展了较大范围的发掘。

发掘现场状况显示，该遗址为砖土混筑高台建筑，平面呈方形，残墙东西宽24.7米，南北长24.3米。遗址内部用夹有小型鹅卵石的黄灰沙土层层夯筑，四周砌筑护坡墙体。护坡墙基础以大型长条石块丁砌，已清理出的高度为1.2米，尚未见底。护坡砖墙高7.65米。四面护坡墙均由下至上层层收分，墙体坡度呈79度斜面。部分筑墙砖上有"淳祐乙巳东窑城砖"、"淳祐乙巳西窑城砖"等阴、阳模印铭文字样。

据文物考古所分析，此遗址护坡墙层层收分、内部夹鹅卵石夯筑的整体建筑特点，与奉节白帝城及合川钓鱼城发现的宋代同类遗迹较为一致。在遗址夯土层内，还发现夹杂有少量宋代涂山窑系黑釉及龙泉窑系青白瓷碎片（以碗、盘、盏碎片为主）。经现场发掘考证，可以初步推断发现的遗址为南宋淳祐五年（1245年）前后，四川安抚制置使余玠修建的帅府建筑。

南宋宝庆三年（1227年）以来，蒙古军队多次攻入四川，至嘉熙元年（1237年），重庆已成为保卫南宋的"国之西门"。南宋淳祐二年（1242年），朝廷任命余玠（1215—1253）为四川安抚制置使，兼四川总领财赋、夔路转运使，知重庆府。四川军事、政治、财政等重要机构集中到重庆，表明在抗蒙的历史背景下，南宋朝廷对重庆战略地位的重视。淳祐三年（1243年）春，余玠设制置使司于重庆金紫山下（金紫山在大梁子一带，现新华路）。他发誓"愿假十年，手携全蜀还本朝"。余玠治蜀十年，为抗击蒙军进犯四川立下卓著功劳。余玠在彭大雅修筑重庆城的基础上，沿长江、嘉陵江、渠江、沱江、涪江修筑了大获、青居、钓鱼、多功、得汉、铁峰、云顶、天生等20余座城池，形成了一个网络式的山地防御体系。其中钓鱼城是余玠采用播州（今贵州遵义）人冉琎、冉璞的建议，即"守蜀之计在于守合川，守合川之计在于守钓鱼"，在合川钓鱼城构筑了牢固险要的城池，使钓鱼城坚持抗蒙长达36年，留下"上帝折鞭钓鱼城"的千古史话。余玠还广纳人才，发展屯田，鼓励农桑，恢复商贸。为了以攻为守，余玠于淳祐六年、七年、十年、十二年先后四次主动出击，与蒙军进行了大小36次战役。

在这样的历史背景下，对这一遗址的研究考证显得更为重要。从淳祐乙巳（1245年）至祥兴二年（1279年）南宋王朝灭亡，中间有34年时间。这34年间，太平门内的宋代高台建筑遗址还演绎了多少故事和事件，有待于人们去研究破译。

近日，笔者阅读了重庆中国三峡博物馆编印的《董其祥历史与考古文集》，方知董其祥先生解放后即对此遗址做过考察。董其祥（1924—1991），重庆著名文物考古与博物馆学者。1945年考取四川大学史地系，成为著名学者徐中舒、冯汉骥、蒙文通的高足。1951年参加西南博物院的组建工作，之后一直在重庆博物馆工作。董其祥一生著作颇丰，其《董其祥历史与考古文集》，系重庆中国三峡博物馆在董先生去世后，从先生150余万文字著述中，精选80余万字结集而成。董其祥在1988年发表的《重庆古城考》一文中记载："解放后，我们曾在余玠所筑的钟鼓楼遗址附近，采集了宋淳祐五年城砖多方，砖上有铭文为'淳祐乙巳东窑城砖'、'淳祐乙巳西窑城砖'，说明南宋末年已经使用砖砌城墙了。《宋史张珏传》记载：重庆城有薰风门（南门），千厮门（东门），洪崖门（北门），镇西门（西门），与彭大雅所筑的四门符合，可知宋代重庆城为四门。"董其祥先生在这里把此遗址认为是宋代余玠所建的钟鼓楼。

从目前发掘的情况来看，此高台建筑还应向太平门城门方向延伸。1933年4月，重庆市政府扩建从南纪门到陕西路的城市道路（陪都时期的林森路，现解放东路），道路穿过了征收局和巴县衙门，此遗址遭到部分破坏。由于现解放东路地下已无法再开挖，此高台建筑遗址全貌尚无法进一步确认。遗址当时受到破坏，拆除的长度和具体情况，还有待于进一步考证。另从市文物考古所调查了解到，巴县衙门马路对面于20世纪八九十年代房地产开发时，在工程基础开挖中也发现有古代青砖。这说明了两种可能性，一是已发现的宋代高台建筑遗址可能延伸到太平门城门方向，二是在太平门城门一带也可能存在成群的宋代建筑遗址。

2010年5月21日，笔者参加了由重庆市文物局组织的"宋代高台建筑遗址文物保护专家论证会"。北京和重庆市有关专家一致认为，在巴县衙门附近发现的宋代高台建筑遗址在西南地区较为罕见，此次发现，对研究重庆城市沿革变迁，川渝地区古代建筑及南宋抗蒙战争历史均具有重要的学术价值。

6月22日，考古人员又在遗址现场挖出一窝擂石，共计35枚，每枚直径12—13.5厘米，重量2—3.5公斤不等。擂石系用砂石人工打制，錾痕细密，形体浑圆。目前，对这一遗址的考古和有关考证研究工作还在继续进行之中。

考古发掘前的遗址现状

西大街与解放东路接口处

西大街

西大街位于下半城，临新丰街（现解放东路一段），与旧时重庆府、巴县衙门邻近，过去是重庆最大的综合性市场"重庆商业场"的中心，也是重庆城最繁华的地方之一。从西大街经西三街就到中央公园正门。这一区域过去有中大街、西大街、西二街、西三街、西四街几条街巷。中大街、西四街与解放东路垂直，出口接解放东路；西大街、西二街、西三街3条街与解放东路大致平行。

1911年11月成立的重庆蜀军政府财政部、交通部设于西大街原清代经历署。

1914年，重庆总商会为了振兴民族商业，集资买下原重庆府

位于西大街的聚兴诚银行

署，范围包括了西大街、西二街、西三街、西四街一片土地，在此兴建重庆商业场和总商会办公大楼。工程交由大同营造社负责设计施工。新建商业场中心在西大街，建成后的重庆商业场成为当时重庆最繁华、规模最大的商业中心，相当于现在的解放碑。重庆商业场有砖木结构店铺230余家，经销百货、服装、疋头（布匹）、苏货（当时百货称为苏货，百货商店称为苏货铺）、山货等物品。1918年11月，在商业场创立东舞台电影院。1920年的《新测重庆城全图》在此处标有"商业场"和"商务总会"。重庆城最气派的金台宾馆建在商业场，其华贵、典雅不亚于现在的海逸、万豪等五星级宾馆。著名的大型百货公司恒孚公司、华盛公司也建在商业场，其档次可与现在的重百、新世纪百货媲美。重庆城有名的"沙利文"西餐馆设在恒孚公司附近。1925年秋，留法学习电影专业的川籍人士吴铁生在商业场创建了环球电影院，院址设在西三街164号，聘请法国人为经理。电影院能容纳观众700人，二楼辟有包厢，可男女混坐，在当时轰动一时。1927年2月9日，重庆商业场仿照京津沪汉的办法，创办夜市，每日午后6时至10时营业。一直到1938年遭到日机大规模轰炸之前，西大街一带的建筑群都是重庆城最漂亮的地方。

商业场建成后，原设在三忠祠（清代巴县文庙、城隍庙附近，现解放东路上洪学巷一带）内的重庆总商会迁驻商业场。在整个重庆商业场中，重庆总商会大厦是最为考究豪华、富丽堂皇的建筑。现存史料中有一幅"中华民国十年四月三日全川自治联合会成立大会场外合影"照片。照片系吴玉章等组织的全川自治

联合会于1921年4月3日重庆总商会成立时，在总商会大门前留下的合影照。从此照片可以清楚地看到当年重庆总商会大厦华丽的外表：大厦为巴洛克风格，建筑立面有百叶窗、欧式三角门头和各式各样的浮雕；高大的拱形门宽约5米，高约七八米，大门前有数级台阶；拱门上部挑出一座硕大而优美的弧形阳台；拱门前有分左右而上的八字形石梯，石梯上有一宽大的平台，石梯和平台的扶手做有花瓶式栏杆。从照片上看，在总商会大厦宽阔的平台和拱门前台阶上合影的人数不少于300人。

重庆总商会是重庆商帮同业公会的重要组织。几十年来，在重庆工商业经济活动中发挥了重要作用。重庆总商会成立于清末。1903年7月，清政府设立商部，11月，商部颁布《商会简明章程》26条。该章程规定："凡属商务繁富之区，不论系会垣、系城埠，宜设商务总会。"商部明确重庆、天津、烟台、上海、汉口、广州、厦门七个城市均应设立商务总会。1904年8月9日，重庆商务分局总办周静庵与川东道台、巴县知县邀请重庆各商帮开会，筹备成立商务总会，要求每帮推举2人，作为商会董事。1904年10月17日，重庆总商会正式成立，设总理和协理各一人，会董公推重庆首富——重庆最大票号"天顺祥"老板李耀廷为总理，陕西商帮杨怡为协理。重庆总商会成立后，以"保商振商"为己任，制订了《重庆商会章程》18条。商会大楼的楹联写道："登高一呼，直召唤回百兆同胞共兴商战；纵目环顾，好凭此数千年创局力挽利权"。重庆总商会的成立，为重庆民族工商业的发展带来了希望，商业和商人的地位得以提高，这给商人们以极大的鼓励。

1911年，四川省商会联合会在重庆成立。1914年4月25日，重庆总商会机关报《重庆商务日报》正式出版，首任社长周少钦，由广益书局负责印刷发行。

1919年8月28日，留法勤工俭学重庆分会在重庆总商会成立，由汪云松任会长，温少鹤、童宪章任副会长，分会在夫子池。总商会开办留法预备学校，学制一年，1920年7月19日，留法预备学校在总商会举行毕业典礼，法国驻渝领事，法国侨商、传教士及重庆各校校长等应邀出席。留法预备学校学生共84名，其中46名是贷费生（公费贷款资助），38名是自费生。时年16岁的邓希贤（邓小平）作为自费生参加了培训班。经考试和体检合格，84人获准赴法勤工俭学。1920年8月27日下午，重庆留法预备学校毕业生整队出发，在太平门乘法商"吉庆"客轮离渝东下。9月5日抵达上海，11日换乘法国"鸯特莱蓬"号油轮，经香港、西贡、新加坡、阿拉伯海湾、苏伊士运河、意大利等地，航行40天，于10月19日抵达法国南部城市马赛。

1925年，重庆市商会开办私立商业职业学校。1927年8月，《新商会法》颁布后，商会改为主席制，设主席1人，另设常务、执行、监察委员等职。1932年3月25日，重庆城、江北县、巴县各界民众在重庆总商会大礼堂举行川军出川授旗典礼，川军总司令刘湘等高级将领到场。1933年初，重庆总商会改为重庆市商会。1938年7月27日，重庆市商会举行第五次改选大会，推选温少鹤任主席。1939年夏，西大街、中央公园一带被日机轰炸，损失惨重，商会迁移到白象街。8月20日，白象街又遭日机炸毁，商会迁至道门口办公。1942年，重庆市商会改主席制为理事监事制，设理事长、常务理事、监事等职。1944年12月，商会迁回商业场办公，直至1950年关闭。

总商会成立之初，在政治上主要倾向资产阶级改良主义，鼓吹君主立宪。但也站在民族资本立场上，对抗外国资本侵入，主张发展实业，与列强争夺四川、重庆市场。清朝灭亡后，总商会积极主张振兴民族资本，倡导实业救国，发展民族经济。1919年6月12日，重庆总商会召集各商帮举行特别会议，商讨提倡国货、一致对外的问题。1931年8月9日，重庆总商会发出抵制日货紧急通知，并于19日成立5个稽查组检查日货。1944年8月11日，重庆总商会成立国际贸易研究委员会，主要任务是研究开展国际贸易事宜。抗战爆发后，重庆定为陪都，给重庆商业的发展带来了机遇，重庆商业企业和行业急速增加。1941年重庆商号14 262家，从业人员702 002人，商号比1936年增加3倍多。1942年发展到25 920家，1945年发展到27 481家。各种新兴行业不断出现。1939年，重庆总商会的同业公会有39个，1941年增加到86个，1944年4月已达123个。

1950年，重庆总商会撤销。重庆总商会成立几十年来，为振兴四川、重庆民族工商业起到了一定积极作用。

西三中街

元通寺

地处望龙门和太平门之间，临长江，街区位于老城墙之外。清代称元通寺街，因此处靠江边有一座元通寺而得名。1982年将元宝街并入改为现名。元通寺过去还有一条街叫元通后街，位于元通寺与白象街之间，后并入元通寺。元通寺邻近望龙门缆车下站，江边过去是民生码头和到南岸龙门浩的轮渡码头，向上通白象街。元通寺坡度大、石梯陡、堡坎多，有不少吊脚楼建在老堡坎和古城墙上，堡坎的石缝中生长有盘根错节的黄葛树。

The City of Chongqing 重庆城

芝江巷

位于太平门城墙之外，因此处是湖南芝江同乡居住地，于清末得名。

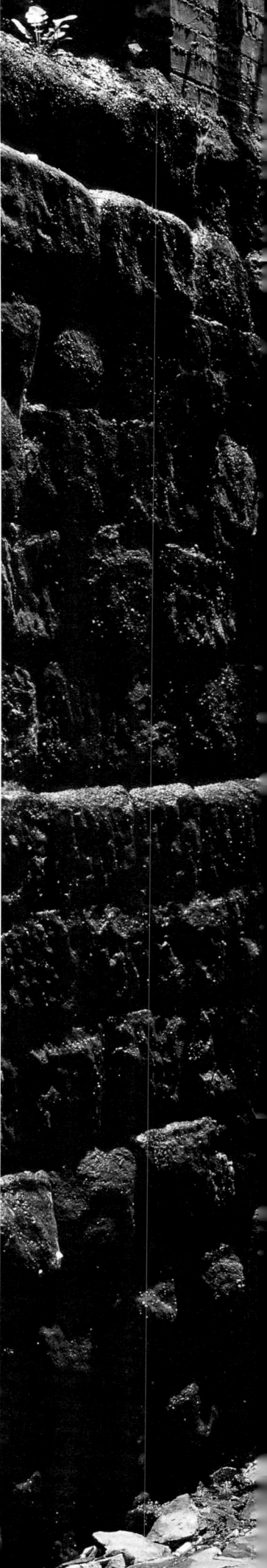

征收局巷

征收局巷出口是新丰街（现解放东路），上方是府仓坝（现公园巷），右边紧邻重庆府署，左边是二府衙。清末刘子如绘制的《增广重庆地舆全图》上标为"征收局巷子"。光绪三十四年（1908年），重庆府在此处设立经征局。"文革"时期，征收局巷改为解东巷，1982年恢复原名。从征收局巷上行可到人民公园，向下出口接解放东路。

1935年，《新四川晨报》报社设在征收局巷。20世纪30年代，国民党重庆市党部设于征收局巷。1939年2月10日，重庆市戏剧审查委员会在征收局巷国民党市党部成立，成员由国民党重庆市执行委员会、重庆市卫戍司令部、市警察局、宪兵司令部、市社会局各方共同派员联合组成。1941年3月，重庆市文化运动委员会设于征收局巷国民党市党部。1945年2月创办的《大同周报》报社设在征收局巷5号。

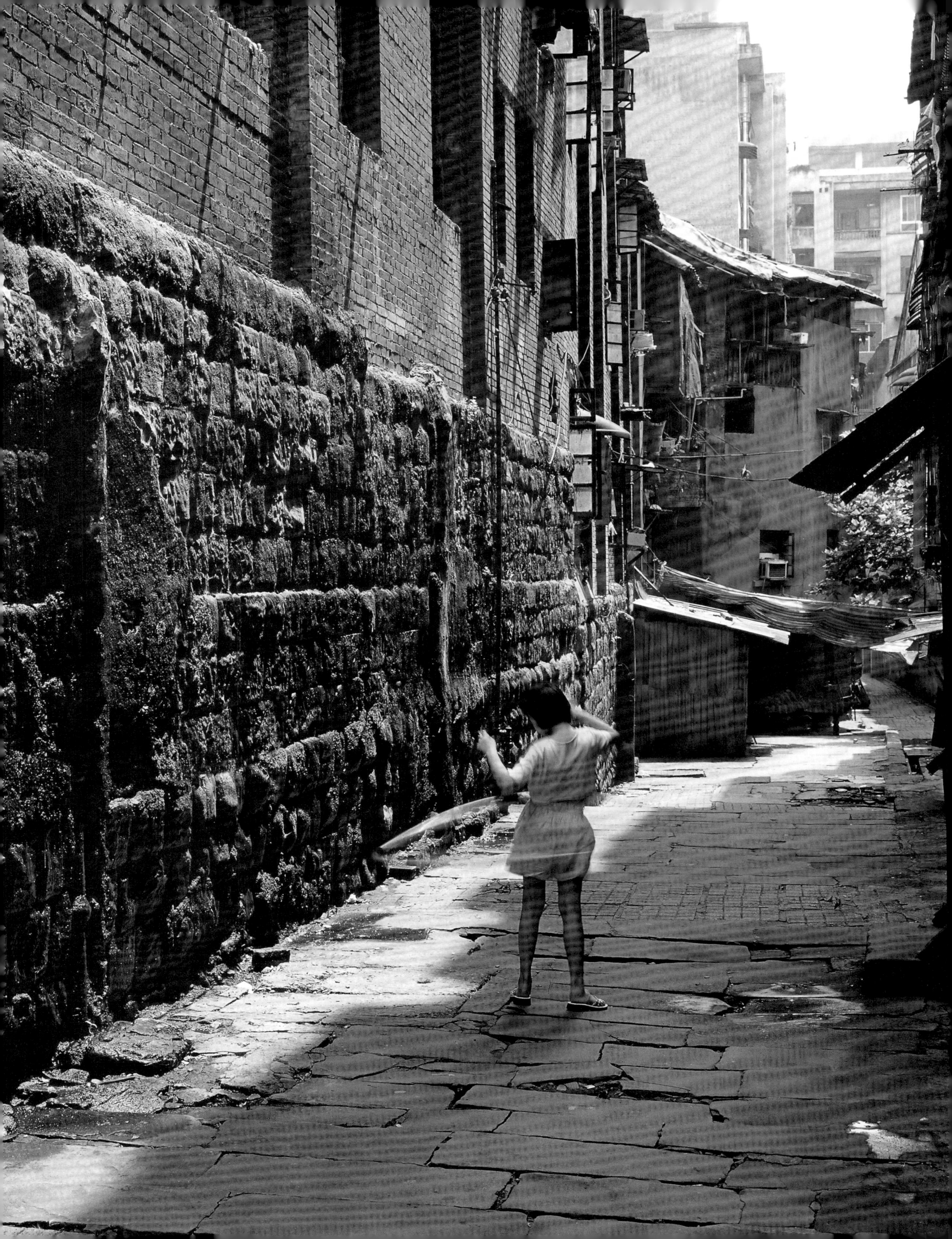

四、储奇门地区
Chuqimen Region

重庆药材同业公会旧址

位于储奇门羊子坝15号，濒临长江，建于1926年6月。

重庆药材同业公会大楼为砖木结构，二楼一底，面阔17米，进深25.5米，高18米，建筑面积1 300平方米，周边有4.8米高的围墙。该建筑设计新颖，立面造型丰富，各种砖砌图案、灰塑吉祥杂宝、拱形西式门窗，加上顶部造型浮华奢丽的山墙，使建筑整体显得既精巧细腻，又恢弘大气。羊子坝15号产权现属于重庆天线厂（原解放碑中学校办工厂）。

重庆药材业始于明末清初，江西临安帮最早来渝设立药材商号，以后有浙江帮、广东帮、汉口帮先后来渝开店。由于有长江、嘉陵江水运之便，不仅川省各地药材集中于重庆，陕西、康藏、滇黔所产药材也以重庆为重要出口地。乃至湘、鄂、赣、粤等省向西南方向销售药材，也以重庆为中转地。重庆经营药材的商号大多设在金紫门、储奇门、太平门以及联升街（现凯旋路）、米花街（现八一路）、小梁子（现民权路）等街市，计有100多家。

清代至民国时期，储奇门是重庆山货药材集中之地，药材行帮众多，故有"储奇门，药材行，医治百病"的谚语。据历史资料记载，宣统三年（1911年），重庆药材业中有运销商220家，行栈80家，广药铺25家，择药铺120家，还有为数众多的小药材商贩。又据重庆海关税务司记载，1930—1939年，重庆平均出口量为山货第一，桐油第二，药材第三。

重庆药材行帮有本地的"药七帮"和外省的"药十三帮"之分，大致按经营品种和客商祖籍地域划分。为了沟通市场信息，协调内外关系，维护药材帮利益，经药材帮会首商议，于1926年6月在储奇门羊子坝组建重庆药材同业公会。药材同业公会规定药材业所有行栈店铺均为同业公会会员，凡药材进出重庆，必须由公会出具证明，否则办不了税，报不了关。药材公会在储奇门羊子坝建立会所，开办私立兴华小学，专为药材业商人子女提供免费入学的方便。

2002年重庆药材同业公会旧址被公布为区级文物保护单位，2009年12月被公布为重庆市文物保护单位。

解放西路原印制一厂

解放西路

解放西路原为绣壁街、审判厅街、麦子市街3条街。1937年将3条街合并，并将簧学街、县庙街、新鼓楼街、新丰街、老鼓楼街、三牌坊街、二牌坊街、一牌坊街等几条街一并纳入，以国民政府主席林森名字命名为林森路，全长约4公里。1950年7月7日，将林森路分为解放东路和解放西路，从储奇门至南纪门一段更名为解放西路。

林森（1868—1943），福建闽侯人。1905年参加同盟会。辛亥革命后任南京临时参议院议长，国会非常会议副议长，福建省省长。1924年任国民党中央执行委员会委员。南京政府成立后，任立法院副院长。1932年起任国民政府主席。1943年5月12日，林森从重庆林园进城参加国事活动，因车祸，头部受伤，1943年8月1日逝世，葬于重庆林园内。

光绪十九年（1893年），由云南籍商人李耀庭等发起建立的云贵公所位于解放西路100号（原金紫门内绣壁街）。陪都时期，解放西路沿线有许多国民政府重要军政机关，如国民政府军事委员会（现解放西路重庆日报社内），军委会委员长重庆行营，国防最高委员会办公厅（现解放西路14号），国民政府外交部（现解放西路112号），以及国民政府社会部、海外部、四川高等法院等。国民党行政院副院长、军委会重庆行营主任、国防最高委员会秘书长张群旧居位于解放西路66号，现作重庆日报社宿舍。台湾亲民党主席宋楚瑜童年时曾在解放西路172号居住生活过。

[重庆] 老城　The Old Cities of Chongqing

周边房屋拆除后的重庆行营全貌

重庆行营2、3号楼之间的大门

重庆行营1号楼大门

重庆行营1号楼

国民政府军事委员会委员长重庆行营旧址

　　位于解放西路14号。2008年在第三次文物普查中，重庆市文物部门在重庆日报社附近解放西路14号发现了国民政府军事委员会委员长重庆行营（简称重庆行营）。重庆行营是国民政府为控制四川、云南、贵州、西藏诸省区而设立的一个重要机构。

　　1934年12月中央红军长征到达贵州北部，直抵松坎，威胁重庆。由台北县四川文献研究社于1974年12月出版的《民国川事纪要》记载："一九三五年一月四日，朱毛图强渡乌江未逞，惟重庆方面谣言颇盛，公债下跌，申汇涨至百分之五十四。渝市绅商电呈中央，请派大军入川转黔，迎匪痛击。""朱毛股匪西窜，五日渡过乌江，七日进据遵义，十日进据桐梓，有直趋川南，与川北徐匪（徐向前）前股联合趋势。蒋委员长电令四川剿匪总司令刘湘，即以有力部队推进川南，相机进出黔北，堵匪北窜。"在此形势下，1935年1月12日，蒋介石委派贺国光率领军事委员会委员长南昌行营参谋团到达重庆。贺国光入川的主要任务是整顿四川各军，统一中央军政命令，围堵消灭红军。1935年10月，以参谋团为基础，在原川东总镇左都督府（现重庆日报社）旧址左面房屋内建立军事委员会委员长重庆行营，开始点验川军各部，按中央陆军序列统一颁布番号。10月3日，蒋介石任命顾祝同任重庆行营主任，贺国光为参谋长，杨永泰为秘书长。1935年11月1日，重庆行营正式成立，辖川、康、黔、藏整个大西南，作为战时核心操控各省地方军队。蒋介石此举既可以统一协调西南各地军事力量，合力围剿红军，同时也可借机控制地方军阀势力。

1938年8月1日，改由张群任重庆行营主任。

1938年12月8日，蒋介石率国民政府军事委员会抵达重庆，重庆及西南诸省直接纳入国民党中央和国民政府控制之下，重庆行营已无存在之必要。1939年1月18日，国民政府军事委员会发布命令，宣布取消重庆行营，重庆行营奉命于同年2月1日结束。2月2日，张群以重庆行营主任身份发表讲话称："重庆行营成立三年有余，对于西南军事、政治、经济、交通之进展，均有相当贡献，使今日之西南成为抗战建国复兴之根据地。现时军委会移渝办公，行营奉命结束。"

重庆行营结束后，国防最高委员会在重庆行营原址办公。国防最高委员会成立于1939年2月7日，为战时全国国防最高决策机关，它使党政军各首脑机关综合化、集中化、统一化，在战时拥有极大权力。国防最高委员会由蒋介石任委员长，设11位常委，张群为秘书长。

抗战胜利后，国民政府即着手准备回迁南京。1946年4月30日，国民政府颁布还都南京令，5月5日，国民政府在南京正式办公。为了继续对西南各地区军事力量和地方建设等事务进行协调、推进与控制，1946年4月23日，国民政府发布命令，决定恢复军事委员会重庆行营。命令称："军事委员会重庆行营前因政府迁往重庆，经于二十八年一月令饬撤销，改设成都行辕有案。兹以政府还都在迩，为期西南各省之建设工作加快完成，及协助复员未竟工作起见，着将该重庆行营恢复设置。其原设之成都行辕，并即撤销，所有业务归并重庆行营办理。特派何应钦为军事委员会委员长重庆行营主任，何应钦未到任前，特派张群兼任。此令。"

由于何应钦从未到任，重庆行营一直由张群兼代主任。

国民政府回迁南京后，在原镇守使署旧址（现重庆日报社）设立的军委会改为军事委员会委员长行辕，1947年改为重庆绥靖公署，后改为西南长官公署。解放后，西南长官公署为西南局机关报《新华日报》和西南军政委员会文教部接收使用。1954年6月中央决定撤销大区，《新华日报》停刊，中共重庆市委机关报《重庆日报》社迁此办公至今。

重庆行营呈"L"形，青砖房，3层楼，层高达4米多，楼内雕花门扇和壁炉部分尚存，木楼辐、木楼梯和木地板至今非常牢固。重庆行营现保存有1号楼、2号楼、3号楼3处建筑。1号楼是重庆行营工作人员办公楼，2号楼与3号楼是一座相互不通的连体楼，外有一小院，院内有一壁5米高的砖墙将2号、3号楼隔开，墙上开有一座大门。据当地老人介绍，1号楼是重庆行营办公楼，2号楼是侍卫室，3号楼是蒋介石、张群等办公的地方。3号楼地下有防空洞，可一直通到长江边。抗战时期，在国防最高委员会附近设有兵站，负责组织战时征兵工作，大批热血青年在这里报名从军，义无反顾地奔向抗日前线。

解放后，房屋移交西南钢铁公司（现重钢公司）。现属渝中区房管局储奇门房管所管理的公房。2009年12月15日被列为重庆市文物保护单位。

重庆行营1号楼

重庆行营俯瞰

重庆行营2号楼

重庆行营3号楼

[重庆]老城 The Old Cities of Chongqing

邮政局巷

邮政局巷16号老院子

邮政局巷17号老院子

邮政局巷

清末此处建有邮政局，1938年，国民政府邮政局在此营业，故此得名。邮政局巷是太平门顺城街的一条支巷，与普安堂巷相连，靠近太平门。明代修建的太平门还有一壁残存的老城墙遗址位于邮政局巷与人和湾之间。

清末民初，重庆邮政局、重庆海关关署、重庆电报局曾设于太平门顺城街、邮政局巷至白象街一线。光绪十七年（1891年）重庆开埠后，重庆海关设于朝天门顺城街，1905年迁太平门邮政局巷（后来其支巷改为海关巷），辛亥革命后迁大梁子（清代左营守备营，现新华路），1931年在南岸狮子山修建海关办公楼和宿舍。重庆海关成立后，在海关内设有寄信局，负责收寄信件及包裹，此为重庆近代邮政之始。1897年2月20日，重庆正式成立大清邮局，重庆海关寄信局改为大清邮政局。

清代修建的山西会馆位于邮政局巷22号。民国时期，国民政府反省院设于原山西会馆内。解放初期，反省院7栋房屋被西南民政部接收。1954年，西南转业建设委员会重庆接送委员会将此处房屋作为接待站，用于接送过往重庆的复员军人和荣誉军人，后交由重庆市民政局使用。1959—1961年"三年自然灾害"期间，此处作为盲流人员收容所，1978年在此建立重庆市假肢厂。

邮政局巷40号的李耀廷公馆现为重庆市文物保护单位。邮政局巷里至今还保留有一些民国时期的老建筑，如邮政局巷16号、邮政局巷17号、邮政局巷20号、邮政局巷21号等。

私立兴华小学旧址

位于九道门10号，紧邻药材公会。据民国《巴县志》记载，九道门10号为重庆药材公会于民国二十四年（1935年）创办的私立兴华小学。当时药材公会在羊子坝修建会所，作为同业议事活动场所，为了便利药商子女免费入学，又在药材公会旁开办了兴华小学。该建筑与药材同业公会房屋呈垂直状，分前后两栋，前面2层，面对九道门巷道，后面3层，两楼之间有一进深不大的小天井。正面有较强的装饰感，带有民国时期盛行的折中主义风格。私立兴华小学旧址是当时商界重视教育的重要物证之一，目前建筑基本完好，原型制式尚存，具有一定历史价值和再利用价值。

兴华小学临九道门立面

兴华小学临药材公会立面

马家巷

清末，因此处有马姓人家居住而得名。过去巷里有一座三圣宫，也称三圣宫街。三圣宫系供奉三大教派始祖，即道教老子（李耳）、佛教释迦牟尼、儒教孔子三位圣人的宫院。这种集儒释道为一体的三圣宫在重庆城乡还有不少。三圣宫现作为仓库使用。清光绪时期的《重庆府治全图》上，在马家巷与三牌坊（现解放东路储奇门段）之间标有列圣宫（浙江会馆）和仁寿宫。

马家巷街巷上口接凯旋路，下口通储奇门羊子坝。民国时期，马家巷内有一些深宅大院，抗战时期又修建了不少较为简易的房屋。现在的马家巷巷子狭小，房屋密集，居住者主要是进城打工的暂住户。

国民党中央执行委员会海外部旧址

位于九道门7号，正面临解放西路，砖木结构，三楼一底。1936年，蒋介石派军事委员会委员长行营参谋团入川的同时，调54师入川，师部驻九道门7号。陪都时期，中央执行委员会海外部曾在此办公。为避日机轰炸，1940年海外部迁北碚蔡家场，驻嘉陵江边天印村余家院，在天印村开办了海光小学。海外部还在江北县的悦来镇办过公。海外部为陪都时期国民党中央执行委员会的外事机构，负责海外联络工作。抗战期间，特别是太平洋战事爆发后，海外部在侨务工作中发挥了较大作用。海外部在重庆期间，先后担任部长的有陈树人、吴铁城、刘维炽、张道藩、梁寒操、陈庆云。首任海外部部长陈树人（1883—1948）为同盟会会员、辛亥革命元老，曾任国民党中央党务部部长、广东省省长、国民党中央工人部部长、中央侨务委员会委员兼海外部部长等职。后任国民政府顾问、总统府国策顾问。

海外部旧址现为渝中区房管局储奇门房管所管理公房，居住了几十户居民。

储奇门大巷子

抗战时期，因此处巷子较长，上面接较场口，下面可通过花街子到林森路，故名大巷子，1972年因此处邻近储奇门而得名储奇门大巷子。该巷子坡度大，梯道多，石梯街巷，迂回曲折，颇具重庆老城传统街巷情趣。储奇门大巷子与月台坝连接，与善果巷、守备街相邻。从此巷子下行的左侧还保留有陪都时期国民政府军事委员会（现重庆日报社内）的部分围墙。

普安巷老宅院

宋代，此处建有一座尼姑庵，名普安堂，因此得名。过去叫普安堂巷子，也叫普庵堂巷，出口与三牌坊（现解放东路）相连。

李耀廷公馆旧址

位于储奇门邮政局巷40号,清末民初建筑,砖木结构,二楼一底,朝门上方阴刻"卜凤居"3个大字。解放后房屋产权为民生公司所有,后产权归属长航重庆分局。

李耀庭(1836—1912),名正荣,云南恩安县(现昭通)人。重庆商界翘楚,热心资助社会公益事业,支持资产阶级民主革命。

李耀庭自幼家庭贫寒,十几岁外出谋生,稍长加入马帮,往来于云南昭通与四川叙府之间。咸丰六年(1856年)从军,因作战勇猛,升游击、都司,获得"即补县正堂"功禄。光绪六年(1880年)入同乡王兴斋在重庆开办的"天顺祥"商号。李耀庭善于经营和捕捉商机,在他的精心运作下,天顺祥经营业务蒸蒸日上。至20世纪初,天顺祥已在全国15个省开办分号,并在香港和越南海防设有机构。李耀廷以天顺祥为基础,逐步开办了顺昌公司、信记钱庄、电灯公司、丝厂、川江轮船公司等商号和实业公司,成为重庆颇有影响的商界人物。光绪二十三年(1897年),宋育仁到重庆创办《渝报》,李耀廷给予资助。光绪二十五年(1899年),李耀廷在四川蓬溪设立顺昌公司,试采石油获得成功。

光绪十八年(1892年),李耀庭等云南、贵州籍绅商联名倡导成立云贵公所,发动寓居重庆的云贵籍士商捐资,在川东兵备道道台黎庶昌(贵州遵义人)鼎力支持下,云贵公所于光绪十九年(1893年)正式成立,李耀庭出任首届会首。公所建立后,李耀庭为联络团结云贵籍在渝商人,协调本籍与外籍客商的经营业务,维护同乡权益作出了积极贡献。云贵公所位于金紫门绣壁街(今解放西路100号),是重庆城建立最晚的一个会馆。抗战时期,云贵公所曾作为国民政府外交部办公地之一。

光绪三十年(1904年),李耀庭被推选为重庆商务总会首任总理(会长)。在李耀庭主持下,重庆商务总会创办了《重庆商务公报》。为推行实业救国,李耀庭从商业扩展到实业投资。李耀庭积极参与资助公益事业,举凡赈灾、办学、修桥修路等,都率先倡行,捐资不菲。至宣统三年(1911年),由于时局的影响和经营方面出现问题,天顺祥等商号开始走下坡路。晚年李耀庭将公司事务交由三子李和阳管理,自己则在佛图关鹅项颈修建的庭园别墅"礼园"修养赋闲。1912年,李耀庭病逝于重庆,终年76岁。

李耀庭公馆曾是重庆最早使用电灯的公馆之一。光绪三十二年(1906年),巴县绅商刘沛膏在太平门人和湾安装100千瓦直流发电机,同年11月25日首次向外供电,是日为李耀庭70寿辰。当晚,太平门绣壁街(现邮政局巷)李府内50盏电灯齐明,成为当时轰动一时的新鲜事。两年后,在重庆商会李耀庭等支持下,刘沛膏招股集资筹建了重庆民营烛川电灯公司。

李耀庭公馆旧址作为近现代重要史迹及代表性建筑,2008年被公布为重庆市优秀近现代建筑,2009年12月被列为第二批重庆市文物保护单位。

善果巷

清末，此处居民为方便过往行人，自发凑钱买油点灯，以善有善报之意得名善果街，后改为善果巷。善果巷与十八梯临近，下与月台坝、储奇门大巷子连接，上与黄土坡相通。善果巷大致还保留着原有空间格局和肌理。巷子从较场口呈缓坡向下，中间有不少石梯和堡坎，地面铺装的还是几十年前的老石板。狭窄的巷子里保留着一些砖木结构的老房子，由于年代久远，房屋墙壁表面已经风化剥蚀。部分老房屋改建成三四层的清水砖房，开间不大，没有贴瓷砖，与狭窄的街巷空间和风貌还基本协调。

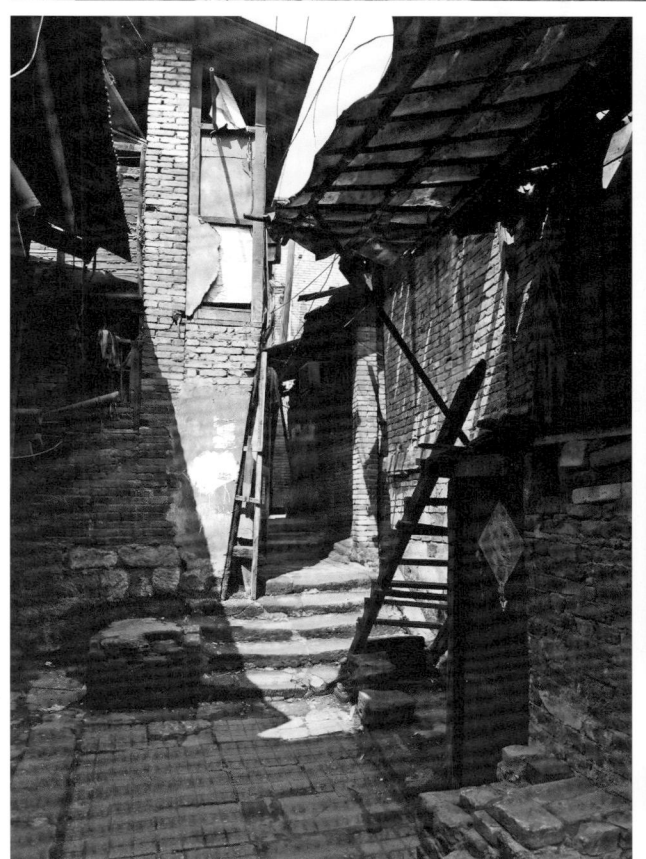

瞿家沟

清末，此处有瞿姓人家居住，且有一条水沟，因此得名。瞿家沟一端与厚慈街、守备街相通，另一端与十八梯大梯道连接。瞿家沟巷子幽深，房屋密集，由于在本来就不宽的巷道里又修建了不少占道的房屋，巷子最窄处只有1米多。瞿家沟房屋虽然简陋，但还不乏一些转折迂回、收放有致、富于变化的空间。居民们还保留着传统的生活习惯和友好的邻里关系，小小的巷道也成为街坊邻居休闲交往的公共活动场地。

储奇门双巷子11号

储奇门双巷子

民国初年，因此处有两条小巷子而得名。储奇门双巷子11号石朝门尚存，院内有几口水井，亦称水井院，过去是大户人家宅第。抗战时期，"中央革命债务委员会"设在储奇门双巷子13号。清末至民国时期著名的"治呈祥"药号位于储奇门双巷子6号。

储奇门双巷子下接人和湾，上通二牌坊（今解放东路）。1929年重庆市工务局绘制的《重庆市区地形图》在储奇门双巷子处标有"烛川电灯公司"。"烛川电灯公司"位于太平门人和湾普安堂巷（紧邻储奇门双巷子）。光绪三十二年（1906年），重庆绅商刘沛膏、赵资生、李觐枫等集资在此安装蒸汽发电机一台，功率100千瓦，所发之电仅能供发电厂附近少数住户和上半城几家大的商店照明之用，此为重庆商业用电之始。光绪三十四年（1908年），重庆商会发起筹办民营"烛川电灯有限公司"，次年向商务部呈准立案。烛川公司与英安利洋行签约，从英国订购锅炉和引擎等全部机械设备，电气设备向法国采购。烛川电灯公司在人和湾安装两台200千瓦蒸汽发电机，架设供电线路5公里，对朝天门、陕西路、小什字、都邮街、较场口等地区的部分官府、大院和商店提供民用电，每天供电6个小时。1921年，重庆商埠办事处成立后，委托烛川电灯公司在下半城主要街道和都邮街一带安装街灯100余盏。1930年底，重庆已有烛川电灯公司（亦称烛川火电公司）、新市区电灯公司、龙门电燃公司、江北电灯公司四家供电公司。

1933年，21军军长刘湘指令重庆市政府成立重庆电力厂筹备处，委任市长潘文华兼任处长，刘航琛（川康银行总经理，21军财务处副处长）任副处长，石体元（市政府秘书长）、康心如（美丰银行总经理）、傅友周（市工务局局长）为筹备委员。电厂工程由华西公司总承包。1934年7月，新电厂投入生产，1935年1月正式定名为重庆电力股份有限公司。时有1 000千瓦发电机3部，1935年底总发电量达到609万度。

储奇门顺城街

清代，因此街靠近储奇门城墙，且方向与城墙大致平行而得名。储奇门是一座瓮城，与紧邻的金紫门都是开门，"储奇"含有预兆兴旺昌盛之意。储奇门顺城街濒临储奇门码头，过去是药材、山货集中之地，有数十家山货、药材字号和堆栈。清代至民国时期，从储奇门到金紫门、南纪门一线商铺行栈汇集，酒楼茶肆林立，仓库堆场比比皆是，各类药材帮会也多集中此地。1930年8月25日，储奇门顺城街发生火灾。从早上9时烧至半夜。大火延烧入城，殃及人和湾、双巷子、金紫门、镇守使署、玉带桥，再上延烧至三圣殿、大梁子、磁器街。过火灾区广达三四里，房屋焚毁逾万家。

由储奇门码头渡长江到南岸海棠溪，是重庆通云南、贵州的古道起点。1935年3月，为改善码头条件，储奇门城门两道瓮城被拆除，修建了人和湾码头，从码头上岸有120级的大石梯。同年10月，储奇门码头开通到南岸海棠溪的汽车轮渡，沟通了两岸的公路交通。1938年开通与海棠溪的渡江轮渡。1939年9月，为蒋介石从市中区到黄山来去方便，侍从室在储奇门和南岸海棠溪修建了专用码头，时称"委座码头"。1940年5月16日，在湖北宜城殉国的张自忠将军遗体由宜昌专轮运抵重庆储奇门，蒋介石、冯玉祥等亲自到储奇门码头迎灵，登轮绕棺致哀。随后，在储奇门码头搭建的灵堂为张自忠举行了隆重的祭奠仪式。

九道门

位于储奇门羊子坝附近。清末此处有9座宅院的朝门临街（一说有9道栅子门），故此得名。九道门上口与旧时的三牌坊（现解放东路）相通，马路对面过去有始建于乾隆五年（1740年）前的列圣宫（浙江会馆）和1926年开办的临江私立小学（浙江会馆设立的同乡子弟小学），下口与羊子坝、鸡市巷相连，街巷内有不少老宅院和商号。

陪都时期，国民政府国家精神总动员委员会，中央图书杂志审查委员会（后改为图书杂志审查处），国民党中央执行委员会海外部，中执委社会部等机关曾经设置在九道门。一些报刊也集中于九道门，如《中国工人报》社在九道门7号，《国民三日刊》社在九道门9号，《千字报》社在九道门7号。

中央图书杂志审查委员会是抗战时期综合性书籍审查机构，1938年10月1日在九道门成立。主任委员潘公展，副主任委员印维廉，委员有中宣部的刘百闵、社会部的杨玉清、军委会政治部的许保驹、内政部的黄家声、教育部的陈礼江以及简贯三、刘炳黎、徐维起等人。其任务是"承中央执行委员会宣传部、军事委员会政治部及行政院内政部、教育部之指导，掌握全国图书杂志原稿审查及各地图书杂志审查委员会之指导与考核事宜"。1940年5月，中央图书杂志审查委员会改由行政院管理，1944年7月修改《组织条例》，增定任务为"掌握全国图书、杂志、戏剧、电影审检事宜"。1945年冬，中央图书杂志审查委员会及所属机构被撤销。

羊子坝

羊子坝位于储奇门，出口是储奇门正街，另一端与九道门相连。民国初期，此处先是贩卖羊子的市场，后作晾晒羊皮之地，羊子坝之名由此而来。旧时羊子坝是药材商号和药材仓库集中之地，清代在此设有药材业行帮会所，还有会所修建的古岗栈戏楼。陪都时期，国民党中央执行委员会统计局曾在羊子坝1号办公，1945年10月创办的《民力报》设在羊子坝12号。

月台坝

1916年，胡子昂（曾任重庆市副市长、全国工商联主席等职）之父胡于成在此处建公馆，门前台阶修成半圆形地坝，形似月形，因此得名。月台坝向上可经过储奇门大巷子或善果巷到较场口，向下可到守备街。月台坝坡度陡，石梯多，巷子窄，作为连通重庆城上下半城的一条小巷子，在此过往的人还不少。

凯旋路

凯旋路古名三圣殿，清代此处设有为军事需要服务的急递总铺。凯旋路是连接重庆城上下半城的主要道路，1940年由重庆市工务局主持修建，中途因物价飞涨，工程资金不济而停工一段时间。1942年初复工，"历时两载，始告落成"。凯旋路长730米，沿线自上而下的老地名有东征桥、联升巷、新火巷、黄楼、三圣殿、玉带桥。道路1942年4月落成后，将几个老地名合并，以抗战胜利之意命名凯旋路。

凯旋路靠大梁子山梁有一段长约200米的陡坡，为解决地形高差，在陡坡地段修建了一段高石堡坎和一座大型石拱旱桥。旱桥长75米，宽11米，9孔，每孔跨度6米。旱桥下是连接较场口与下半城储奇门的门洞和185步石梯。9个桥孔后来都被当地居民封掉，搭建成了居住的房屋。凯旋路高差几十米，道路坡度很大，为方便上下行人，1986年3月在石拱旱桥旁修建了一座客用电梯。

始建于元、重建于明的"东华观藏经楼（市级文物保护单位）"位于凯旋路中段的64号。20世纪20年代，国民政府军官学校设在玉带桥（现凯旋路下段）。

陪都时期，国民政府军令部第一厅、第二厅设在玉带桥（现复旦中学内）。国民政府军令部是抗战时期国民政府制定军事作战计划，发布军事作战命令的最高机构。军令部第一厅主要承办有关国防作战业务，制定作战计划、方针，发布作战命令，策划、指挥前线作战事宜。军令部第二厅主要办理情报业务，派遣驻外武官，负责外国驻华武官的接待事务，搜集敌情并研究各国军事、政治、经济、外交、社会及国际动态与国际关系，以供作战指导参考。这两个机构都是当时高度机密的要害部门。

现凯旋路下段（老地名玉带桥）的复旦中学和解放西路靠储奇门一段（老地名段牌坊）以及重庆日报社都属于原旧镇守使署的范围。国民政府军事委员会，委员长重庆行营和以后的国防最

90年代中期的凯旋路、储奇门、解放东路

凯旋路大梯道

高委员会，以及军令部第一厅、第二厅，外事局等重要机关都设在旧镇守使署区域。国民政府军政部军需署设在东华观，国民政府内政部第二警察总队医院设于凯旋路。国民政府军事委员会大礼堂至今还保留在重庆日报社内。

1952年7月5日，经政务院批准，西南军政委员会文化教育委员会在凯旋路建立。

笔者1958年入凯旋路小学（陪都时期的国民政府外事局，现渝中区教委处，下面接凯旋路中学）读高小，1960年入凯旋路中学（后改为红岩三中、53中、复旦中学）读初中。学校那时没有食堂，晚上还安排有晚自习，每天上午、下午、晚上要从解放碑来龙巷家里和学校之间往返。当时正是"三年自然灾害"时期，每天饿着肚子从凯旋路旱桥185步石梯爬上爬下3次，其滋味至今还难以忘怀。凯旋路坡大路陡，人力车（俗称板板车）上坡非常吃力，放学后，见有上行的人力车夫拉不动时，我们会去帮助拉边绳或从后面推。从学校门口起，拐过东华观，把人力车一直拉到凯旋路上口的骨科医院平路为止。有时还能分得一角两角钱，当时叫"拉加班"。那时的凯旋路人少，车更少，常常可以看到环卫工人（不少是妇女）拉着两轮粪车，时而脚尖着地，时而两脚腾空，从凯旋路飞奔而下，人们戏称为"跨三大步"。

笔者在凯旋路中学读书时，国民政府军令部第一厅、第二厅青砖大楼旧址就在进学校大门右侧，保存尚完好。曾经在凯旋路附近居住过的教师给我们讲过当年国民党高官进出大院，宪兵荷枪实弹、戒备森严的情景。校内还有抗战时期的防空洞，洞口用条石砌筑，又深又大，冷气逼人，使人感到阴森恐怖。

五、南纪门、石板坡地区
Nanjimen Shibanpo Region

凤凰台

因此处位于古城门凤凰门附近，旧时有凤凰池，故此得名。凤凰台老街长约200米，道路宽4.5米，两侧人行道部分被建筑所占，最窄处只有1米许。凤凰台与绣壁街、麦子市（现解放西路）大致呈垂直状，上口与金马寺横街（后并入厚池街）、浩池街（现厚池街）、双桅子街（现中兴路下段）相连，下出口是麦子市、金紫顺城街（现解放西路）。陪都时期，国民政府社会部、军政部运输处、军政部军粮总局设在凤凰台，法国大使馆设在凤凰台35号，重庆地方法院（1930年前后是审判厅，现为重庆市第五中级人民法院）的侧门开在凤凰台。在第五中级人民法院靠凤凰台老街一侧，至今还残留有一段民国时期法院外墙和大门的遗址。

法国大使馆旧址

位于解放西路中级人民法院旁的凤凰台35号（原为凤凰台49号、50号、60号），亦称徐家洋房子，建于光绪二十四年（1898年）。1938年3月，法国大使馆从武汉迁渝，驻领事巷12号。抗战时期，法国大使馆遭日机轰炸，曾迁于凤凰台35号办公。

该建筑为砖木结构，中西合璧风格，面阔32米，进深17.4米，占地557平方米，建筑面积2 445平方米。建筑正面和左右侧面共有100多个廊拱，廊拱内有2.6米的宽阔通廊，屋顶开有12个老虎窗和几个壁炉烟囱。房屋共4层楼，每层楼有8个房间，室内空高4.2米，门窗高大，采光良好，门楣窗楣上做有石膏浮雕和木雕，所有房间都装有壁炉。屋顶天花有各种动物和花卉浮雕，浮雕下有吊烛灯的吊环。过去此房周围没有什么高楼，站在此楼廊道上观望，长江和南岸文峰塔可尽收眼底。

旧址内保存着一个法国人留下来的老式保险柜，铁灰色的柜面上铸有带船锚的盾形商标。盾形商标上方的英文是"JOHN.TANN'S"，中间有"RELIANCE"，下面是"SAFE"和"HZ·NEW·GATE·ST·LONDONE·EQ"。笔者在现场测量，该保险箱尺寸高51厘米，宽40厘米，厚41厘米。重庆塑料工业公司办公室主任吴芳手里有当时留下的老钥匙，可以轻松地打开保险箱。此保险箱体积不大，但重量很沉。

解放后，房屋产权由西南军区接管，曾作为部队幼儿园使用。1964年4月15日，总后办事处营房处将市中区凤凰台49号、50号、60号，守备街13号、15号，太平门78号等12处营房，共计面积4 290平方米调换给重庆市友谊纸盒生产合作社。1973年，四川省二轻工业局批准重庆红旗纸箱厂（原友谊纸盒生产合作社）迁沙坪坝区，原有房屋交给主管部门——重庆市二轻工业局重庆市塑料工业公司。1977年9月1日，重庆市塑料工业公司与重庆红旗纸箱厂正式签订了房屋交接协议。二轻局撤销后，旧址现属重庆市轻纺集团下属的重庆康茂实业有限公司重庆塑料工业公司管理。

2003年3月，此旧址被公布为渝中区文物保护单位。

清真寺巷新建穆斯林大厦

清真寺巷

　　因此地建有清真寺而得名。清真寺巷靠较场口，位于中兴路之下，西面接螃蟹井、宰牲院，北面通过蒋家院子可通和平路，东面与十八梯相通。此巷非常狭窄，最窄地方只容一人通过，房屋多为简陋低矮的砖房和木板房。1930年9月7日，重庆各界抗敌后援会机关报《大声日报》在清真寺巷16号创立，1934年2月停刊。

　　清真寺始建于明万历年间（1593—1597），由河南来渝穆斯林马文升倡议，经穆斯林群众集资修建。清代至民国时期，清真寺进行过多次复建和整修。当时因苍平街（现邹容路上段）还有一条支巷叫清真寺巷，巷内也建有一座清真寺，为了加以区别，将较场口的清真寺称为西寺，苍平街的清真寺称为南寺。1907年，重庆清真寺西寺为"方便回民子女入学，提高民族文化素质，造就人才，服务桑梓"，在较场口清真寺（西寺）内创办西寺公小学，在苍平街清真寺（南寺）创办育才学堂。1926年取"学如浩瀚，求其一精"，将西寺公小学更名为精一小学。1928年报重庆教育局呈准精一小学为私立小学。后开办高小，成为初高两级完小。1940年，清真寺南寺被日机炸毁。1941年7月8日，清真寺西寺及附近街区被炸毁。1943年1月，由中国回教救国会发起，在西寺原址重建清真寺。经西南两寺协商，决定将西寺与南寺合并成立"重庆市清真寺董事会"。1946年将精一小学和育才学堂合并，在清真寺巷（现中兴路3号位置）建立私立精一民族小学，推温少鹤为校董事会董事长、丁岐山为校长，办校经费由清真寺给予支持。当时开办了12个班，有700多名学生。

　　1953年3月，应清真寺董事会请求，重庆市第一区政府接管学校，定名为重庆市精一小学校，1991年8月5日更名为重庆精一民族小学校。老清真寺在20世纪末被拆除，在原址重新修建了重庆穆斯林大厦。

厚池街

原名浩池街，因此处有一大水池而得名。1941年将浩池街、金马寺街、泰乾街合并改为厚慈街，1972年改为厚池街。厚池街一端接凤凰台，一端接守备街和响水桥。守备街东面与花街子相连，花街子出口就是重庆日报社。厚池街上还有一条小支巷叫寮叶巷。20世纪二三十年代，中共四川省委秘书处设在寮叶巷2号，1931年3月13日遭破坏。旧时厚池街上各种杂货店、食店、菜店、肉店很多，商业繁荣、人气兴旺。至今为止，厚池街和守备街、花街子一带仍然是店铺密集、人流拥挤的繁华热闹之地。

十八梯

此街地处长斜坡，清代修建上下石梯，计有200多步，建有18个台阶，故此得名。十八梯老街总长度约400米，两侧多小巷子，从上到下有荡嘈院、清真寺巷、善果巷、瞿家巷、永兴当巷、永真当巷等。十八梯下口接下回水沟、浩池街（现厚池街）、守备街、金马寺街、凤凰台、响水桥等街巷。十八梯是联系上下半城的重要通道，街区大致形成于重庆开埠之后，主要是从事货运及码头作业的工人和行帮搭建的房屋。

几十年来，十八梯梯道两侧修建了许多房屋和店铺，梯道逐步变窄，较宽处有4米左右，窄处只有3米。由于十八梯是联系上下半城的主要通道，每天人流熙熙攘攘、来往不绝，街市业态丰富、生意兴隆。街市上开设有小旅馆、川菜馆、小面馆、茶馆、酒馆、小百货店、服装店、皮鞋店、干洗店、理发店、美容店、织补店、家电维修店、电子游戏室、棋牌室、按摩室、录像室、草药铺、杂货铺、烟酒铺、竹器作坊、卤菜作坊，还有修脚的、算命的、卖串串香的、耍把戏的，400米长街上可以说是无所不有。

十八梯房屋依山而建、重重叠叠、错落有致，属于典型的山城坡地民居建筑，具有浓郁的市区旧城风貌和市井气息，被列为重庆市历史街区风貌保护规划范围。

十八梯中段有一处防空洞洞口，从洞口进入洞底后，平伸约2 000米，中间分叉形成2个出口，一个出口通较场口磁器街（劳动电影院对面），另一个出口在石灰市（较场口转盘与新民街相连的一条巷子，后作自由市场）。隧道高宽各2米左右，每隔三四十

米点上一盏油灯，无通风、防火、防毒、医疗等设施，最多能容纳约5 000人。1941年6月5日晚，日机20余架分批空袭重庆，上万市民拥进防空洞躲避。由于天气炎热，人多拥挤，隧道内空气极差，市民因窒息挤压死伤近4 000人（其中死亡992人），造成震惊全国的较场口"六·五"大隧道惨案。第二天清理现场，十八梯洞口和梯道上横七竖八铺满了死者的尸体，其状惨不忍睹。1945年9月5日，重庆市政府公布重庆大轰炸死伤初步统计数：死亡6 569人，伤9 141人，大隧道窒息死亡确切人数当时未予公布。

2010年6月，经十八梯6 000多居民投票，96.1%的居民赞成对十八梯实施整体拆迁改造。至此，十八梯片区的拆迁开始拉开序幕。

马蹄街

明清时期，此处设有驿站，并设有为过往马帮钉马蹄掌的铁匠铺，故此得名。马蹄街的来历还有一传说：毗邻马蹄街有一座金马寺，曾有金马在此处石梯上留下蹄印，故得名马蹄街。马蹄街是一条以梯道为主的老街，上石梯可到九块桥、天官府、火药局、伍福宫、至圣宫，下石梯可到中兴路、南纪门。20世纪二三十年代，马蹄街及附近设有禁烟总局、土地经历处和仁爱堂医院开办的私立成德女中学。

1927年，私立重庆艺术专门学校在二府衙创办，后迁至马蹄街继续办学。该校主要培养中小学音乐、美术、体育、舞蹈教师，学制二年，系重庆最早设置舞蹈艺术课的学校。1934年因经费困难而停办。

中兴路

中兴路建成于1940年7月,是政府为防止火灾扩散而修建的火巷马路。抗战时期,日机对重庆城实施长时期狂轰滥炸,由于城内房屋密集,结构简陋、间距很小,遭轰炸后经常是火灾蔓延,损失非常惨重。为了控制火灾带来的灾害,同时也改善城区交通状况,重庆市政当局于1939年至1940年在部分房屋密集区拆除房屋,开辟火巷,中兴路就是在这一时期修建的火巷马路。中兴路全长720米,从较场口向下接南纪门,成为连通上下半城的重要干道。道路建成后,较场口、南纪门一带防灾条件和交通状况得到较大改善,商业日趋兴旺,此路取名中兴路,亦有复兴中国之意。

中兴路沿线有许多老巷子,从较场口自上而下有清真寺巷、宰牲院、回水沟、凉亭子、柑子堡、王爷石堡、韩府小巷、双椿子街、韩府大巷、坎井街、厚池街、仁爱堂街等。陪都时期,东方文化协会在中兴路韩府大巷2号设立,该协会是中共秘密领导下的进步文化团体,由于右任兼任会长,主要负责人有郭沫若、谭平山、王昆仑、屈武等。

南纪门正街

此街靠近南纪门城墙，位于城墙之外，顺长江呈缓坡状延伸，上口是中兴路、解放西路、山城巷交会处。与南纪门正街同在古城墙外的还有伍家街、宝善街、猪行街、柴码头等街巷。

南纪门是长江上游方向到重庆城的第一道城门，也是重庆城沿长江方向的最后一道城门。古城墙从朝天门建到南纪门后，就沿着天灯街（现山城巷）、雷家坡的自然崖坡向上延伸，一直到打枪坝、通远门。南纪门城门为瓮城，分内外两座城门，外城门朝西向（长江上游方向）开，城门上书"南屏拥翠"四字。南纪门是水陆两通的城门，既通长江水码头，又接通远门官道，是木材、蔬菜集散和屠宰行业集中的地方。旧时有"南纪门，菜篮子，拥进拥出"的谚语，生动描述了此地蔬菜集市买卖之热闹。南纪门对岸是南岸的黄葛渡，过去靠木船摆渡过江，1940年此渡口始有轮渡。1915年，巴县地方审判厅（后改为巴县地方法院）设在南纪门。

连接中兴路与南纪门码头的梯道

南纪门正街旱桥堡坎

南纪门正街13号吊脚楼

- 112 -

下回水沟与十八梯、厚慈街的三叉路口

下回水沟市场

下回水沟

民国初，回水沟是一条很长的巷子，因此处有一条迂回曲折的水沟而得名。后分为上回水沟、下回水沟，此巷处于水沟下段，故此得名。下回水沟上方与上回水沟连接，通和平路，下方与永兴巷连接，通十八梯。

同治十一年（1872年），陕西客商刘日升创办的"日升"当铺设立于回水沟。1936年秋，重庆市私立适存高级商业职业学校在下回水沟创办，设银行科、会计科，附设会计训练班。1938年5月遭日机轰炸，迁南坪场九龙寺。陪都时期，国民党中央执行委员会组织部设在回水沟3号，军政部第一补训处驻渝办事处设在回水沟87号。川军总司令刘湘公馆曾设于下回水沟59号，1927年迁至李子坝正街180号。

南纪门一巷、川道拐民居建筑群

南纪门一巷原名猪行街，因1920年前后此处有宰猪场得名。1982年将下石板坡并入，改为现名。川道拐在南纪门城外，上面是石板坡，原名川道拐正街，清末此处位于成渝官道拐弯处，故称川道拐。

过去从南纪门水路登岸上成渝官道，一般都走川道拐。从川道拐到石板坡，再经神仙洞街去两路口，道路要顺一些。如果经过城内，既有进城出城之麻烦，而且坡度还要大一些。因此，清代至民国时期，川道拐、石板坡、神仙洞一线往来商人、挑夫、骡马甚多，为商帮和来往行人服务的店铺林立。

山城巷

原名天灯巷、天灯街。此巷上口是法国传教士修建的仁爱堂和仁爱医院。1900年法国传教士在此巷坡上立杆点灯为路人照明，由此得名天灯巷。1972年更名为山城巷。山城巷是一条长长的石梯道，从南纪门起，石梯顺着城墙内侧朝通远门方向一直上到领事巷。山城巷中段有一条支巷，支巷里过去有体心堂、城南女工社、成德女中学校。山城巷上口就是有名的仁爱堂，1929年《重庆市区地形图》上标注有"法国医院"和"法国领事府"。

柑子堡

清末，因此处种有柑子树而得名。此巷西与王爷石堡相通，东与永兴巷连接，北与回水沟相接，从回水沟可上到中兴路、较场口。抗战时期，国民政府赈济委员会和中央救灾准备金保管委员会设在柑子堡15号。1962年建立的市中区工读学校设在柑子堡，后迁往南岸觉林寺。

永兴巷

　　清末，因此处有"永兴"当铺而得名，民国初期此巷也称永兴当巷。永兴当铺系陕西帮客商吴寿庭、贺华清于1919年创立。永兴巷西面与柑子堡、回水沟相连，东面与十八梯相通。与永兴巷大致平行的还有一条巷子叫永真当巷，因巷内有永真当铺而得名。永真当铺为陕西帮客商刘永真于同治十一年（1872年）创立。1941年12月，鄂苏皖豫边区总司令部驻渝办事处、第31集团军司令部驻渝办事处、第19集团军司令部驻渝办事处同驻永兴巷13号。

永兴巷14号"永兴"当铺

永兴巷深幽的巷子

依天然崖壁而建的爬坡式建筑

南纪门与通远门之间的古城墙

雷家坡

民国初年，因有雷姓人家居住于此而得名。雷家坡临近南纪门，街区和房屋位于南区路内侧山坡和南纪门至通远门古城墙之上，部分房屋依古城墙和天然崖壁修建。古城墙之内是天灯街（现山城巷）和法国仁爱堂。此坡地势陡峭，房屋大多倚坡就势而建，形成富有山城特色的爬坡式建筑。雷家坡向上有小道通鱼鳅石、石板坡，向下有梯道通川道拐、国珍街、南纪门街（现南区路），旧时是从长江水路南纪门码头上成渝官道的必经之地。

六、较场口地区
Jiaochangkou Region

较场口地区旧貌

较场口是重庆城内相对平坦的地方，俗称较场坝。较场即"校场"，也称"教场"，作阅兵、训练之用。明清两代，较场口建有供操练之用的坝子和检阅台，地名称演武厅。明崇祯十七年（1644年）六月二十日，张献忠攻陷重庆城通远门后，在较场口演武厅将四川巡抚陈士奇、关南兵备副使陈曛、重庆知府王行俭、巴县知县王锡、指挥顾景凌迟处死。

至清后期，阅兵机会减少，老百姓开始在坝子搭建房屋居住或做小生意，逐步形成民国时期和20世纪五六十年代的格局和规模。陪都时期，由于重庆城内缺少公共活动和聚会场所，同时也为了避免日机轰炸后引起的火灾成片蔓延，1941年，重庆市政府在较场口拆除不少房屋，开辟了一处较大的广场。

1946年2月10日，在较场口广场召开"陪都各界庆祝政治协商会议成功大会"，大会由23个社会群众团体组织发起，计有政协陪都各界协进会、民主建国会、中国劳动协会、全国邮务总工会、中国经济事业协进会、中国农业协会、中国妇女联谊会、东北文化协会、社会大学、育才学校、重庆青年会三民主义同志联合会、中国职业青年会、中国木刻协会等。大会推举沈钧儒、郭沫若、马寅初、李公朴、施复亮、章乃器、陶行知、李德全等20余人组成大会主席团。当天大会正待举行之时，遭到大批暴徒的冲击破坏，章乃器、马寅初、郭沫若、李公朴、施复亮等著名人士被打，造成震惊中外的"较场口事件"。

抗战胜利后，国民政府回迁南京，聚会活动减少，较场口广场被搭建成圆形铺面，开设小百货、杂货、手工艺品市场。此市场一直延续到20世纪五六十年代还存在。老百姓临时有需要出售或交换的东西，只要用谷草打个圈，插在要出售的物件上，摆在这里即可进行交易。笔者儿时曾随母亲把舅舅的一双旧皮鞋拿到此处出售，也用谷草打圈插在皮鞋上，但空等几小时无人问津，只有饿着肚子失望而归，因此，对较场坝当时之场景至今还留有深刻印象。

1980年重庆长江大桥通车后，较场口广场被辟为小游园，内建花架、喷泉水池、花坛、草坪，成为人们休闲晨练跳舞活动的地方。1990年2月，重庆市建委会同市中区建委在园内竖立铜塑"较场口事件"纪念碑。21世纪初，因建地下轻轨站，游园地下被挖空，上面改为车行道的转盘绿地。

较场口现在的"得意装饰城"和酒吧一条街，从前是铁匠、木匠、缝纫匠、瓷器匠、竹编匠、草药师等民间工匠和手艺人集中之地。当时街名甚多，含义亦十分丰富。老街名有演武厅、勉励街、兴隆街、新衣服街、老衣服街、筷子街、木货街、铁匠街、草药街、老磁器街、磨房巷、猪市坝、竹子市、鱼市、荒货街、鼎新街等十几个。从这些街名可以想见当时较场口业态之丰富和市场之繁华。

较场口地区房屋建造的时序、结构、档次、标准、风格不一，既有一般民居和结构简易的"抗战房"，也有不少达官贵人修建的府邸宅第。较场口地区建筑参差不齐的原因主要有以下几个方面：一是清末民初至抗战爆发前，重庆富商在较场口修建了不少别墅、大院；二是抗战时期，随着国民政府定都重庆，许多机关单位和高官绅商在此又修建了不少档次较高的房屋；三是"重庆大轰炸"期间，较场口遭日机多次轰炸，房屋损毁惨重，临时修建的房屋很多；四是由于较场口木结构房屋居多，一遇火灾，常常是火烧连营。如1920年2月10日较场口发生大火，从荒货街延及百子巷、走马街、黄土坡、十八梯、木货街、演武厅、磁器街，烧毁民房数千家。每次火灾之后，又陆续修建了许多档次不一的房屋，这种情况在重庆老城还比较普遍。

抗战时期，大量人口涌入城市，城区房屋非常紧缺。因房荒严重，1943年12月13日，重庆卫戍司令部发布《战时房屋租赁原则》，命令所有空余房屋限期出租；严禁将现有住房改作他用或拆毁；当修复之毁坏房屋，令房主修复出租。

由陪都十年建设计划委员会编制，1947年4月完成的《陪都十年建设计划草案》书中，对陪都时期重庆城房屋结构及档次作了生动之描述，与较场口情况甚为相符。兹摘要如下：

"一、旧式木壁砖墙房。此为旧式中较高尚者，自轰炸后，存者无几。且大半以临时用竹篾或土墙间壁分划，无复原来我国固有风格；二、旧式普通木架屋。此种房屋旧存者尚多，而新建者仍不少。大半为中下级商人及居户所使用；三、新式别墅与巨宅。此种巨宅，大半建于民国元年至抗战开始前，其样式受西方殖民地影响，在使用上不合近代生活需求，在形式上亦无近代风格。此类巨厦，在全市中为数不多；四、抗战中临时房屋。此类为抗战初期入川各公私机关住宅，及在屡次轰炸后兴建者。以用途论，有住宅、有铺房、有官署、有工厂。以结构论，有捆绑竹木架、木架单层竹篾墙、木架双层竹篾墙、砖柱土墙、钢筋混凝土架、棚户、船户等。"

官井巷

清代，因官府在此修有水井而得名。1901年绘制的《增广重庆地舆全图》中，靠近磁器街一段标为大通巷，靠近杨柳街一段标为官井巷。后两条巷子被合并为官井巷。官井巷位于原中营街（现八一路）与大梁子（现新华路）之间，一头接较场口磁器街，一头接杨柳街（现中华路）。官井巷内有不少院子，院子里多有水井。

1920年10月15日，川军张冲旅先头部队刘伯承团与滇军旅长鲁子才所部在官井巷发生遭遇战，滇军旅长鲁子才被刘伯承团所击毙。

抗战胜利后，国民政府军事委员会调查统计局（简称军统）二处曾设于官井巷，时由徐远举负责二处工作。徐远举（1914—1973），湖北大冶县人，《红岩》小说中徐鹏飞的人物原型，黄埔军校七期毕业，1932年加入军统。1946年7月调任重庆行辕二处任处长，1948年升任国民党保密局西南特区区长兼西南长官公署二处处长。

20世纪50年代中期，官井巷民办小学（后改为官井巷民办工业中学）在军统二处旧址开办，当时学校还保留有一座军统二处的八字形朝门。官井巷民办工业中学名气很大，学校实行半工半读，建有供学生实习的小工厂。在1958年大放"卫星"的浪潮中，该校曾雄心勃勃地提出要将学校办成从小学到大学的一条龙。大跃进时期，官井巷民办工业中学是全国教育战线的一面红旗，该校校长还出席过全国群英会。

官井巷地处上下半城交会处，地势较为平坦，清代至民国时期一直是繁华热闹的街巷。到2008年拆迁之前，官井巷内仍然是各种小店铺密集，过往行人川流不息。

唯一电影院旧址

位于较场坝演武厅（今磁器街）。陪都时期，重庆城内有两家最著名的电影院，分别是国泰电影院和唯一电影院。国泰电影院建成于1937年2月，由著名电影事业家夏云瑚经营，有1 500个座位。该电影院1952年被拆除改建，由重庆大学建筑系教授叶仲玑主持设计，1953年10月1日建成后更名为和平电影院。"文革"中易名为东方红电影院，1979年10月复用原名。唯一电影院建成于1937年，有1 200个座位。两家电影院都在1937年2月11日这天同时开业。

20世纪90年代的唯一电影院

唯一电影院旧址是原来的锦江舞台，后改为育德电影院。1936年10月，重庆著名实业家曾子唯投资改造育德电影院，更新设施，进口设备，将电影院座位扩大到1 200座，取名唯一电影院。1937年2月9日电影院建成，11日正式营业，当年演出电影31部。曾子唯，自贡人，历任知县、造币厂厂长、川军师长、荆沙卫戍司令、重庆盐业公会主席、重庆盐业银行董事长、川盐银行董事等职。1944年任重庆四川建设银行董事长。1945年10月病逝。

紧靠唯一电影院右边有一座基督教教堂。该教堂创办于1900年，由美国卫理公会传教士在较场口演武厅建立。1928年扩建为两层楼房，可容纳1 000人。由于礼拜堂可进行各种社会活动，亦称为"社交会堂"。1939年毁于日机轰炸。1943年在原址重建礼拜堂，人们仍习惯称之为社交会堂。1937年，私立明治新闻专科学校从上海迁渝后，在社交会堂办学。1941年，私立东吴大学法学院从上海迁渝，在社交会堂办学。1942年，私立沪江大学从上海迁渝，亦在社交会堂办学。1944年12月，私立之江文理学院从杭州迁渝后，与私立东吴大学法学院、私立沪江大学三校联合组成私立法商学院。1946年三校分别回迁原地。抗战时期，冯玉祥、邹韬奋、陶行知、黄炎培、郭沫若等知名人士多次到社交会堂作学术报告和抗日救亡演讲。

抗战时期，唯一电影院成为宣传抗日救国的重要场所，不少反映抗日的电影、戏剧和各种集会活动在这里演出、举办。1940年6月，唯一电影院遭日机轰炸，损失严重，经营产生困难。时遇军委会政治部管辖的中国电影制片厂（简称"中制"）需扩大放映场地，曾子唯遂与"中制"签订协议，由"中制"投资修复电影院，并由"中制"从1941年3月1日起承租电影院4年。此后，唯一电影院成为"中制"管理的国营电影院。抗战胜利后，"中制"人员于1945年11月返回上海，唯一电影院归还曾子唯。1950年，唯一电影院被重庆市公安局收购。之后交由重庆电影公司管理，继续放映电影。"文革"中改为劳动电影院。20世纪末，唯一电影院因房地产开发被拆迁。

重庆的电影放映大致始于20世纪初。1912年8月，一位叫赫德希的希腊人用手提式电影放映机在桂花街（今中华路）周家院放映无声电影，成为当时的新鲜事。1918年2月11日，陶义文在木匠街（今千厮门）开设涵墟电影场，放映了约一个月的无声电影，开创重庆初级专业电影院之始。1920年，陕西路青年会附设电影场，白象街中西德育社也有电影放映。1925年秋，留学法国学习电影专业的吴特生在商业场（今西三街一带）创办了环球电影院，此为重庆城首家正规专业电影院。大致在同一时期，先后有几家电影院出现，如打铜街的新华电影院，小梁子（现民族路中段）的重庆电影院，机房街（现五一路）的明明电影院，老鼓楼（现解放东路中段）的江州电影院，七星岗的新世电影院等。1931年，苏联亚洲影片公司在新生路（今邹容路）成立，经理为苏联人，这是重庆第一家外国影片公司。1932年9月，大梁子（现新华路）青年会的民众电影院放映了新闻纪录片《蒋主席之演要》，这是重庆第一次放映有声电影。1933年，木牌坊（现民族路）的新川电影院开业。随后，环球电影院（国泰电影院前身）和唯一电影院都引进了先进的进口电影放映机，有声电影在重庆逐渐普遍。1942年，美国的米高梅、雷电华、福斯、联美、华纳、派拉蒙、环球、哥伦比亚8家影片公司在重庆设立分公司或办事处，美国影片一时垄断了陪都时期的重庆电影市场。

八一路（原保安路）

八一路原名保安路，包括了大阳沟、米花街、中营街3个路段。1937年国民政府迁都重庆后，因有保安队驻此，故得名保安路。"文革"初期，因有解放军剧院位于此路，改名为八一路至今。

1911年11月成立的重庆蜀军政府警察局位于保安路原市歌舞剧团对面（清末为重庆镇中游击署驻地），后改为公安局，现在是成都军区重庆招待所。1935年1月9日创办的《社会新闻》位于保安路12号。1940年3月，重庆第二剧场在保安路150号（今解放军影剧院位置）建立。1942年2月1日，升平大戏院在保安路开业。解放后，升平大戏院更名为升平电影院，位置靠近磁器街，与八一路小学临近，主要放映二轮、三轮的旧片，票价也较低，学生票只要8分钱。笔者在凯旋路中学读初中时，《柳堡的故事》、《秋翁遇仙记》、《桃花扇》、《三剑客》、《夏伯阳》等电影就是在升平电影院买学生票观看的。1943年11月27日，《中国工商新闻》社在保安路6号创立。1943年，陆军新编第一军驻渝办事处驻保安路162号，重庆市警察局驻保安路与中华路交界路口处。

1947年春，由刘云翔牵头创办的重庆著名综合性大型公司——重庆西大公司在米花街130号（现八一路解放军剧院右侧）开业。西大公司时有规模宏大的百货商场，首屈一指的正宗川味中餐厅，舒适优美的咖啡茶座，在重庆城盛极一时。当时凡到重庆城者，都要一进"西大"为快。

重庆商界著名人物汪云松（1873—1958，字德薰，祖籍湖北）曾居住在保安路，当时叫中营街，再早是审判厅，现在为重庆市歌舞剧团所在位置。汪云松的父亲与杨钟岫（牛翁）先生曾祖父是亲家，汪家与杨家几代一直保持着良好的关系，杨钟岫与汪云松往来也非常密切。杨钟岫老先生给笔者介绍了关于汪云松的一些情况：保安路的汪家公馆有新院子、老院子两座院落，规模都很大。1939年"五三、五四大轰炸"，八一路受损严重，汪家公馆被日机炸成一片废墟。为表示对日寇祸害家园的愤恨，汪云松特取了一个"五四难民"笔名。汪云松能诗能文，他在《新民报》、《大公报》等报刊上发表的文章都以"五四难民"落名。汪云松一生经历丰富，清末在外地任过知县、知府及吉林省官银号总办、电灯总局总办等职，辛亥革命后返渝，随父经商，曾任浚川源银行经理、大中银行总经理、重庆第三届总商会副会长、会长，重庆市参议会议长等职。特别值得一提的是，汪云松曾是邓小平的老师，资助过邓小平赴法留学。1919年，汪云松与温少鹤等集资开设重庆留法预备学校，招收留法勤工俭学学生，经培训后送法国留学。留法预备学校校址设在重庆夫子池（现29中）和重庆总商会（现西大街），汪云松任董事长兼校长。陈毅、聂荣臻、邓希贤（邓小平）当时都在留法预备学校学习过。邓希贤到重庆报名时只有15岁，不够入学条件，加之招生时限已过，邓希贤入学似已无望。为此，邓希贤父亲通过何鲁（著名教授）找到汪云松，希望支持邓希贤入学。汪云松见邓希贤聪明好学，破例收下邓希贤。毕业后，汪云松又资助邓希贤300银元，使邓希贤实现了法国留学的愿望。多年后，邓小平向女儿邓榕（毛毛）讲述了恩师汪云松的故事。邓榕曾专门到重庆拜访杨钟岫先生，了解核实当年汪云松与父亲邓小平的关系。后来邓榕在所著《我的父亲邓小平》一书中，对这段历史作了介绍。

八一路与磁器街街口

八一路小学（原保安路小学）

铜鼓台

清末此处设有铜鼓台,作为祭祀和集会的场地,由此得名。清代铜鼓台属于莲花坊,与百子巷、潘家沟、棉絮街、新民街等街巷相邻。《巴县志·古迹》记载:"铜鼓台,《通志》云,在县莲花坊,按台早废,今有铜鼓台街。"道光二十四年(1844年),由巴县绅商傅中和、罗茂昌、董明华等捐资,在铜鼓台设立慈善机构"存心堂",专为孤老施米、衣、药、棺等。因有存心堂,此街后来发展为存心堂街。民国时期,铜鼓台一端与存兴堂街相接,另一端与会府街(后并入新民街)相接,通过潘家沟与伍福宫街、金鱼塘街(现和平路)相通。过去还有一条支巷叫铜鼓台巷,后并入铜鼓台。

1930年,被川剧界尊称为"康圣人"、"一代戏圣"的川剧名演员康芷林从成都到重庆演出,寓居铜鼓台。康芷林,四川邛崃人,从小学艺,先后受业于名旦彭子元、名小生傅莱生、何心田,曾任"三庆会"(旧时川剧艺人的行会组织)会长。康芷林为人严谨,办事公正,热爱艺术,功底深厚。所演剧目以《评雪辨踪》、《八阵图》、《金山寺》等著称。被誉为"功盖三庆会,名成八阵图"。1930年6月下旬,康芷林在重庆城机房街(现五一路)悦合茶园演出时,因病发而倒在舞台上,不久即在铜鼓台寓所去世,终年60岁。

历经岁月剥蚀的老墙

百子巷

民国初年，因此处小巷子多，故名百支巷，后按谐音，并取多子多福之意更名为百子巷。百子巷通较场口、和平路，街区范围很大，小巷子特别多，周边过去有四贤巷、会府街、铜鼓台、黄荆桥街、棉絮街、走马街、学院街等街巷。民国时期，百子巷内有川东师范学校、大生医院、警士学校、儒善堂。陪都时期，在百子巷13号创办了国际剧场，演出话剧、川剧等，抗战胜利后停业。百子巷是重庆城内比较典型的街坊，民国初期，老城共设9个坊，百子巷属第九坊。1939年重庆设12个区，改联保为镇，百子巷属第四区骡马店镇。

重庆街坊的设置在明清两代和民国时期有所不同。明代在重庆城市设"坊"和"厢"（城中为坊、城边为厢），在农村设"里"。清代继续实行里甲制。康熙四十六年（1708年），巴县知县孔毓忠将巴县城内（今市中区老城内）改编为29坊，城外改编为15厢。29坊为：太平坊、宣化坊、巴宇坊、东水坊、翠微坊、朝天坊、金沙坊、西水坊、千厮坊、治平坊、崇因坊、华光坊、洪崖坊、临江坊、定远坊、杨柳坊、神仙坊、渝中坊、莲花坊、通远坊、金汤坊、双烈坊、太善坊、南纪坊、凤凰坊、灵壁坊、金紫坊、储奇坊、人和坊。附廓15厢为：太平厢、太安厢、

石崖上的神龛

百子巷里大户人家老院子

小巷里的开敞空间

间距窄小的建筑群

东水厢、丰碑厢、朝天厢、西水厢、千厮厢、洪崖厢、临江厢、定远厢、望江厢、南纪厢、金紫厢、储奇厢、人和厢。从以上坊、厢的名字来看，全部都在老重庆城约2.4平方公里范围之内。

民国初期，继续实行里甲制，只是对坊、厢有局部调整。在老城内设立9个坊，百子巷属于第九坊。1935年9月，改坊、厢为联保，在今市中区境内设立第一区、第二区、第三区、第四区，区下设25个联保，百子巷属于第四区观音岩联保。1939年5月，重庆市设12个区，改联保为镇，受区署领导。当时的市中区包括了第一区、第七区和第八区的一部分，共设有27个镇，这27个镇分布在重庆老城和新开辟的新城区七星岗、石板坡、大溪沟一带，百子巷属于第四区（区署驻观音岩）的骡马店镇。民国时期，重庆市政当局在城内人口密集的地方设立了3个综合性农贸市场，一个是位于道门口的第一模范市场，另一个是位于百子巷、石灰市的第三模范市场，还有一个第二模范市场。这些市场规模大，辐射范围宽，经营品种齐全，管理也有章法，因而被政府命名为"模范市场"。

左百子巷

旧时，此处是卖水的地方，故名囤水门。1950年因位于百子巷左侧改为现名。

右百子巷

因位于百子巷右侧而得名。

棉絮街

清末民初，此处是卖棉花的地方，因而得名。1927年前叫棉花街，后因民族路到小什字有一条街也叫棉花街，此街改为棉絮街，陪都时期将邻近的黄荆桥街并入。棉絮街与百子巷、潘家沟相连，没有修建和平路之前，棉絮街出口可一直通到金鱼塘街、蒋家院子、清真寺巷（现中兴路一带）。民国时期，棉絮街建有不少大户人家的宅院，也有一些公司和政府机关的办公房、宿舍楼，也有不少贫民搭建的简陋棚房。

建于20世纪六七十年代的青砖楼房

做有立面灰饰的宅第

简易修建的砖房

曾作为银行宿舍的两层楼房

仓坝子

清末，此处建有粮仓，在张云轩1896年绘制的《重庆府治全图》中，此处标有"巴县仓"，故此得名。巴县仓为乾隆元年（1736年）知县王裕疆修建。仓坝子与百子巷相连，巷子较短，由于是小地名，在很多地图上都查不到。1936年，重庆市立商人速成学校在仓坝子开办。

重庆城过去还有一处街名也叫仓坝子，在下半城厘金局巷（现征收局巷）附近，以重庆府"丰裕仓"命名。丰裕仓为雍正八年（1730年）知府张光麟修建。此仓坝子后改为曙光巷。

民国时期，巴县设有常平仓、监仓、济仓、八省积谷等粮食仓库。民国十年（1921年），巴县常平仓、监仓、济仓积谷11 516石被第一军全部变卖充军饷。民国十二年（1923年）八月，杨森强卖巴县济仓和八省积谷充作军费。

仓坝子76号

民国时期建筑,四层楼青砖楼房。据当地老人介绍,此房曾为孔二小姐宅第。

新民街

原名骡马店，莲花池巷，后将铜鼓台并入后改为新民街。"文革"中改为火炬巷，1972年恢复现名。新民街与鲁祖庙、石灰市、潘家沟连接，出口到大同路和民生路。1943年，第76军司令部驻渝办事处设在新民街56号，骑兵第二军驻渝办事处设在新民街1号。1951年5月成立的中华全国文学工作者协会重庆分会会址，1953年4月成立的西南文学工作者协会会址曾设在新民街。

黄土坡

地处较场口之下，因此处坡度大，土质为黄土，在民国初年得名。黄土坡位于上下半城之间，附近有一处石岩叫观音岩，岩壁上刻有"大观平"三字。从黄土坡上石梯到较场口，向下经大观平、善果巷、大巷子可到守备街、花街子。抗战时期，黄土坡曾与蔡家巷一起并入尚武巷，后来又恢复黄土坡街名。

1928年7月，由国民政府交通部无线电管理处直接管理的重庆无线电报站在黄土坡大观平1号建立，时有250瓦短波发讯机和直流收讯机各一部，电源使用蓄电池，可与汉口、宜昌及成都等地通电报。第二年，无线电管理处又在江北城弋阳观建立第二座无线电台，配备同样设备，可与上海、贵阳及万县通电报。1939年1月12日创办的《大陆晚报》设在黄土坡2号。

从黄土坡通向较场口的石梯

黄土坡岩壁上的石刻

七、临江门、大阳沟、解放碑地区
Linjiangmen, Dayanggou and Jiefangbei Region

临江门旧貌

临江门老街区位于临江门城门之外。清代，临江门街巷建有许多寺庙，在张云轩《重庆地舆全图》上标有飞仙宫、寄骨寺、观音寺、吉祥寺、给孤寺、古佛寺、祖师殿、观音阁、海星阁、历坛、莲花洞等寺庙。临江门江边有水码头、大码头、柴湾码头。从嘉陵江上游进入重庆城的第一处码头就是临江门。至民国初，临江门民居增加、街巷增多，1920年《新测重庆全图》上，临江门城门外有丁字口、西来寺、凉亭子、九道拐等几条街巷，西边的象鼻嘴仍是一片坟山。1921年11月杨森任重庆商埠督办之后，为市政建设和城市扩展的需要，临江门城墙被拆除，修建城市道路和房屋。到1929年，临江门城门外有临江门正街、吉祥寺街、兴隆台街、北玄庙街、丁字口横街、二圣宫街、飞仙宫街、红十字街、杜家巷、罗家巷、黑巷子等十几条街巷。江边分布的码头增加了大码头、新码头、炭码头、米码头、石灰码头、砖码头等。陪都时期，临江门商贾云集、店铺鳞次栉比，达到其繁盛顶峰。

临江门城门建于明洪武四年（1371年），为重庆城9座开门中的一座，与江北刘家台隔江相望，是嘉陵江水运货物入城的主要通道之一。临江门是一座瓮城，城门上有"江流砥柱"四字。从清代重庆城图查看，临江门瓮城围合的面积较大，瓮城内建有不少房屋。临江门城楼上有清末诗人吴恭亨题写的楹联："好容易搜出诗来，写点江山景物；不得已推将天去，让它楼阁峥嵘。"临江门城垣依山环绕、居高临下，史料记载："从江上遥望，城门遐在天际。城堞阛阓，廓外千舟竞渡，蔚为壮观。"

1892年10月2日，重庆第一家教会开办的西医院——宽仁医院在临江门戴家巷建立，由美国美以美会国外布道团中华基督教派遣美国籍传教士、医生马嘉礼主持修建。1902年3月，在美国妇女国外传教协会的赞助下，增设宽仁女医院。1903年7月9日开设宽仁男医院。宽仁男、女医院共有病床近200张。1916年，刘伯承在讨伐袁世凯的丰都战役中眼睛负伤，送宽仁医院治疗，后由德国外科医生阿思密为他成功施行了眼科手术。1927年，由国人李之郁任宽仁医院院长。1938年1月1日，宽仁男、女医院合并，更名为重庆卫理公会联合医院，对外仍称宽仁医院。1950年7月1日改为川东协办宽仁医院。1951年12月19日更名为川东医院。1955年改为重庆第四人民医院，1962年成为重庆医学院第二附属医院。

重庆第一家红十字会在临江门创立。1910年，马嘉礼医生积极倡导成立重庆红十字会，得到杨沧白和商界领袖李湛阳（又名靓砜）、富商魏国平等人的支持和赞助。在马嘉礼等人的推动下，由廖焕庭、李湛阳、温少鹤、杨沧白、张培爵等组成筹备会，呈请巴县署划拨临江门给孤寺为会址。1911年3月呈报清政府红十字会核准，重庆市万国红十字会正式在临江门给孤寺（后改为红十字街）成立。万国红十字会由李湛阳为会长，温少鹤、廖焕庭为副会长。1919年在给孤寺兴建中国红十字重庆分会医院，1920年落成，聘请德国医生阿思密为院长。1929年因经费拮据，医院转给省立戒烟医院使用。1938年4月，重庆红十字医院在陕西街万寿宫建立战时救护医院，设床位100张。同年秋，救护医院迁回临江门红十字医院。1939年重庆市第一平民医院在临江门太平桥成立，1946年更名为重庆市第二平民医院。同年底，为庆祝蒋介石60寿辰，第一平民医院更名为重庆市中正医院，院址迁两路口健康路。1948年4月4日，重庆市红十字会励志儿童医院在临江门给孤寺成立，翌年3月并入重庆市红十字医院。

重庆第一所孤儿院也设立于临江门。在重庆著名实业家、慈善家刘子如倡议和积极筹办下，1914年10月，重庆第一所教养结合的孤儿院在临江门城门外开办，首批招收孤儿40名。1917年孤儿院迁到大溪沟，1927年更名为重庆市私立孤儿院。至1934年，刘子如建立的孤儿院收养孤儿达到395人。

刘子如（1870—1949），重庆綦江县金灵乡（后为万盛区青山乡）人。1901年刘子如刻制的《增广重庆地舆全图》成为研究清末重庆城区历史的宝贵资料。1915年刘子如发起募捐，在小什字创办福音堂、妇女学校、小什字钟楼。1922年5月在陕西路万寿宫创办重庆市中华基督教青年会，任第一任董事会会长。1924年受欧美诸国教会邀请环游世界，考察了几十个国家的教会和慈善事业。1937年在磁器街开设胜家公司，经营缝纫机器和其他商品。刘子如与胡汝舫等合伙开办了重庆最早的机制砖瓦厂"三才"、"三多"砖瓦厂。1937年抗战爆发后，刘子如组织成立中华民国抗日军四川后援会，募捐大批物资，并亲赴前线慰劳将士。1941年5月回老家安度晚年，1949年1月病逝。

1922年5月，临江门瓮城及附近房屋被拆除，修建从临江门到大溪沟、观音梁的公路。1938年5月8日凌晨，临江门正街至大码头发生特大火灾，烧毁沿江房屋7 000余户，死伤100多人，无家可归者达3万余人。

1907年5月，日本领事馆在临江门大井巷设立，1925年8月迁至临江门顺城巷8号。1941年12月中国正式对日宣战后，日本领事馆撤离回国。1949年7月，中共川东临时委员会部分负责人在临江门召开会议，根据"迎接解放，配合接管"的方针，讨论了加强统战、策反、护厂护校、营救中美合作所狱中政治犯等项工作，同时将下属各工委调整为中心县委或县工委。重庆城有名的"一号桥"位于临江门。由于此处地形复杂、加之经费和施工技术欠缺，此桥从20世纪40年代一直修到1951年5月底才实现桥通路通。

20世纪60年代后，临江门商业逐渐衰落，成为一般居民聚集区。临江门外城门早已拆除，内城门洞在20世纪80年代之前还存在，后来在城市开发建设中被拆除。

笔者少年时对临江门留有深刻印象：20世纪60年代初，位于夫子池的重庆29中在学校内挖防空洞，经母亲与学校老师联系后，同意我家几兄妹利用寒暑假到29中参加劳动，找一点钱补贴学费。具体工作是将挖出的泥土担到临江门河边倾倒，我们一天要从29中到临江门河边往返几次，中途都在临江门城门洞里歇脚，因此，至今对临江门城门和街区风貌还记忆犹新。

临江门街区极富山城建筑特色：房屋随坡就势、错落有致，因地制宜、灵活随意；弯曲转折的石梯道从嘉陵江河边延伸到繁华的解放碑；房屋建筑材料多种多样，砖瓦、石头、泥土、竹子、木料、石棉瓦等无所不有；街巷空间尺度宜人，房屋的围合感和以街巷为"客厅"的生活习俗增添了邻里之间的人情味；川流不息的人流和石梯两旁层叠向上的小店铺，透露出浓郁的市井气息。

1991年，著名导演李前宽拍摄《重庆谈判》，大量场景选在临江门拍摄。1992年电影首映时，李前宽到重庆后特地去看给他留下深刻印象的临江门。此时，临江门已开始拆迁，他看到的是拆得七零八落的断垣残壁，错落有致的山地民居已不复存在。李导演痛惜不已，他说，作为电影拍摄，这里是花几千万都无法作出的真实场景；作为陪都遗址和旅游开发，这里更具有新建筑不可替代的价值。

临江门旧址现为奎星楼房屋开发公司开发的住宅区。

五四路

原名蹇家桥、鸡街，"五四路"得名于抗战时期。1939年5月3日、4日，日军出动数十架飞机对重庆城区进行大规模轰炸，给山城人民造成巨大损失和灾难，史称"五三、五四大轰炸"。5月3日下午1时许，日机26架以密集队形空袭重庆，日机侵入市区狂轰滥炸，投弹100余枚，大梁子、苍坪街、左营街、陕西街等地均被炸起火，居民伤亡近1 000人；5月4日，日机27架再度空袭市区，市区发生大火，都邮街、柴家巷尽毁，居民死2 000人左右，伤3 000余人。三、四两日，市区房屋被毁1 200余栋，驻渝的英、法、德使馆均无幸免，人员亦有伤亡。蹇家桥、鸡街、夫子池、柴家巷一带街区房屋在5月4日大轰炸中损毁严重，重建后将蹇家桥、鸡街合并改称"五四路"，意在提醒人们勿忘国耻，牢记五四大轰炸。更名后，蹇家桥老地名仍然使用了较长时间。20世纪50年代中期，此地开办了一所小学就叫蹇家桥民办小学，具体位置在现重医附二院旁的道路进去约100米处，笔者母亲曾在该校任教很长时间。后蹇家桥民办小学更名为解放碑小学，继后又改为解放碑中学。

五四路长约300米，一端与戴家巷、临江路相连，另一端接民族路，中间接有下青年路和来龙巷、江家巷两条老巷子。

1844年，法国天主教会修建的真原堂位于五四路口。1891年，美国基督教美以美会传教士鹿依士在戴家巷创办私立启明小学堂。1897年，私立淑德女子中学在戴家巷创办。1908年，重庆首家照相馆"均和昌"在五四路支巷江家巷开业。1925年，法国电影院在江家巷创立。1937年，私立上海立信会计专科学校迁至江家巷设立分校，1940年改组为私立立信高级会计职业学校。20世纪40年代，五四路的"陪都茶园"颇有名气，许多戏剧班子都在这里唱戏演出。1942年，苏州景海女子师范学校迁戴家巷办学，抗战胜利后回迁苏州。陪都时期，河北盟军总指挥部驻渝办事处驻戴家巷16号，陪都剧院设于五四路。陪都剧院时有座位270个，主要演出越剧，1950年停业。1944年，蒋介石发起知识青年大从军运动，报名从军的青年集训队第一大队593人，第八大队1 150人集中在江家巷15号进行培训。1951年6月24日，中华医学会重庆分会会址设江家巷112号。重庆著名的"凤凰服装公司"（最初厂名为"重庆呢绒丝绸服装社"）1953年3月8日在五四路34号成立，1958年因失火，搬迁至民族路183号。

与五四路垂直相接的民族路全长约800米，原地名为小什字、龙王庙、靴子街、木牌坊、小梁子、会仙桥、都邮街。抗战时期拓宽改造，1939年合并，命名为民族路。

青年路与五四路中段相接。青年路分下青年路、中青年路、上青年路三段。下青年路有新生市场和群林市场开设的进出口。

新生市场创建于20世纪40年代初，由罗涤凡、纪云生等出资，在被日机轰炸夷为平地的五四路与民族路之间（当时叫鸡街口）土地上修建。新生市场有两个进出口，一处在下青年路，一处在民族路。新生市场是一座综合性市场，市场内各种商品无所不有。从陪都时期直至20世纪七八十年代，这里都是繁华热闹之处，市民都喜欢到这里选购自己需要和喜爱的物品。

群林市场创办于1948年，原址最早是1915年由重庆富商杨文光创办的聚兴诚银行办事处。1932年10月，中华国货介绍所在此开张。1934年改为中国国货公司。1939年5月被日机炸毁后，在原址修建临时建筑。1947年至1948年，康心如在此地修建两楼一底商场，建筑面积约3 000平方米，中间有空高3层的宽阔内通道。国民党元老于右任为商场题名"琼林商场"。1959年由任白戈改题为"群林市场"。群林市场有3处进出口，一处在下青年路，一处在邹容路，一处在民族路。

中英联络处（真原堂）旧址

位于五四路92号原市公安局内，老地名为蹇家桥，建于1910年。重庆城有蹇家桥、蹇家巷、天官府，取名均与明代官吏蹇义有关。蹇义在明代任吏部尚书，吏部尚书过去称天官，故其府邸亦称天官府。蹇家巷在三牌坊（今解放东路），天官府在通远门附近，蹇家桥在重庆城中部偏北，接鸡街，正对戴家巷，后更名为五四路。清道光至民国时期，此处为法国教会"真原堂"所在地。

真原堂始建于道光二十四年（1844年）。19世纪40年代，法籍神父刘马窦在蹇家桥、江家巷、石板街购买房屋开展教会活动，之后法国神父石保禄在此传教。19世纪50年代初，法国主教范若瑟将房屋进行重新规划修建，逐步发展成为包括经堂、神父住房、修道院、花园和其他辅助设施在内的建筑群。

咸丰六年（1856年），原四川代牧区划分为川东南代牧区（重庆教区）和川西代牧区（成都教区）。川东南代牧区主教府设于重庆蹇家桥真原堂，管辖川东南63个县天主教会事务。法国主教范若瑟在真原堂就任"法国天主教巴黎外方传教会川东南教区"主教。因天主教发展迅速，咸丰九年（1860年），从重庆教区划出宜宾、自贡、泸州等27县成立叙府（今宜宾）教区。1930年又划出万县、梁平、邻水等10县成立万县教区。

同治二年（1863年），范若瑟拟在长安寺八省公所（现新华路25中处）修建天主教堂，遭到重庆民众强烈反对。同年正月二十四日，当范若瑟组织人员拆除长安寺房屋时，数百民众聚集长安寺，历数教会劣迹，与教会发生冲突，随后民众将蹇家桥真原堂主教堂捣毁。二十五日，重庆民众捣毁沿街天主教民的店铺，事态进一步扩大。成都将军崇实、四川总督骆秉璋将此事奏报朝廷，朝廷派川东道吴镐查办此案。后将长安寺仍交八省绅首使用，八省绅首为法国教会赔款20万两白银，另行购地修建教堂了结。此为第一次重庆教案。事态平息后，范若瑟主持修复真原堂，在教堂门额上悬挂"永爱殿"牌匾。

光绪十二年（1886年）五月三十日，由于英美教会在重庆咽喉要地鹅项颈、铜锣峡、丛树碑修建教堂，激起重庆民众的愤怒和反抗。南岸及城内的天主教堂被捣毁。六月初一，天主教徒罗元义指使暴徒打死打伤民众34人，进一步激化了民众与教会之间的矛盾，造成商人罢市、考生罢考，城内外教堂均被捣毁，所有外国教士逃离重庆，此为第二次重庆教案。

在第二次重庆教案中，蹇家桥真原堂再次受到严重破坏，只剩下部分传教士居住的房屋。光绪十七年（1891年），法国副主教白德理再次修复，在教堂悬挂"真原堂"门匾。

1886年《重庆府治全图》在蹇家桥标有"天主堂"，1901年的《增广重庆地舆全图》标为"真原堂"，1920年再版的《新测重庆城全图》标有"真源堂巷"，1929年重庆市工务局绘制的《重庆市区地形图》标有"真源堂"，街名标注为"真源堂巷"。

民国时期，真原堂地位显赫，梵蒂冈任命的驻华公使蔡宁总主教、罗马教廷公使刚恒毅、美国红衣主教史培尔曼、南京教区主教于斌均到过真原堂。1945年9月，为庆祝抗战胜利，天主教会在真原堂进行了隆重的国际感恩大弥撒，驻渝英、美、法等国大使，国民政府要员孙科、宋子文等出席。抗战时期，真原堂遭日机轰炸，特别是在1939年"五三、五四大轰炸"中损毁严重。从1852年至1951年，驻真原堂主教共4任，均为法籍，先后为范若瑟、顾巴德、舒福龙、尚维善。

解放后真元堂停止宗教活动。1950年4月，重庆市税务局通知真原堂缴纳教区所辖南岸慈母山两处房产税7 200万元（旧币），主教尚维善多方设法拒绝缴纳，并贿赂中方人员，后被驱除出境。1951年实行土地改革、减租退押。法国教会在重庆占有不少土地，因法国神职人员已将教会黄金白银全部寄运香港，无力减租退押，不得不将房产卖给政府。真原堂9栋88间房屋交由重庆市公安局使用，教会人员迁磁器街教堂，1952年又迁若瑟堂。后来市公安局改造扩建，旧房被拆除，仅存中英联络处房屋。

中英联络处旧址20世纪30年代曾为日本人所用。抗战开始后，从日本人手里收回。1939年之后由英商怡和公司使用，实际上亦作中英军事联络处，中英双方在此交换情报，沟通战时有关事务。1942年12月，香港沦陷，国民政府交通部决定招商局在重庆恢复办公。招商局在五四路真原堂租得新建房屋一院，于1943年4月26日正式办公。

中英联络处旧址房屋为中西结合式风格，两楼一底，顶部有阁楼，坡形屋顶开有老虎窗和壁炉烟囱，屋顶为小青瓦坡屋面。与五四路平行和垂直的两面设有宽2.35米的外廊，建筑正面有9个拱廊，立柱和圆拱饰以图案和线条。建筑平面近似"L"形，面宽21米，最大进深15.8米，建筑占地约300平方米，建筑面积886平方米。建筑整体端庄大气、典雅华贵。

此建筑2008年挂牌为重庆市优秀近现代建筑，2009年12月15日被公布为重庆市文物保护单位。

自力巷公馆

自力巷

自力巷公馆

位于自力巷23号，系重庆城民国时期著名人物"凌汤圆"于20世纪40年代修建的公馆。公馆高4层，西式风格，面宽约13米，进深约18米。公馆朝门开在正面偏右侧，门坊高大，上有匾额框，但匾额题字已消失。公馆大门内有一小院，公馆底层用条石砌垒，上面3层为砖柱砖墙，正面为四柱三开间，每层有3个弧形拱，拱内有宽阔的内廊道。立面做有灰塑线条和图案，建筑整体显得美观耐看。

"凌汤圆"真名凌洪明，过去在大梁子（现新华路）帮人卖汤圆。抗战时期，因日机频繁轰炸，每当汤圆铺老板夫妇携女儿到乡下躲避空袭时，店铺就交给凌洪明打理。凌洪明老实勤快，对老板忠心耿耿，老板夫妇对他也厚爱有加，后将女儿嫁给凌洪明。凌洪明靠自己的勤奋和拼打，在邹容路开办了"恒利鑫"、"恒利生"百货公司，成为陪都有名的富翁。抗战胜利后，凌洪明在民国路（现五一路）兴建恒利生大厦。大厦在即将竣工时发生垮塌，死伤多人，赔付惨重，凌洪明遂一蹶不振。解放后，此处为重庆棉麻站使用。一个靠卖汤圆谋生的小贩，尝尽世间酸甜苦辣，终于拼出一条人生血路，其故事被编为电视剧《凌汤圆》。"凌汤圆"也因此出名。

1927年前后，国民党右派势力成立的国民党四川省临时执行委员会党部设在自力巷。

The City of Chongqing 重庆城

道冠井9号大院外墙

道冠井9号2栋老房

道冠井狭窄的巷道

道冠井

相传清末有一道人在此处水井取水时，道冠落入井中，由此得名。清代也称"道冠境"。道冠井是一条小巷子，位于五一路中段靠邹容路，通大梁子，与自力巷（老地名总土地）相邻。

道冠井有不少深宅大院，至今保留下来的仅有道冠井9号大院。大院朝门用水磨石装饰，表面施以斧剁工艺。院内有15米见方的院坝，周边分布了4栋建于民国时期的楼房。楼房均为两层砖木结构建筑，每栋造型各具特色。其中编号为2栋的房屋极富特色，墙面上开有西式拱形门、拱形窗，墙顶做有优美的弧形线条和图纹。该大院2008年被列入渝中区文物保护点。

光绪二十九年（1903年），私立开智小学创办于道冠井，后迁来龙巷。1924年5月，何北衡创办的《团治周报》设于道冠井3号。1926年6月成立的重庆市政督办公署设于道冠井与左营街之间。

川盐银行公寓旧址

位于来龙巷11号（原来龙巷9号），过去是川盐银行修建的公寓式房屋，称川盐四里。20世纪50年代成为建设银行职工宿舍，居住了50多户银行职工。民国时期，川盐银行宿舍有川盐一里（米花街、现八一路191号）、二里（石灰市）、三里（临江路67号）、四里（来龙巷）、五里（真原堂巷，现五四路），均建在解放碑附近，后在旧城改造中悉数被拆除。

笔者父亲于1954年进入重庆建设银行工作，家人于1954年初从望龙门迁住五四路石油公司房屋暂住约一年后搬入川盐四里。川盐四里位于来龙巷靠五四路一段，距离五四路口约100米。院子大门有3米多宽，大门套一小门，平时只开小门进出。进院子后有一块"L"形的院坝，院坝四周有高大的青砖围墙，在院坝里还可听到比院子地面高出4米多的国泰电影院放映电影前的电铃声。院内共有3幢平行的楼房，3层高，室内空间高大，地面铺的是木地板，房门是双开黑色土漆大门，大窗户上的木窗框安装了食指粗的铁御棍。1958年全国大炼钢铁，大院窗户上的铁御棍成为地段积极分子的重要目标。知道迟早都保不住，建设银行的职工家属干脆自己动手，将木窗框撬掉，取下所有铁棍全部集中上交。

在川盐四里居住时，笔者就读于私立达育小学（创立于1912年，原为重庆屠宰行业会所，现中华路小学）。母亲当时在市民政局从事收容、收养工作。因家里子女多，母亲后来只有辍职在家，一方面要带孩子，一方面还要帮人家做一些诸如缝纫、代课、辅导之类的事情。家里几个孩子，每逢寒暑假，都要去作一些零工，获得一点收入，以补贴学费和家用。记得当时的劳动有折纸盒、做水泥袋子、拆棉纱、打麻髻、打蜂窝煤、挖防空洞，甚至到朝天门河边去背米袋、化肥，踩着晃悠悠的跳板上船装货。一个假期下来，几个孩子也能挣到几十元。

为了减轻读书交学费的压力，笔者读小学时，还有一次到街上去擦皮鞋的经历。笔者自己动手，找了几块木板，钉了一个小箱子，装上家里的旧刷子和鞋油，瞒着母亲，和弟弟、三姐一起，大着胆子出去，在来龙巷和五四路交会处的石油公司门口擦皮鞋。当时天气已经很冷，又下着小雨，那时穿皮鞋的人不多，好不容易等来一个人，我特别认真地擦了有生以来第一双收费的皮鞋，得到了5分钱。恰巧被路过的邻居看见，邻居回去告诉了我母亲，回到家，母亲就把皮鞋箱收掉，第一次擦皮鞋就这样夭折了。皮鞋不能擦了，我又和姐姐、弟弟一起，商量着把家里的小人书收集起来，又到母亲工作的塞家桥小学借了一些，把几十本小人书摆在青年路国泰电影院门口边，一分钱看两本，前后还收入了几块钱，都拿回家交到了母亲手里。

父母去世后，川盐四里房屋由最小的妹妹居住，一直至2007年拆迁。

拆迁中的依仁巷

依仁巷位于下小教场。光绪三十年前后，蹇家桥有一私立依仁小学，1935年迁至此处，由此得名。依仁小学建有图书阅览室，1938年9月8日，一位叫程远的女士从汉口运来书报数千册，借依仁小学图书阅览室建立图书馆，为纪念抗战，定名"七·七"图书馆，一直到抗战胜利后才停办。

依仁巷周边有五一路、八一路、邹容路、正阳街4条主要街道。八一路一段长200多米的道路在20世纪七八十年代被搭建为棚盖市场，依仁巷内的街巷也成为卖水产、禽蛋的地方。依仁巷四周临主干道在七八十年代新建了一些六七层的建筑，主街内部大量建筑还是结构简陋的砖木结构和砖柱夹壁房屋，室内居住条件和室外环境都相当差。拆迁前，依仁巷大致保留着原来的市井民俗和生活形态。1993年10月，重庆市政府与香港和记黄埔公司签订了依仁巷地块招商引资协议。1994年3月开始对依仁巷实施拆迁。依仁巷片区房屋密集，拆迁地面积1.87万平方米，各类不同时代、不同档次的建筑约5万平方米，有143户单位、经营户和878户住宅，住宅户均面积20多平方米。依仁巷地块内被拆迁的主要单位有大阳沟禽蛋商店、大阳沟副食品商店、市中区食品公司、区饮食服务公司、重庆市干果公司、大阳沟棚盖市场、重庆百货站、重庆长江轮船公司、四川省轮船公司、重庆交通物资供应站、重庆煤炭工业公司、中国邮电器材总公司重庆市公司、重庆酿造调味品公司、重庆市花木公司、重庆包装工业公司、钟表眼镜公司、大阳沟街道办事处等。至1994年底，房屋拆迁基本完成。原址修建了现在的大都会广场。

陈诚公馆旧址

位于胜利路187号重庆市科技情报所内，为三楼一底中西式砖木结构建筑，悬山、攒尖混合式屋顶。房屋面向嘉陵江有一座凸出于建筑主体的半圆形楼房，楼房底层是大会议室，二层有10根石柱，每两根为一组，呈半圆形分布，柱间为长方形高窗，楼顶是半圆形大阳台，在此可鸟瞰嘉陵江和长江两江汇合口。建筑墙体做工精细，房屋立面收放有致。

陈诚（1896—1965），字辞修，浙江青田县人，国民党著名政治家、军事家。毕业于保定陆军军官学校，1924年入黄埔军校，1926年参加北伐战争。西安事变时，陈诚与蒋介石同时被扣，在整个过程中，陈诚表现了对蒋介石的极大忠诚。抗日战争时期先后任第三战区前敌总指挥，武汉卫戍区总指挥，第九、第六战区司令长官和军委会政治部长，远征军司令长官等职，指挥所部参加了淞沪、武汉、宜昌诸战役。内战时曾任军委会参谋部参谋总长兼海军总司令，陆军一级上将。陈诚是蒋介石的亲信和四大心腹之一，有"小委员长"之称。到台湾后，陈诚历任台湾省政府主席，中华民国行政院院长，中华民国副总统兼国民党副总裁等职。陈诚主政台湾期间，在民生、军事、经济各方面皆有政绩，对稳定国民党在台湾的统治起到重要作用。1965年3月在台湾去世，终年65岁。

2009年，陈诚公馆由重庆协信房地产开发公司在原地就近重建，2010年2月底竣工，2010年3月15日通过了市文物局和渝中区文物管理所组织的专家验收。修复重建的陈诚公馆巧妙地解决了并不理想的地形条件，通过地下空间的利用和环境绿化弱化了建筑体量，创造了新的景观视点；环境设计不落俗套，优雅细腻，赏心悦目，引人入胜；室内装修配饰格调把握准确，品质高贵，品位高雅，既给人以视觉的美宴，又给人以艺术的熏陶。该项工程被业界评价为文物建筑迁建复原的成功之作。

来龙巷

清光绪年间，来龙巷与柴家巷（现邹容路下段）交界处有一座旌表明成化十九年（1483年）廷试第二名（亦称榜眼）刘春的牌坊，牌坊上雕刻有两条龙和"来龙进宝"四字，来龙巷因此得名。来龙巷上口与夫子池相连，下口到五四路，全长约250米。榜眼坊残存遗址在民国时期被拆除。

重庆城较早的书院设于来龙巷。光绪十九年（1893年），重庆知府王遵文在来龙巷建立渝郡书院。光绪二十三年（1897年），在东川书院分置致用书院，光绪二十七年（1901年）从致用书院分出算学书院，亦称经学书院，经学书院设于来龙巷。

光绪二十三年（1897年）十一月，由宋育仁先生创办的重庆第一家日报——《渝报》馆址先设白象街，后迁来龙巷。《渝报》在四川和全国是影响很大的一份报刊。宋育仁（1857—1931），四川富顺人。1895年在北京参加康有为、梁启超创办的强学会，1896年回四川兴办实业公司。在外国列强对中国的经济侵略中，他提倡"保地产，占码头，抵制洋货，挽回权利"，促进了甲午战争后四川民族资本经济发展，成为重庆维新活动的带头人。《渝报》是宋育仁联合一批具有维新思想的知识分子，在重庆创办的四川近代历史上第一家具有改良意向的旬刊。该刊以宣传变法维新、救亡图存为宗旨，在省内19个州府县和全国17个省的36个地区设有代派处。《渝报》的发行，在一定程度上促成了四川近代史上第一次思想解放浪潮，也启迪产生了如邹容等一批革命青年。

光绪三十二年（1906年），重庆知府高增爵在来龙巷创办了重庆最早的高等学堂——"重庆公立法政专门学堂"（1916年并入四川省立法政专门学校）。1929年，由杨一言、张君鼎创办的《建设日报》设立于来龙巷。

巴县图书馆前身也源于来龙巷。1905年，同盟会员吴梅修、杨沧白、朱叔痴、朱必谦等发起组织"重庆书报社"，各出私藏书籍，租用来龙巷渝郡书院陈列开放供公众阅览。1912年，巴县中学校长文伯鲁筹资600元，将清末重庆知府段友兰典押在大汉银行的书籍购出，并接收来龙巷重庆书报社和字水书院的书籍，在神仙口文昌宫（现凯旋路东华观附近）创办重庆图书馆，文伯鲁任馆长。1916年，图书馆迁夫子池横街重庆府学署废址，更名巴县图书馆。1924年改名为巴县私立图书馆。1937年9月日机袭渝，图书馆部分被炸。1941年，巴县私立图书馆与县文献委员会合署办公。后因军队驻防需要房屋，遂将馆藏书籍迁樵坪乡罗家沟。1954年樵坪乡文书将藏书当废纸出售，分两次共卖出7 934公斤。出售的部分图书被市文化局干部发现，收交西南图书馆接管，其余大部分损失殆尽。

抗战时期，杜月笙（上海"青帮"头面人物，实业家、社会

活动家）、范绍增（曾任川军师长、军长）、饶国模（红岩村大有农场女主人，1939年将房屋提供给八路军办事处使用，遂有后来名闻中外的"红岩村"）、胡漱芳（川剧名旦）等名人曾寓居来龙巷。1938年9月，上海冠生园食品公司内迁重庆民权路，在来龙巷34号建立饼干厂，在赣江街设立食品厂。

清代和民国初，来龙巷与夫子池紧密相连。夫子池建有孔庙和奎星楼，因有泮池（旧时学宫前的水池）而得名。民国时期，孔庙和奎星楼建筑犹存，周边有夫子池、夫子池街、油市街、横街围合。1931年，重庆市政府市长潘文华决定将孔庙泮池填平，修建公共体育场。重庆市工务局局长傅骍（傅友周）主持工程项目，委托著名设计师黎治平负责设计。由于资金筹措等原因，体育场场地平整后，室内场馆并未建成。

1921年5月20日，川东学生联合会集合重庆部分学生，查获德和恒、天锡生、天锡福、源吉昌等商号的大批日货，分别搬至夫子池、打枪坝焚毁。抗战时期，曾在夫子池体育场举行过5万人的大型集会。1931年8月8日，重庆各界2万人在夫子池举行反日救国大会。大会通过厉行军事外交，要求日本道歉、赔款、惩凶，取消中日间一切不平等条约，废除日本在华一切特权，迅速收回重庆王家沱日租界等5条提案。1931年9月28日，重庆各界群众冒雨在夫子池举行集会，成立四川各界民众反日救国大会，到会群众2万余人，市面停止营业，各铺面均用白纸大书"誓死抗日"大字，并下半旗为东北死难同胞志哀。1936年3月31日，重庆市政府在夫子池体育场召开禁烟戒毒大会，当场焚毁烟具6 600件。夫子池二女中（现大同路小学）是国民政府军事委员会军政部兵役署所在地。陪都时期，国民政府军事委员会军令部第三厅、军政部兵役署（1944年11月扩为兵役部）驻夫子池关庙（现重庆市29中学）办公。1946年12月31日，在夫子池新运服务所成立中华全国美术会重庆分会。1948年11月12日，在夫子池成立重庆市立艺术馆，艺术馆借用新运模范区励志社房屋5间作馆址，设戏剧、音乐、美术、总务四部。

1941年，陪都建设计划委员会主任孔祥熙安排著名建筑师梁思成（梁启超之子）提出对孔庙建筑群的修葺方案。重庆基泰工程公司配合梁思成对孔庙进行了勘察。勘察报告中称："渝城孔庙故址至今仍留巍焕之伟大历史性建筑。民国以来因缺乏修理，故内部殊形损坏，益以近年来该庙附近屡遭空袭，部分建筑被毁。该庙主要构成有棂星门、大门、东西两庑、大成殿、门外雁塔。……大成殿为孔庙主要部分，规最宏大，前配月台石建。结构手法殊精，颇增殿之壮观……"因日机对重庆城区进行持续轰炸，修葺方案并未完全组织实施。1954年之前，奎星楼还矗立于来龙巷上口的柴家巷和夫子池马路中间。该楼高四层、四重檐、八角攒尖顶，飞檐翘角，气势雄伟，其照片留存至今。

1950年至1954年，孔庙残存建筑全部被拆除，原址先后被改建为大众游艺园和重庆29中学。大众游艺园于1950年10月20日建成，该游艺园系市文化部门与苏盛责、牟德章等合资，在原新生活运动委员会旧房和夫子池体育场基础上改建而成，属公私合营性质。1952年私人股份退出后成为国有企业，由市文化局直接领导。大众游艺园是老重庆人十分熟悉的地方，相当于上海的大世界和武汉的民众乐园。笔者少年时，因家住来龙巷，经常到大众游艺园看露天电影，玩游戏，看木偶，照哈哈镜。门票大人2角5分，小孩只要几分钱，可在里面耍一天。

大众游艺园左面是重庆城有名的"沙利文"西餐厅，右面是重庆群众艺术馆。群众艺术馆每年都有美术展、摄影展和各种艺术展览，年年不断，内容丰富、引人入胜。笔者在私立达育小学（现中华路小学）读书时，因家离群众艺术馆很近，母亲经常带我去群众艺术馆观看各种展览以培养我对艺术的爱好和修养。母亲姓苏，奉节县人，20世纪30年代中期就读于南京教会学校汇文女中，后因日军逼近南京，遂回奉节任教。外祖父是医生，兼有小工商业，善书画篆刻。母亲受其影响，也爱好书画，尤擅篆书。母亲和祖父还在南京汇文女中一起举办过书画展。至笔者在凯旋路中学、育才中学读初中、高中，"文革"后在重庆建工学院上大学，一直到在重钢四厂工作时，每有新的展出，回家后都会去观看，算起来前后时间已有30多年。因此，笔者对群众艺术馆至今仍怀有一种割舍不断的感情和留恋。

20世纪90年代初，大众游艺园和群众艺术馆被拆除，原址修建了现在的世界贸易大厦。

沧白路

原名炮台街，后改为建国路。1943年12月25日，为纪念辛亥革命四川领导人杨沧白更名为沧白路。清末在此处城墙上建有条石砌筑的炮台，基座方10丈，高8尺，气势宏伟，安放的铁铸大炮称"三将军"（现置于三峡博物馆内）。

沧白路临嘉陵江是20多米高的悬崖，悬崖下的斜坡分布着洪岩洞、天成巷、纸盐河街、千厮门行街、镇江寺等街巷。临沧白路崖壁上过去建有不少吊脚楼。靠崖的人行道有一座纪念辛亥革命义士、曾任重庆蜀军政府都督张培爵的烈士纪念碑。

乾隆二十三年（1758年），川东兵备道宋邦绥将渝州书院从重庆府治平寺迁洪崖坊炮台街，并更名为东川书院。光绪三十年（1904年），在东川书院兴办重庆府中学堂，此为重庆最早的公办中学。辛亥革命时期，重庆府中学堂曾作为蜀军武装起义指挥部，学校组织学堂全体学生分赴各坊厢宣传革命和蜀军政策。为纪念辛亥革命国民党元老杨沧白，1943年7月16日，在重庆府中学堂旧址建成"沧白纪念堂"（位于沧白路71号，现重庆市政协大楼处）。沧白纪念堂面阔五间，两重檐，庑殿顶，飞檐翘角，端庄大气。抗战时期，苏联大使馆武官署驻沧白路69号（原市文化局内，原沈芷仁公馆），印度驻华专员公署位于炮台街（今沧白路）22号。1949年1月16日，重庆市政府在沧白纪念堂举行嘉陵江大桥奠基典礼，市长杨森主持典礼。原计划从沧白路到对岸江北水府宫修建全长460米的嘉陵江大桥。此桥召开奠基典礼后并未启动。

1946年1月10日，在全国人民要求和平民主的压力下，国民党在重庆召开了有中国共产党和各民主党派参加的政治协商会议。为了促进政治协商会议成功举行，重庆各界组成"陪都各界协进会"，从1946年1月12日到27日，组织召开了8次各界民众大会。大会从第4次起在沧白堂举行。1月16日到19日，在沧白堂召开的大会遭到暴徒捣乱破坏，部分代表被殴打，史称"沧白堂事件"。1950年7月，在原沧白纪念堂成立重庆市第二人民文化馆。

沧白路有两条支巷，一条叫书院街，一条叫铁板街。书院街因有建于清代的东川书院而得名，铁板街因民国时期此处住宅大门上多钉有铁板而得名。

1925年，私立西南美术专科学校在重庆铁板街创立，该校由杨公托、万丛木会同何聘九、卢幼鹤、黄伯康、刘希百等人共同投资成立。私立西南美术专科学校设有中国画、西洋画、图音师范等学科。1933年，甘绩镛（曾任四川省财政厅、教育厅厅长）把牛角沱（现美专校街）一块面积约20亩的地皮捐给西南美术专科学校。为了修建新楼，万丛木等人四方奔走，通过借贷和募捐，并得到重庆著名民主人士、实业家鲜英的资助，在新址建起教学大楼。1935年学校迁到上清寺，更名为西南实用美术职业学校。此街后得名为美专校街，直至现在。

建在老城墙上的砖柱吊脚楼

国民参政会旧址

位于中华路174号（原油市街4号），建于20世纪二三十年代，原有独立院墙与周边隔离。砖木结构，中西合璧式风格，两楼一底，带有阁楼。面宽18.9米，进深19.3米，楼高15.3米，建筑面积1 459平方米，内有房屋21间。青砖外墙，墙面部分用小鹅卵石嵌在竖向灰缝中作装饰线条。楼前有一较大的院坝，楼后有一小天井。室内设有壁炉，阁楼顶部开有烟囱和4个天窗。二层临街的两扇窗户四周有西式风格的浮雕窗套，造型典雅大方。

1934年11月，重庆和丰商业股份有限公司经理王成章从赖郁安、赖树勋、赖执中3人手里买下此房，当时的门牌号是油市街4号。国民参政会从武汉迁到重庆后，王成章将房屋租给国民参政会使用。1938年，重庆市政府将原杨柳街、三教堂、桂花街、油市街4条街合并，更名为中华路，此房的门牌号由油市街4号改为中华路174号。

国民参政会前身是国防参议会。1938年7月国民参政会在武汉成立，同年迁至重庆，1946年与国民政府回迁南京，1948年3月结束。国民参政会是抗战时期国民政府成立的具有广泛影响的最高参政议政咨询机构，是国共两党第二次合作的产物。

国民政府于1938年4月公布了"国民参政会组织条例"，该条例第一条明确："国民政府在抗战期间，为集思广益，团结全国力量起见，特设国民参政会。"1938年7月1日，国民政府公布了"国民参政会议事条例"。国民参政会设有军事及国防、外交及国际、内政、财政经济、文化教育5个普通议员委员会和审查特种事项议案的特种委员会。附属机构有川康建设委员会、经济建设促进委员会。汪兆铭（汪精卫）、蒋介石先后任国民参政会会长，邵力子任秘书长。国民参政会成立之后，由于各党派的共同努力，对发扬民主、推动全面抗战起到积极作用，也显示了在民族危亡的时期，中国各阶级、党派、团体、军队和人民大众的团结。国民参政会成立10年期间，共历四届，举行大会13次。除第一次大会在武汉和最后一次大会在南京召开外，其余11次均在重庆召开。

国民参政会成立后，中共中央派毛泽东、林伯渠、陈绍禹、秦邦宪、董必武、吴玉章、邓颖超7人接受国民政府的邀请，参加国民参政会，担任参政会议员。

解放后此房为重庆市交通局办公所用。1994年交通局搬迁后，曾改作经营用房使用。后停业。停业后闲置至今。1987年，重庆市人民政府将国民参政会旧址公布为市级文物保护单位。2000年9月7日，重庆市人民政府将其公布为直辖后第一批市级文物保护单位。

上小较场

位于大梁子（现新华路）和保安路（现八一路）之间。小较场在明代建有报国寺，清末报国寺改为济良所，1927年重庆警察厅在济良所原址设立妇女救济所，抗战时期毁于日机轰炸。抗战胜利后，川盐银行经理颜伯华在济良所旧址修建公馆，后为重庆市电信局解放碑中心局。

清代重庆城内有大较场、小较场。大较场在较场口演武厅一带，小较场在旧城中心。抗战时期，因修建民国路（今五一路）横穿小教场，于是将小教场分为上小教场、下小教场。上小较场通大梁子，下小较场与正阳街、依仁巷、水井巷相连，靠近小梁子。20世纪90年代，下小教场与依仁巷被拆除，修建了现在的重庆大都会广场。

人民剧场位于上小较场1号（现新华路240号），前身为1915年创建的华章大舞台，1925年改为乾坤大舞台，后毁于火灾。1929年由范绍增在原址兴建"一园大戏院"，戏院有观众席1 000余座位，是当时重庆城设备和演出条件较好的演出场所。1938年，中华全国戏剧界抗敌协会在一园大戏院举办第一届戏剧节，各表演团体在此举行为期3天的劝募寒衣联合大公演。1950年由西南文教部接管，1951年改为人民剧场。1952年改建。之后由西南人民艺术剧院、重庆市歌舞剧团、重庆市歌剧院先后管理。1979年隶属重庆市演出公司。

中国劳动协会旧址位于原小较场1号，该协会系于1935年2月24日在上海成立，时由陶百川、陆京士、朱学范、赵树声等19人为理事。抗战爆发后于1938年7月迁重庆小较场。旧址后作重庆糖酒公司仓库。1938年11月19日，鄂湘川黔边区主任公署在小教场42号设立重庆通讯处。

过去重庆城有大梁子、小梁子，一般以为小梁子是大梁子的一段，实际上小梁子与大梁子并不相连。在1920年的《新测重庆城全图》上，可以查到小梁子在今民族路中段，东与木牌坊相连，西与会仙楼连接，具体位置在白龙池（现曼哈顿广场、洲际酒店位置）出口的一段。光绪二十二年（1896年）5月22日，日本驻渝领事馆在小梁子伍公馆成立。1939年，小梁子与木牌坊、会仙桥、白龙池合并为民族路。

与上小较场相连的大梁子是重庆城地势较高的一条主街，大致为现新华路重庆警备区到凯旋路上口一线。大梁子街上有左营街和清代镇守使署，民国时期为刘湘的21军军部，今为重庆警备区司令部。1922年，由重庆知名人士刘子如、廖焕廷、连雅各与美国传教士马嘉礼、加拿大人宋道明等发起，在大梁子万寿宫石阳观内建立中华基督教青年会。中华基督教青年会分男青年会和女青年会，男青年会在大梁子开办培基幼儿园，女青年会在金汤街开办职业妇女托儿所。

1939年，从大梁子一直到朝天门过街楼被改为中正路，1950年更名为新华路。

五一路（原民国路）

原名机房街、小教场、总土地。1937年国民政府迁都重庆后合并更名为民国路。"文革"初期，因五一电影院位于此路而改为五一路。原大阳沟街道办事处驻于此街。

五一路是一条较长的城市支干道，一头接中华路，另一头接民族路，中间有邹容路、正阳街两条十字相交的道路和若干小巷子。

1910年，重庆知府耿保烆倡议兴办重庆甲种商业职业学校，校址设机房街，1912年后改为省立重庆高级商业职业学校。1938年11月16日，重庆市卫生局在机房街成立，局长梅贻琳。

1938年10月，八路军驻重庆办事处（兼新四军驻重庆办事处）在机房街70号成立，原设八路军联络处撤销。八路军《群众》杂志同时迁重庆出版。1939年5月3日，日军第13航空队和第14航空队的45架中型攻击机轰炸重庆，机房街70号八路军驻重庆办事处落下一枚500磅的炸弹，而且正好落在钱之光同志的办公室外。幸好这枚炸弹没有爆炸。当时董必武、博古（秦邦宪）、钱之光都在现场，周恩来还在桂林。八路军办事处随即向周恩来发紧急电报报告此情况，董必武当即决定将八路军办事处和新四军办事处机关立即迁到郊区红岩嘴13号（即红岩村）。当天夜里，第一批人员和物资开始转移到距离市中心较远的红岩嘴。

民国时期，五一路是电影院和各种演出场地集中之地。1926年，明明电影院在机房街悦来茶园创立。1928年4月至8月，上海梅花少女歌舞团来渝，在悦来茶园演出近半年，这是重庆城观众最早看到的现代歌舞演出。1930年，成都"三庆会"戏班到悦来茶园演出，因有被称为"戏圣"的康芷林等名演员参与演出而盛况空前。1934年，文华电影院在机房街创立，1934年12月更名中央电影院。1935年5月，重庆市电影戏剧业同业公会在五一路中央电影院成立。1936年，明明电影院改名上江电影院，后又改为现代电影院、光明电影院（解放后，光明电影院旧址成为重庆市越剧团）。1942年，美国华纳影片公司在民国路82号民国大厦2楼设立影片发行机构。1946年，由蒋相臣、朱纪璋、唐绍武、王志鹏、李以春等人共同投资，将原民国路第一剧场改建为电影院，设有座位1000个。1950年1月该电影院被西南军政委员会公安部收买，租给一园大戏院使用。同年4月，产权移交给重庆市文教局，更名为五一电影院。

重庆剧场位于五一路与邹容路交会的路口，原地为"又新川剧院"旧址。又新川剧院创立于1929年，先设于较场口，1930年迁民生路米亭子。1940年8月19日被日机轰炸后，由几家股东联合在现五一路口新建戏院，1941年4月22日落成，时有观众席位992座。

五一路巷子里的老房

五一路巷子

抗战期间，全川川剧名演员都曾在此演出。1951年改为集体所有制，更名为又新川剧院。1953年5月改为国营西南川剧院。1955年5月1日重修后更名为重庆剧场。

建立于20世纪20年代的颜料同业公会旧址位于民国路（现五一路13号）。同业公会建筑为砖木结构，两楼一底，有封火墙将整个建筑背部围住，墙砖上刻有"福"字，大楼右半部建有一六角形露天阳台。

中国著名民族资本企业——重庆民生实业公司创始人卢作孚曾居住在民国路20号。卢作孚（1893—1952），重庆合川人，著名爱国实业家、教育家、社会活动家，为发展中国长江航运事业做出卓越成就。1937年秋冬，在被称为"中国实业的敦刻尔克"的"宜昌大撤退"过程中，卢作孚的民生轮船公司冒着日机的轰炸，为抢运西迁工厂器材设备及人员作出了重大贡献和牺牲。毛泽东曾说过："中国民族工业有四个人不能忘记，重工业不能忘记了张之洞，化学工业不能忘记了范旭东，运输航运业不能忘记了卢作孚，轻工业不能忘记了张謇。"新中国成立后，第一个公私合营企业就是卢作孚的民生公司。1950年8月10日，卢作孚在北京与交通部长章伯钧签署了《民生实业公司公私合营协议书》。

1952年，"五反"运动如火如荼，卢作孚多次被"请"到民生公司批斗会现场陪斗，并要他"老实交代"自己的问题。1952年2月8日，在一次激烈的批斗现场会后，卢作孚不堪精神上的凌辱，回到民国路20号家中，当晚服用过量安眠药自尽，终年59岁。

[重庆]老城 The Old Cities of Chongqing

1992年的解放碑

抗战胜利记功碑

位于渝中区民族路、民权路、邹容路三大路段交会的十字路口。现为重庆人民解放纪念碑。

1939年5月，蒋介石在全国范围大张旗鼓地开展"国家精神总动员运动"，提出"国家至上，民族至上"、"意志集中，力量集中"、"军事第一，胜利第一"三大目标。1939年5月1日晚上7时，在军事委员会重庆行营广场（现重庆日报社大楼前）举行"国家精神总动员运动誓师大会"。为了表明全民精神总动员的决心，由国民精神总动员会、新生活运动总会等4家单位发起并筹资，选定在都邮街十字路口修建"精神堡垒"。精神堡垒于1940年动工，1941年12月20日建成。精神堡垒为木质结构，外涂水泥，底座为八角形，写有"忠、孝、仁、义、爱、信、和、平"八个大字。堡垒主体为四方形木结构，四面题字有"精神堡垒"，"国家至上、民族至上"，"意志集中、力量集中"，"军事第一、胜利第一"。顶端为城堞式，形似烽火台。堡垒共5层，通高7丈7，象征"七·七"抗战。为了防空，通体涂成黑色。精神堡垒因结构简陋、长期日晒雨淋，加之日机轰炸，逐步损坏坍塌。后来精神堡垒被全部拆除，在原地开辟街心草坪，中间立一旗杆，悬挂国旗，人们仍然习惯称此处为精神堡垒。

抗战胜利后，重庆市市长张笃伦于1946年10月9日主持市政府市政会议，决定在精神堡垒原址修建"抗战胜利记功碑"，以纪念抗日战争之伟大胜利。1946年12月31日，抗战胜利记功碑奠基，1947年10月落成。

抗战胜利记功碑为钢筋混凝土结构，八角形，盔形顶，高27.5米，分为碑座、碑身、标准钟、瞭望台、警钟、灯光照明、风向器、纪念钢管8个部分。

碑座用青石砌筑，环周有8处花台，占地面积642平方米。上8步石阶为水磨石平台，直径20米。水磨石平台上建八角形碑座，碑座8个面都有浮雕和铭文，分别刻有国民政府定重庆为陪都的全文，国民政府行政院院长兼重庆行营代主任张群写的碑文，国民政府文官长吴鼎昌写的碑文，张笃伦市长题写的碑名，重庆市参议会的题词，美国总统罗斯福赠送给重庆市的卷轴译文等。

罗斯福赠送的卷轴写于1944年5月17日，由美国副总统华莱士到重庆访问时带来，全文为："余兹代表美利坚合众国人民，敬致此卷轴于重庆市民，以表示吾人对贵市勇毅的男女老幼人民之赞颂。远在世界一般人士了解空袭恐怖之前，贵市人民迭次在猛烈空中轰炸之下，坚毅镇定，屹立不挠。此种光荣之态度，足证坚强拥护自由的人民之精神，绝非暴力主义所能损害于毫末。君等拥护自由之忠诚，将使后代人民衷心感谢而永垂不朽也。一九四四年五月十七日，罗斯福亲笔。"

碑身为八角形，直径4米，朝民族路为正面，上面镌刻"抗战胜利记功碑"7个镏金大字，落款是"中华民国三十五年十月三十一日，重庆市市长张笃伦"。

标准钟在碑身23米处的四个面分别安装一台。

环形瞭望台设在碑体24米处，台上可容20人观景。

警钟设在碑身最高处，作报警之用。

灯光照明分两部分，一部分为直接照明，分装在碑顶，灯光向下；另一部分是投射照明，在碑座设置8个探照灯，晚上灯光投射在碑体上，使碑体辉煌夺目。

风向器、风速器和方位仪设置在碑的盔形顶部。

纪念钢管系为留下永久之记忆而特别设置，钢管内装有工程设计图样和有关人员的签字，放置一些有代表性的纪念物，如纪念品、名作、报纸、邮票、钞票、照片等。钢管密封后埋藏于记功碑碑身。

1947年10月10日上午，在抗战胜利记功碑广场隆重举行了有各界民众万余人参加的揭幕典礼，张笃伦市长主持典礼并致辞。

1950年10月1日，经西南军政委员会决定，由西南军政委员会主席刘伯承将碑体文字改题为"重庆人民解放纪念碑"。

重庆作为抗战陪都前，十字街一条叫都邮街，另一条叫柴家巷、天官街、苍平街。陪都时期，柴家巷、天官街、苍平街改为邹容路，都邮街改为民权路、民族路。1894年，英国基督教公谊会英籍人士陶维持、陶维义、陶维新、范瑞辅等人来渝，经川东道道台黎庶昌批准，在都邮街公谊会内创办了广益书院，陶维持任第一任学监。光绪二十四年（1898年），朝廷下旨禁用书院名称，广益书院改为广益学堂。1904年广益学堂从都邮街迁南岸黄桷垭文峰塔下，改称广益中学堂，由陶维义任校长。著名和平人士文幼章曾在广益中学任教。

以抗战胜利记功碑为中心的十字街是重庆市最繁华的商业中心。大型百货公司有1930年建立的"宝元通"百货公司（现友谊商店位置），1935年成立的华华公司，恒易生百货商店（华华公司隔壁），创建于20世纪40年代初的新生市场，1947年开办的西大市场（八一路），中国百货公司（现重百大楼位置），1948年建立的群林市场，20世纪50年代初期修建的重庆百货公司，等等。

老字号的食品、餐饮业遍布十字街。主要有民权路的冠生园（1938年9月从上海迁渝），民族路的人道美（创办于1936年），会仙桥的白玫瑰（创办于1933年），八一路的王鸭子（创办于20世纪30年代）、山城小汤圆（创办于20世纪40年代）、山城担担面（创办于光绪二十一年）、白龙池的老四川（创办于1932年），中华路的吴抄手（创办于解放初），邹容路的颐之时（创办于20世纪20年代）、青年路的陆稿荐（创办于1944年），等等。

大型文化娱乐场所也主要分布于十字街一带，如邹容路的国泰电影院，临江门的重庆大戏院，夫子池的大众游艺园，大同路的胜利剧场，中华路的实验剧场（原青年馆），邹容路的重庆剧场，新华路的人民剧场，八一路的解放军影剧院，等等。

1997年8月，重庆市政府、渝中区政府在解放碑举行直辖之初的重点民心工程——解放碑步行街工程开工仪式。笔者时任负责现场工程的常务副指挥长。从1997年8月前的准备阶段到工程竣工，笔者每天都到现场与设计、施工、监理单位研究设计和施工方案，协调解决各种问题。经过几个月精细而紧张的施工，拆除了电车线路，所有管网全部下地，铺装了1.7万平方米的广场（后扩大到2.4万平方米）。1997年12月底，解放碑周边约700米路段被改造为重庆市第一条大型商业步行街。

八、民生路、七星岗地区
Minshenglu and Qixinggang Region

《新华日报》社旧址

《新华日报》社旧址位于民生路240号，系聚兴诚银行于20世纪30年代修建的建筑。房屋建在一斜坡上，正面对民生路大街，背面坡下是大井巷（陪都时期为国民党宪兵司令部所在地）。3层楼砖木结构，平屋顶，屋顶四周有栏杆，屋面作露台。"新华日报"四字为国民党元老于右任题写。

《新华日报》1938年1月11日创刊于武汉，同年10月迁重庆，由中共南方局领导。《新华日报》和《群众周刊》一报一刊是第二次国共合作期间，中国共产党在国民党统治区唯一获准公开出版发行的报刊，《新华日报》也是中共中央的机关报。《新华日报》营业部原在西三街，印刷厂、编辑部原在苍平街（现邹容路上段）。1939年5月3日，苍平街印刷厂、编辑部在日机轰炸中被炸毁。1940年8月，西三街的营业部被日机炸毁。1940年10月27日，《新华日报》迁民生路240号营业办公，直至1947年2月22日关闭。《新华日报》从创刊到结束，历经9年1个月，其中8年4个月在重庆出版发行。

《新华日报》由社（馆）委员会、编辑委员会、社论委员会组成，下设编辑部、采访部、经理部、印刷部、营业部。1938年至1946年4月期间，潘梓年做报社社长兼发行人，熊瑾玎为总经理，总编辑有吴克坚、华岗、章汉夫等人，夏衍、张友渔曾代理过总编辑。1946年5月到1947年2月期间，社长先后为傅钟、张友渔，经理于刚，总编辑熊复。其间有一个社论委员会，成员有张友渔、何其芳、于刚、熊复、洪沛然。

《群众周刊》于1937年12月11日在武汉创刊，1938年底武汉会战期间停刊，之后随《新华日报》总馆迁重庆，1938年12月在重庆恢复出版。《群众周刊》设在《新华日报》总馆内，社长为潘梓年，主编先后有许涤新、乔冠华、戈宝权等。《群众周刊》和《新华日报》同属南方局领导。1946年建立的新华社重庆分社也设在《新华日报》社内。

周恩来、董必武、王若飞、吴玉章等南方局领导人经常在此与各界朋友会晤交谈。旧址现为全国文物保护单位。

胜利大厦旧址

位于民生路，原为砖木结构，名报恩堂。陪都时期改建为招待所，先后名陪都大厦、胜利大厦。解放后更名为西南军政委员会第一招待所、重庆市人民政府第一招待所、重庆宾馆。

1942年3月，墨西哥公使馆设在陪都大厦方楼内。院内一座砖木结构小楼作为战时援华美军招待所专用。蒋介石夫妇经常在陪都大厦接待、宴请各国驻华使节和重要宾客。1945年12月21日，美国总统特使、五星上将马歇尔将军为调停国共关系赴渝，国民政府在陪都大厦为他举行盛大欢迎宴会。1944年11月25日，由潘公展等人发起的中国著作人协会在陪都大厦召开成立大会，郭沫若、夏衍、洪深、阳翰笙等著名人士参加了大会。

抗战胜利后，陪都大厦更名为胜利大厦。1947年4月5日，重庆市音乐协会在胜利大厦成立。1947年6月6日，在胜利大厦内设立电影部，放映国内外电影。

解放后，胜利大厦改作西南军政委员会第一招待所，邓小平、贺龙等领导人曾在此接待国内外重要来宾。50年代初，西南军政委员会办公厅交际处在此新建四层大楼。1954年9月大楼建成，有客房100多间，还有会议室、餐厅等配套设施。1954年6月中央决定撤销大区后，西南军政委员会第一招待所改为重庆市人民政府第一招待所。1964年更名为重庆宾馆。

1985年，重庆宾馆作了改造扩建。改造后的宾馆建筑为中式风格，琉璃瓦歇山屋顶，汉白玉栏杆，浅灰色花岗石台座，内庭有亭台水榭和风雨廊，整体建筑端庄大气。20世纪50年代至90年代中期，重庆宾馆是重庆市首屈一指的高档宾馆，1991年被评为重庆市首家三星级涉外旅游宾馆，1993年晋升为四星级涉外宾馆。2007年，重庆宾馆房屋被全部拆除，由保利集团与重庆旅控集团合作建设五星级的香格里拉酒店。

民生路与民权路连接口

民生路

民生路原地名为武库街、米亭子、杂粮市、杨家什字、售珠市、方家什字、劝工局街。1937年国民政府迁都重庆后,为纪念孙中山三民主义更名为民生路。民生路一头接民权路,另一端到通远门为止,沿线与小米市、四贤巷、大同路、鲁祖庙、新民街、莲花池、四德村等街巷连接。

民生路的"杨家什字"来源于清代的大户杨家。据杨钟岫(牛翁)老先生介绍,重庆开埠后,他的曾祖父杨祐庭见洋商大行其道,不甘落后于洋人,遂白手起家,自己经营棉纱生意。经过艰辛创业,杨祐庭与胞弟杨友仁、杨映南开办了"济生隆"、"裕和源"、"忠顺仁"、"资生源"、"资生长"等字号,后来又在万县、宜昌、汉口等地开设分庄。杨祐庭还涉足金融,创办票号,经营汇兑。杨祐庭在农村置下几千石田地,在重庆城修建和购买大量房产,成为富甲一方的棉纱帮首富,被称为"杨半城"。"杨家什字"就是因这一带房产部分为杨家所有而得名。杨钟岫先生祖父去世较早,到父亲杨仲祥手里生意已不如当年,但还拥有祖上留下的大量房产,这些房产分布于陕西路、杨家什字、新街口、柴家巷等处。柴家巷(现邹容路)的房产位于交电大楼(现新世纪大厦)背后,是一座非常漂亮的西式花园住宅。杨钟岫先生回忆,重庆大轰炸期间,他家跑乡下避难,大花园借给不少人家临时居住,抗战时期内迁的中华剧社也曾借驻杨家柴家巷西式花园。此花园1978年在修建新世纪大厦时被拆除。

米亭子是民生路与民族路之间的一条很短的通道,长约百来米。这里原来是城内最大的米市场,后来逐渐形成旧书铺集中的地方。陪都时期,米亭子有不少店铺和书店,也是老百姓兑换银圆、铜圆和黄牛党炒卖美钞银圆的地方。米亭子中段有一处古旧书店,既收购旧书,也出售旧书,书店有不少线装书,一些古旧书籍很有价值,甚至还有孤本,价格也算便利。笔者在读小学和初中时,一有时间,就喜欢到米亭子古旧书店看书。父亲为鼓励我练习书法,有时会给我几角钱,我就到古旧书店买回用宣纸印刷的线装颜真卿《多宝塔碑》、《麻姑仙坛记》和柳公权《玄秘塔碑》等字帖回家临帖习字。

方家什字位于现民生路中段。光绪十六年(1890年)4月,英国驻渝领事馆正式成立,设于方家什字麦家院,后迁南岸瓦厂湾,1900年迁领事巷。一些有钱人家在民生路先后修建了不少公馆府邸,至今在民生路中段的99号、101号、107号、105号等处,还有一些民国时期的青砖楼房和四合院落。其中民生路101号、107号是民国时期某富商修建的四合院,两处建筑只有一墙之隔。101号房屋已消失,唯剩一扇砖砌八字形朝门,朝门上作有灰塑图案,造型古朴典雅。107号为一庭院,进门有一条长约13米的巷道,院内建筑为砖木、砖柱夹壁结构,部分屋脊残存小段精美灰雕,整体外观基本保持原貌。庭院外有一石朝门,朝门上方为一灰塑匾额,上书"柏庐"二字。老宅建筑及小院布置紧凑,居住空间亲切自然，房屋构件做工细腻，是重庆城保留至今为数不多的民国时期大院。

民生路过去被称为文化一条街，许多报社、书局、书店、文具店都在这一条街上。光绪三十年（1904年）八月，革命党人卞小吾创立的《重庆日报》在民生路中段的方家什字开办（次年被查封）。陪都时期，《经济日报》设于民生路274号，《自由导报》设于民生路73号，《新华日报》设于民生路240号，《中国夜报》设于民生路72号，《中国午报》设于民生路271号，《褒贬新闻》重庆分社设于民生路93号。还有《读书出版社》、《生活书社》、《国民公报》等也设在民生路。

设在民生路的书局、书店有民生路小米市口的古籍书店，鲁祖庙口的私营双江书局，世界书局重庆分局，大同路口的青年出版社，胜利大厦（现重庆宾馆）对面的开明图书局，四德村口的私营文通书局，还有新生命书局、儿童书局、大东书局、生活书店、全记书店、拔提书店、新知书店，等等。

位于民生路157号的生活书店为邹韬奋先生1932年在上海创办。抗战爆发后，书店由沪迁渝，在市中区民生路开设新店。1935年8月邹韬奋从武汉来到重庆，任生活书店总经理。他与中共南方局、八路军驻渝办事处联系密切，书店还建立了党支部，曾邀请周恩来、叶挺到书店作形势报告。生活书店经营业务扩大后，与邻近的读书出版社、新知书店合并，成立三联书店，并发展到有50多个分店的规模，成为陪都时期蜚声重庆、影响甚广的书店。现存的一张生活书店老照片上，书店大门上挂有"愿竭诚为读者出版、代办、推荐良好的读物"的横幅，大门两侧的立幅分别为："发行参考书籍杂志，内容丰富精确"，"代办全国图书刊物，省费妥捷便利"。

1943年，国民政府第14集团军司令部驻渝办事处驻民生路84号，第17集团军司令部驻渝办事处驻民生路243号，国民政府商标局设于民生路。1943年2月1日，重庆市教育局正式成立，初设民生路警察训练所，7月9日迁大阳沟中心校办公，8月31日迁朝天门三元庙（陕西会馆）市立民众教育馆。

1946年，昆仑影业公司（由夏云瑚与任宗德在上海创办）重庆分公司在民生路16号韦家院坝（靠西来寺）成立，主要发行总公司制作的电影。昆仑影业公司在上海拍摄了《一江春水向东流》、《乌鸦与麻雀》、《三毛流浪记》、《丽人行》等影响甚广的电影，这些电影在重庆放映后，均引起较大轰动。昆仑影业公司重庆分公司旧址现为中国农工民主党重庆市委员会。

民生路107号宅院

[重庆]老城 The Old Cities of Chongqing

民生路105号老公馆

位于民生路105号,民国时期修建。公馆为砖木石结构,中西合璧风格,二楼一底,带有一地下室,面阔17米,进深12米,通高15米。底层用条石作屋基,青石板铺地,房屋内为木楼辐、木地板。屋顶为坡屋顶、小青瓦,顶上开有老虎窗和壁炉烟囱。房屋正面凸出2米多,呈"八"字形,由4根石柱支撑,底楼空透,形成一个遮雨门廊,石梯分左右两面进入。此房屋造型别致,风格独特,典雅大方,具有一定建筑艺术价值。

大韩民国临时政府旧址

位于莲花池正街38号，因明代此处有池塘种植莲花而得名。据乾隆《巴县志》载，"莲花池在莲花坊通远门内，巴蔓子墓在其侧，系邑人王应熊涵园也。昔有亭榭台阁，上下二池皆种莲花，故号称莲花池。"王应熊去世后，涵园归周姓人家所有。嘉庆二十一年（1816年），周家的周钟、周镛将此园捐给字水书院。书院废后，巴县高等小学堂迁此办学，后为巴县县立女中使用。此池塘一直到民国二三十年代还存在，后因建房被毁。旧时莲花池有莲花池正街、莲花池后街、莲花池前街，1982年统称莲花池。曾任中共重庆地方执行委员会书记、国民党（左派）省党部执行委员会委员的杨闇公曾在莲花池居住。

大韩民国临时政府是一个长期在中国坚持反日和独立的流亡政府，也是在中国境内唯一的外国流亡政府。大韩民国临时政府于1919年4月13日在上海成立，曾得到孙中山的支持。之后，全国各地相继成立了中韩互助会、中韩协会等组织，声援韩国独立运动。毛泽东、何叔衡当时就是长沙中韩互助会的主要成员，分别担任通讯主任和宣传主任。1932年4月29日，迫于日军压力，韩国临时政府离开上海，经杭州、嘉兴、镇江、长沙、广州、柳州等地，在各地租房临时办公。

1938年春，韩国临时政府辗转来到重庆，初在重庆綦江沱湾镇，后迁巴县土桥办公。1940年临时政府进驻重庆城内，先后在杨柳街、石板坡、吴师爷巷办公，1945年1月迁到七星岗莲花池38号办公。莲花池正街38号是大韩民国临时政府办公条件最好的一处，也是临时政府在中国辗转流离26年最后一处办公地。自1945年1月搬入办公至临时政府成员离渝回国，在此时间不到一年。抗战胜利后，1945年11月5日，韩国临时政府29人乘专机经上海回国。

临时政府旧址正门右边设有警卫哨所，大院正中有一坡大梯道，梯道两侧共建有二至三层小青瓦砖房5栋。1号楼有警卫队、事务室、宣传部、文化部、军务部；2号楼有临时议政院兼食堂、外务部；3号楼有警卫队事务室、内务部、财政部、主席办公室、国务委员室；4号楼有主席秘书室、外宾住所、法务部、生活委员会、升旗台；5号楼有外宾接待室和仓库。

韩国临时政府在中国坚持抗日救亡独立运动历26年，为抗日复国做了大量工作，如党派合作与统一战线，争取国际承认，对光复军的直接领导等。1944年4月下旬，在重庆召开第36届韩国临时议政会，选举产生临时政府组成人员，由金九任临时政府主席、金奎植为副主席。

大韩民国临时政府旧址经重庆市和韩国独立纪念馆协商，于1995年8月11日复原开放。现为市级文物保护单位。

若瑟堂

位于渝中区民生路若瑟堂巷一号，始建于光绪五年（1879年），初为木结构平房。光绪十九年（1893年）法国传教士舒福隆将原教堂扩建成砖木结构教堂，并增加教堂附属房屋，可容1 000人进行宗教活动，以圣若瑟之名取名若瑟堂。1917年，唐若瑟神父筹资兴建钟楼，在楼内安置法国自鸣报时钟和拉绳大铜钟各一架。1927年，万若瑟神父发动教友捐资，添置两口小钟置于钟楼。每逢宗教节日，三钟齐鸣，悠扬洪亮、声传数里。1946年，由法国主教尚维善发起募捐，耗资2 000余万法币对若瑟堂进行了大规模修复扩建，新建经堂521平方米，占地范围达到1 840平方米，钟楼建筑总高36米。

1935年1月，天主教重庆教区主教尚维善在若瑟堂创办培英小学，1939年因遭日机轰炸被迫停课。抗战时期，重庆防空部门在教堂钟楼上安置警报器，每当日机飞临，即向市民发出警报。1947年培英小学复课，校舍仍设在若瑟堂内，学校经费由教会承担。1952年培英小学被政府接收，分别并入安乐洞小学和西来寺小学。

若瑟堂是重庆市保存完好、历史悠久、规模较大、影响面广的天主教堂之一。现为市级文物保护单位。

唐式遵公馆

位于渝中区金汤街80号，民国时期建筑，系唐式遵长期工作和生活的地方。中西结合式风格，砖木结构，两楼一底。房屋一面是高坎，一面是切坡。建筑平面布局收缩有致，呈不规则状，进深达36米，面阔13—17米不等，通高15米，建筑面积约1 300平方米。建筑正面和外侧面有转角挑廊，挑廊高4.5米，内宽3米多，由6根粗大的罗马柱支撑，罗马柱表面和露台立面用水刷石装饰，挑廊上为露台。该建筑设计因地制宜，布局巧妙，在狭窄的坡地上最大限度利用了地形空间，建成了规模较大的三层楼房。至今为止，大楼建筑结构尚为完好。

唐式遵（1884—1950），字子晋，四川省仁寿县人，国民党抗日名将。曾任川军第二十一军军长，重庆第一任商埠督办公署督办等职。抗战时期任国民革命军二级陆军上将，国民党第三十三集团军总司令、第三战区副司令长官。内战时期曾任"西南军政副长官兼四川省第一路游击总指挥"和最后一任四川省政府主席。

解放后，唐式遵公馆改作中国民主同盟重庆市委员会和九三学社重庆市委办公楼。2003年渝中区人民政府公布其为区级文物保护单位。2010年3月30日，中国民主同盟重庆市委员会和九三学社重庆市委从唐式遵公馆旧址搬出，迁至沧白路原市政协大楼办公。

和平路鸟瞰

和平路竹木市场

和平路竹木市场

和平路

原名伍福宫街、金鱼塘街、走马街、培德堂街、走马街，1945年合并更名为和平路。和平路修建始于1943年4月，历时近一年完工，因受通远门城墙阻挡，道路从较场口修到金汤街为止，成为一条断头路，全长约700米。为了同中山一路、中山二路等新市区相连，1946年11月，重庆市政当局在紧邻通远门城门处打穿岩石，修建双孔隧道。1947年7月18日，和平路隧道贯通。隧道长42米，净宽6米，高4.6米，车道宽4.5米，单侧设有1.5米宽的人行道。隧道贯通后，城内较场口与城外中干道连接，老城与新城区的交通得到很大改善。

民国时期，康心如公馆位于和平路83号，时称"康庐"。康心如是重庆著名金融家、实业家，曾任美丰银行总经理、重庆银行公会主席、重庆市参议会议长等职。国民党重庆市党部设在和平路临近较场口处（现消防队位置）。德国领事馆设在和平路（原市中区政府老办公楼院内），1941年12月中国正式对德宣战后，德国领事馆撤离回国。

和平路道路临长江一侧有下回水沟、管家巷、至圣宫等街巷，另一侧有新民街、潘家沟、吴师爷巷（后改为和平路二巷）、水市巷等街巷。谷正纲（曾任国民党中央组织部副部长、社会部部长、陪都救护委员会副委员长、中央执行委员等职）旧居位于管家巷18号，后被拆除。1950年6月1日，中共重庆市第一区委员会在和平路管家巷5号正式成立，同日，重庆市第一区人民政府在和平路211号正式成立。1955年10月24日，第一区改为市中区。

和平路二巷

原名吴师爷巷，因系和平路派生巷子，与和平路相连，1982年更改为现名。

大韩民国临时政府遗址

位于和平路二巷5－6号，原名吴师爷巷。大韩民国临时政府先后在杨柳街、石板坡、吴师爷巷办公，1945年1月迁到七星岗莲花池38号办公。1941年2月，第39集团军总司令部驻渝办事处驻吴师爷巷4号。

水市巷

　　1927年前后，因此处形成挑水卖的巷子而得名，水市巷巷道长约200米，与和平路二巷（原吴师爷巷）、存心堂巷、骡马店街相连。由于地形高差较大，巷内梯道和堡坎较多，房屋结构和档次较为简陋，其中也有几座有钱人家修建的大院。

水市巷10号公馆旧址

　　此房原为国民党某军官公馆，位于水市巷10号，建于民国时期。建筑为两楼一底，砖木结构，歇山顶，屋檐下有雕花撑拱，砖柱之间为拱形开敞式廊道，每层设转角走廊，走廊装有雕花木栏杆。内辟小院坝，外建高大青砖围墙，墙上开拱形门，墙帽用砖作装饰造型。建筑设计精巧，布局考究，居住环境舒适。现产权属于市电力公司。

潘家沟

潘家沟是一条长约百余米的小巷子，与新民街、存心堂相接，出口到和平路，邻近较场口。1940年前后因此处有潘姓大户人家居住而得名。潘家沟房屋大部分结构较为简陋，多为砖木结构、砖柱夹壁结构、木柱竹壁结构等，底楼作生意，楼上作住宿。

天官府

因此处有明代吏部尚书蹇义的"天官府"而得名。天官府位于通远门到南纪门的斜坡上，与打枪坝、火药局、放牛巷相邻。

蹇义在明代历经明太祖、惠帝、成祖、仁宗、宣宗五朝，曾任吏部尚书，73岁病逝后被追封为太师。重庆城的府邸称"天官府"，由明宣宗御赐，建于明宣德八年（1433年），是一座富丽豪华、规模宏大的官宦府邸。光绪十二年（1886年）《重庆府治全图》上绘有天官府殿堂。图上的天官府殿堂为两进院落，位于金汤门之内，毗邻体心堂。天官府周边有金家花园、殷家花园、胡家花园、沈家花园、张家花园等私家花园，可见天官府一带当时是高官富人居住之地。与天官府一街之隔有体心堂，体心堂旁有一座阁楼。天官府保留了约500年，辛亥革命时期消失，但天官府街名一直留传至今。

国民政府军事委员会政治部第三厅旧址

国民政府军事委员会政治部第三厅旧址位于天官府8号（原天官府6号），郭沫若旧居位于天官府4号。现存建筑为两楼一底砖木结构房屋，建在通远门内的斜坡地上，房屋前后都是高堡坎。楼前有一长条形院坝，外有砖石结构大朝门，门额上做有灰塑图案。此房原为重庆市第一任市长潘文华内弟修建的私宅，后改作政治部第三厅办公之用。

天官府4号过去是一楼一底砖木结构建筑，名"寄庐"，1940年7月3日被日机炸毁，后修复，1984年毁于火灾。郭沫若1938年从武汉到重庆后居住于此。为避日机轰炸，夏天郭沫若一般到沙坪坝赖家桥全家院子办公和住宿，秋冬雾季再回到"寄庐"。"中国抗战文化工作委员会"就设在"寄庐"隔壁。1951年郭沫若再访重庆时，题有《访天官府寄庐》诗，诗曰："久别天官府，寄庐今尚存。危楼经弹破，破壁透朝暾……"诗后的标注文字为："天官府6号乃文化工作委员会办公处，余租住四号院中靠西一首的三楼。房两间，过道一间，房经敌机投弹震裂，粉壁成半裸状的竹篾，夏季热不可挡。但周恩来同志每召集民主人士或文化工作者在此座谈，有时竟多达六七十人，恒夜以继日。我的《屈原》、《虎符》等剧均在此屋中草成。"

国民政府军事委员会政治部于1938年2月19日在武汉正式成立，由陈诚任部长，周恩来、黄琪翔任副部长，郭沫若任第三厅厅长。1938年10月武汉失守后，第三厅由武汉迁到重庆天官府6号办公，郭沫若仍担任第三厅厅长。1940年9月，张治中任政治部主任后，按蒋介石旨意，宣布撤销第三厅，另设中国抗战文化工作委员会，由郭沫若任主任委员，阳翰笙、谢仁钊任副主任委员，另设10名专任委员和10名兼任委员。专任委员有沈雁冰、田汉、翦伯赞、胡风、洪深等，兼任委员有舒舍予、陶行知、张志让、邓新民、侯外庐等。抗战文化工作委员会下设3个组，第一组从事国际问题研究，第二组从事文艺研究，第三组从事敌情研究。抗战文化工作委员会设有两处办公地点，城里在天官府7号，郊外在沙坪坝赖家桥全家院子。

从1940年10月1日成立到1945年4月1日宣布解散期间，中国抗战文化工作委员会利用合法地位，坚持宣传抗战、反分裂反投降，坚持进步，坚持抗日民族统一战线。当时的抗敌文协、中苏文协和其他抗日文化团体的广大文艺界工作者都团结在抗战文化工作委员会周围，中共南方局通过文化工作委员会的党组织来领导和指导文艺活动。

天官府8号现为渝中区房管局管理，居住了十几户居民，多数是进城务工的暂住户，院内杂乱拥挤。1983年12月，国民政府军事委员会政治部第三厅旧址被公布为重庆市文物保护单位，重庆直辖后，公布为直辖市级文物保护单位。

鼓楼巷

位于通远门城墙之上,大致形成于民国初。通远门城墙在清末实际上已经废弃,老百姓在城墙上搭建房屋,逐步形成街巷,因清代此地建有鼓楼,故名鼓楼巷。此巷顺着通远门城墙可一直通向打枪坝水厂。鼓楼巷与通远门顺城街、伍福宫街(也称伍福街)、骡马店街、管家巷、火药局、培德堂、金汤街等街巷毗邻或相连,通远门顺城街、伍福宫街后来并入鼓楼巷。

同盟会重庆支部的前身——"公强会"在伍福宫桂香阁成立。1903年,由杨沧白(杨庶堪)与朱叔痴、童文琴、陈崇功等发起,吸收重庆部分革命青年,秘密成立了全川第一个资产阶级革命团体"公强会"。公强会会员多为学界有名人士,如向楚、黄容伯、陶闿士、原《渝报》主笔梅际郁等。公强会以"寻求富国强兵之道为标志",团结社会俊杰和革命青年,致力于"树立革命思想"。公强会经常在伍福宫桂香阁开展活动,议论光复大计。1905年底,在公强会基础上,改组成立了同盟会重庆支部,除原有会员外,还吸收了一些接受资产阶级民主主义思想的知识分子入盟。

1938年12月11日,绥西防守司令部驻渝办事处驻伍福街伍福里31号。

鼓楼巷一带多庙宇,旧时有至圣宫、伍福宫、桂香阁、二仙庵等,均为道观。桂香阁旧址在鼓楼巷38号一带。1896年12月1日,美国驻渝总领事馆正式成立,首任领事史密特,馆址设桂香阁,后迁领事巷。

1904年,经清政府外务部批准,德国在重庆成立领事馆,馆址设伍福宫。德国人弗瑞兹·魏司于1905年到重庆担任领事馆翻译,1907年任成渝两地领事馆代领事。1911年从上海到重庆,担任驻四川总领事。德国驻渝领事馆租用伍福宫附近的一座大宅院作领事馆办公和总领事夫妇居住地。弗瑞兹·魏司及夫人海德维希·魏司在中国生活工作长达18年,拍摄了许多照片,并将这些照片带回了祖国。1980年,他们的孙女塔玛拉·魏司(1950年出生于德国)在家里的地下室发现了这些照片的底片。当时她正准备搬家,偶然在地下室一个皮包里发现了包在报纸内的底片。塔玛拉·魏司后来在重庆告诉记者:"它们静静地躺在那里,一些是玻璃底片,一些是硝基底片,当时我很激动,因为我从来不知道它的存在!"之后,她花了大约10年时间冲印和整理这些底片,并于1998年开始到中国,重走祖父母照片中曾经拍摄过的地方,核实照片拍摄的地点和内容,这项工作一直持续至今。

2002年,塔玛拉·魏司来到重庆,寻找祖父母百年前在重庆生活、工作过的地方。2002年6月12日,笔者接待了塔玛拉·魏司女士,向她介绍了重庆老城老街的情况,她赠送给笔者一些祖父母拍摄的照片。2009年9月,塔玛拉·魏司女士出版了《巴蜀老照片》集子,集子里有她祖父母于1912年至1914年在重庆领事馆拍摄的几幅照片。从照片上,可以清晰地看到伍福宫领事馆大院的风貌:大院里有池塘、假山和中式亭廊;有鹅卵石铺地的内花园,内花园之间开有圆形月门;还有四角攒尖顶的亭子、歇山顶的阁楼、悬山顶的大殿。总领事夫人海德维希·魏司还留下了形容他们在领事馆居住和工作环境的文字:"这是一座典型的中式花园,简直就是一个艺术品。一座座小小的假山之间或穿插着浪漫的人工洞石和散步的小径。这些小径的尽头通常是一个圆形的月门,穿过这道门,人们便可以欣赏到一幅幅令人愉悦的景色:一个荷花池和凉亭。在这如梦幻般的花园里,一年四季盛开着各式各样的鲜花。"

1914年第一次世界大战爆发后,德国领事馆关闭。1922年5月,中德重新建交,德国驻渝领事馆于同年底建立,馆址设在桂香阁。抗战时期,桂香阁在日机轰炸中被炸毁,残存的庙宇和石门一直在20世纪70年代还存在。70年代末,自来水公司在水厂周边修建职工住房时,桂香阁遗址被最后拆除。

鼓楼巷石房子

石房子位于鼓楼巷38号附10号，紧邻打枪坝水厂。建造年代与打枪坝水厂为同一时期，由留学德国的工程师税西恒设计建造。税西恒1912年入德国柏林工业大学机械系学习，1919年回国。税西恒在国外生活了七八年，对西方石结构建筑留下深刻印象，回国后在主持打枪坝水厂设计建设中，税西恒就地取材，大量建筑采用石结构建筑形式。水厂的水池、水塔、值班房、水质化验室等建筑均用条石建造，既节省费用，又牢固耐用。税西恒在重庆村（健康路一带）还修建了一栋石结构房屋作为自己的住宅，此房后来在房地产开发建设中被拆除。

鼓楼巷38号附10号石房子是税西恒设计思想的一个代表作，当时作为水厂的化验室。石房子面宽20米，进深9.5米，因地形原因，平面呈不规则状。石房子高两层，约8米，正面大门宽3.2米，高3.5米，大门前立有两根直径为0.35米的石柱，造型典雅庄重。屋顶用条石作檐口压顶，房屋内部为木楼辐、木地板、木扶梯。抗战时期，重庆水厂被日军作为重点破坏目标，遭多次轰炸，损毁严重。由于重庆水厂被炸后无法正常供水，重庆城的挑水工一度增加到4万多人。紧邻水厂的化验室在轰炸中被炸塌一半，后用砖修复。为了保持与原石结构外形一致，砖墙表面用抹灰勾缝做成条石状。解放后，在两层石房上又增加了一层砖房，后来分给水厂职工，现在居住了十几家人。

鼓楼巷石房子一壁

靠通远门城墙修建的房屋（古城墙被房屋所遮挡）

金汤街

此街是通远门城内的一条老街，取"金城汤池"之意而得名，与领事巷、兴隆街相邻，民国时期也叫通远门顺城街。金汤街顺着通远门城墙延伸，一端接和平路，另一端可经鼓楼街到打枪坝水厂。

清末民初，出通远门城门就是荒郊野外，城门早开晚闭，客商多在城内或城外靠城门处住宿，城内的金汤街和城外的兴隆街由此成为生意热闹的街巷，城外的兴隆街也由此得名。金汤街附近有纯阳洞、神仙洞、飞来寺、归元寺几座庙宇，后均消失。

1929年前建立的重庆第二短波无线电台设在金汤街到打枪坝之间。

1929年秋，重庆八省公益会和本市绅商响应市长潘文华倡议，通过募捐和借款在中山祠（今金汤街93号）筹建平民医院。1933年9月医院建成，1934年1月8日正式开诊，定名为重庆市民医院。医院设有床位10张，有医务人员20名，市政府每月补助经费400元。开业初期，"贫苦一律免费，以应市民之需要"。据1934年统计，医院门诊病人32 861人。1938年，重庆市卫生稽查队设立于金汤街的市民医院内。1939年1月，市民医院由重庆市卫生局接收为市立医院。1943年，重庆市卫生局从机房街（今五一路）迁到金汤街市民医院内。1943年4月20日，中华助产士协会在金汤街创办平民产妇科诊所，对下层公教人员和平民免费接生。1944年5月1日，重庆市立产科医院在通远门顺城街成立，设有妇产科、儿科和病床25张，翌年并入市民医院。1950年8月，市民医院被重庆市军管会卫生部接管，更名为重庆市第一人民医院，1958年6月26日，由金汤街迁至道门口。

1935年12月，重庆市基督教女青年会在金汤街17号（现金汤街12号）成立。抗战时期，国民政府军政部军需署设在金汤街。王瓒绪（曾任重庆卫戍总司令、四川省政府主席）公馆位于金汤街64号（现妇幼保健院）。1941年6月，中华民族大众同盟（一年后改为中国民主革命同盟，即"小民革"）在与金汤街相连的领事巷10号（康心如公馆，后作为物资局幼儿园使用）秘密成立，王昆仑、许宝驹被推选为负责人。1942年10月，国民政府教育部开设的国立中央民众教育馆设在领事巷8号。1943年，第29集团军司令部驻渝办事处驻金汤街76号。英国领事馆1900年从方家什字（现民生路中段）迁领事巷11号（后为重庆市纺织局）。法国领事馆设在领事巷12号，1963年拆除后改建为成都军区干部修养所。民国初期，美国领事馆设在领事巷桂香阁，德国领事馆设在领事巷伍福宫，日本领事馆曾设在领事巷培德堂。重庆市第一家聋哑学校创办于领事巷。1947年5月29日，由社会各界知名人士出资，龙安章、赵象明等人组建校董事会，租用领事巷9号英国领事馆房屋成立"重庆私立扶青聋哑学校"。

仁爱堂医院残壁

仁爱堂医院廊道花瓶式护栏

医院立柱上的西式浮雕

仁爱堂旧址

仁爱堂旧址位于山城巷（老地名天灯巷）80号、81号，为法国天主教会修建的仁爱堂教堂、神父楼、修女楼、仁爱堂医院、教会学校和附属建筑的统称。仁爱堂紧邻领事巷，领事巷在打枪坝之下，地势较为平坦，过去是各国领事馆集中之地，领事巷地名也由此而来。领事巷老地名叫二仙庵，因清代此处建有道观"二仙庵"而得名。从领事巷下到南纪门的斜坡梯道过去叫天灯街（亦称天灯巷，现在为山城巷）。1896年3月26日，法国领事馆在领事巷建立（现为成都军区离休干部休养所）。1900年，仁爱堂医院在紧靠法国领事馆的天灯街修建。

仁爱堂位置处于重庆老城最高处，在此可居高临下，长江，南岸和珊瑚坝机场尽收眼底。清末至民国时期，天灯街靠古城墙一侧大部分为仁爱堂所有。

仁爱堂由法国设计师主持设计，1900年动工修建，1902年建成使用，由玛丽亚方济圣女修会负责管理，法国人阿特里昂担任首任仁爱堂医院院长。仁爱堂占地范围约12.25亩，位于打枪坝、鱼鳅石之下的坡地上，为解决地形高差，在坡地上平出不同标高

仁爱堂医院遗址

神父楼

的3个台地进行建设，建成后的仁爱堂总面积共计8 000余平方米。仁爱堂教堂落成后，仅作为法国教友的内部宗教活动场所，并不对外开放。直至1941年，教堂才对其他天主教教徒开放。仁爱堂教堂有神父作为常驻本堂，向教友宣讲福音，至1951年，共有6位神父先后担任仁爱堂本堂。

　　仁爱堂现保存建筑仅有神父楼和经堂。神父楼与经堂呈"L"形，L形长边为神父楼，短边为经堂。神父楼过去作神父生活居住用房，共4层，每层房屋外有宽阔的廊道，廊道外有高大的圆拱，现作为敬老院使用。经堂建筑面积约250平方米，经堂大厅宽11.5米，进深18米，空高8.8米，大厅内有8根直径为0.62米的立柱。经堂前有圣母玛丽亚塑像，后方楼上为放置管风琴的琴楼，进深5.5米，琴楼亦作观礼台和唱诗班之用。神父楼和经堂外面有高大的罗马柱，柱身挺拔粗大，柱头有涡卷式花纹图样。1998年12月出版的《重庆旧影》中，有一幅拍摄于20世纪20年代的仁爱堂照片，照片上可看到雄踞于南纪门至通远门城墙之上的法国领事馆和仁爱堂建筑群：仁爱堂主体建筑规模宏大，建筑群分几个台阶逐级向上，部分建筑立面有拱廊、立柱、弧形阳台、欧式三角门头，建筑群居高临下，周边空旷，显得十分气派壮观。

　　仁爱堂医院和育婴堂由方济圣女修会管理。据1949年统计，驻仁爱堂医院的修女有外籍修女8人，中国籍修女5人。仁爱堂医院开办初期仅设门诊部，由教区聘请两名特约医生应诊。1934年设病床60张，不分科类，在二楼和底楼设男女病房。1937年，为了适应医院护理的需要，医院开办了短期护士训练班，主要讲授护理基本知识和操作技术。1946年，仁爱堂医院设立住院部，设病床79张，分为四等，一等23张，二等13张，三等12张，普通31张。1948年，成立医院及护士学校董事会，1950年12月18日，仁爱堂医院更名为仁爱医院。

　　1909年，天主教重庆教区在仁爱堂设立"仁爱堂女子学校"，学校不分班级，采取类似私塾的方式教学。课程设置除天主教教理外，兼教《大全杂字》和刺绣、钩花等女红。1911年，天主教重庆教区在仁爱堂医院附近成立"耶稣圣心女修会"，当年招收修女5人。不久，因修女增加，圣心女修会迁到离仁爱堂不远的火药局27号。1915年，天主教会将仁爱堂女子学校交由圣心女修会管理。1916年在火药局街圣心堂内成立德肋撒女子学校，仁爱堂女子学校的住读生并入该校。1922年，德肋撒女子学校由火药局迁九块桥，改名为重庆私立成德女中。抗战时期为避日机轰炸，成德女中迁合川县杨柳街天主教堂，至1940年停办。成德女中九块桥原址于1950年3月由天主教重庆教区开办"重庆市私立竞成女子职业学习社"。1951年更名为"重庆私立竞成女子会计补习学校"。1956年由重庆市教育局接收。

　　耶稣圣心女修会招收的修女分保守者、初学修女和正式修女三个阶段。初学修女要在初学一年后，经发愿才能成为正式修女。发愿即"绝色、绝意、绝财"三愿。修道10年后才能发终身愿。圣心女修会前后共有100多人入会，培训合格后大部分派到各教堂讲读经书，少部分到教会小学任教。1950年耶稣圣心女修会被解散，修女们分别被分配到重庆电池厂、九龙服装厂和仁爱堂医院工作。

　　抗战时期，为空袭受灾儿童提供救助的"难童救济及教养第十所"设在仁爱医院内。《建国晚报》设在仁爱堂街4号。1945年

仁爱堂教堂一隅

钟楼遗址

教堂

9月，重庆天主教仁爱堂医院为发展护理事业、培养护士人才，在仁爱堂街（原天灯街）14号创办护士学校。1948年8月经国民政府文化部批准，同年10月16日由国民政府教育部批准，定名为"私立仁爱高级护士职业学校"。学校开办后，面向社会招生，学校办了4年，一共开了7个班，毕业81人。学生入校后考试及格者，可以通过半工半读的方式免费学习。

1951年4月21日，仁爱堂医院和私立仁爱高级护士职业学校被西南军政委员会卫生部接收。1950年9月，重庆劳福医院与陪都中医院合并，改称西南卫生部工人医院。1951年9月20日，仁爱堂医院与西南卫生部工人医院合并，更名为西南卫生部新渝医院（今重庆中医研究所），成为重庆首家中西医结合医院。

2001年2月落实宗教政策，仁爱堂3 212平方米房屋发还给天主教重庆教会。在市、区政府有关部门的资助下，天主教重庆教区和天主教爱国会先后于2004年、2007年、2008年对仁爱堂作了修复加固。现仁爱堂房屋分为教堂和敬老院两部分，均由重庆天主教爱国会管辖。除已修复开放的教堂和作为敬老院的神父楼外，仁爱堂未发还的房屋被中医校在2002年作为危房拆除。据1950年4月仁爱堂报重庆市卫生局的登记表记载，仁爱堂时有房屋7栋，建筑面积3 500平方米，占地12.25亩。被拆除的遗址面积约7亩地，遗址现场已是断垣残壁、一片破败景象。但在残存的建筑和废墟之中，仍然可以想见其当年规模之浩大、建筑之华丽。

20世纪20年代，在仁爱堂医院做医生的有一位被称为重庆"商旅奇才"的人物，他就是汪代玺。汪代玺是重庆璧山县人，全家信奉天主教。1928年，他在法国斯巴达学院获得医学博士学位。归国后，汪代玺受聘到仁爱堂医院作五官科门诊主治医生。在仁爱堂医院工作一段时间后，汪代玺辞去职务，在下半城新丰街（现解放东路与西三街、白象街对应的一段）开设私立诊所行医，主治五官科和皮肤科疾病。汪代玺积蓄了一定资金后，于1927年花1 400块银圆买下南岸方圆几里未开发的一片山林。他投资在山上栽植景观树木，修建住宅和会所，并创立了重庆第一家旅游俱乐部"生百世"（英文Sunbath，即日光浴）。汪代玺开重庆郊野休闲度假之先河，生意蒸蒸日上，"汪山"由此得名。抗战时期，苏联、法国、印度等国大使馆在汪山修建，汪山更是声名远扬。

教会医院是重庆近代医疗卫生事业兴起的前身，大致出现于19世纪末。重庆的教会医院主要有1892年美国美以美会在临江门创办的宽仁医院（现重医附二院），1896年英国伦敦布道会在民族路创办的仁济医院（后迁南岸玄坛庙叶家山，现五院），1902年法国巴黎外方布道会在金汤街创办的仁爱堂医院（现已消失），1920年美国著名传教士马嘉礼医生在南岸马鞍山开办的万国医院（现为民居）等。从19世纪末至20世纪40年代，外国教会在重庆十分活跃，除进行宗教活动外，教会还购置房产，开办医院、学校、育婴堂，建立红十字会等。教会医院的创立和发展，引进了西方医疗技术和科学理念，培养了一批精通业务的医务人员（他们中有的成为建国后各大医院的业务骨干）。抗战时期，日机对重庆实施频繁大轰炸，受伤人员众多，教会医院积极收助救护伤员。重庆教会医院在实行救死扶伤的人道主义，促进我市现代医疗卫生事业发展等方面起到了一定作用。

2010年7月8日，笔者在仁爱堂采访了原天主教爱国会秘书长周军（现为仁爱堂敬老院院长）女士。据她介绍，在重庆天主教爱国会还保留有一批未开启的档案，这批档案对于研究清末到民国时期外国教会的历史有着重要意义。笔者期待着有新的发现。

火药局

清末，因此处有一座火药库而得名。1950年6月，重庆市第一区（现渝中区）政府设立在和平路与火药局、管家巷、至圣宫之间的大院内，图中围墙即为老区政府大院外墙。现渝中区委、区政府新大楼建在火药局与管家巷之间。七星岗街道办事处现驻火药局。

民国初期的东川道道尹公署设在火药局与放牛巷之间。1945年，私立夏声戏剧学校从陕西迁火药局39号办学。抗战胜利后，中共南方局委托陶行知出面创办的社会大学在火药局附近的管家巷4号（原28号）古家院子。1946年1月15日，社会大学正式开学，周恩来曾亲自到社会大学讲课。社会大学同时也是陶行知任校长的育才学校驻重庆城内办事处。现渝中区政府新建大楼院内立有社会大学遗址雕塑。

火药局巷子里原市中区区政府大院围墙

上安乐洞

紧靠通远门城门，因此处石岩上过去刻有"安乐洞"三字，街区位于石岩之上而得名。旧时有安乐洞街与安乐洞两条街，后来安乐洞街改为下安乐洞，安乐洞改为上安乐洞。上安乐洞接保节院街，下安乐洞与地母亭相连。安乐洞周围一带的老地名还有协和里、归元寺、四德里、四德村、华村等。此处地形高差较大，石梯、堡坎多，房屋非常密集。安乐洞一带的房屋建造时间不一，档次参差不齐，既有城市低收入者居住的简陋房屋，也有不少达官贵人修建的府邸宅院，还有一些寺庙建筑。抗战时期的中苏文化协会建在四德里，辽宁省政府筹备处设在归元寺。

1927年重庆城开辟新市区之前，城内人家埋葬死者尸骨多在安乐洞一带，安乐洞周边到处是坟山荒冢。由于人们在安乐洞一带集中埋葬尸骨，故有"寄骨寺"、"白骨塔"等场所和地名。1927年上半年，重庆成立新市区管理局，开始向城外开辟新区。从1927年8月至1934年5月历时6年半，共迁坟435 894座，扩展新区约7.5平方公里。至20世纪三四十年代，安乐洞一带才开始成为人口集聚之地。

通远门

位于金汤街与兴隆街、中山一路之间，为明代重庆府指挥使戴鼎所建。在九开八闭17座城门中，通远门为唯一不通水路的城门。

通远门城墙从莲花池向鼓楼街呈缓坡向上延伸。由于城内金汤街地势较高，城外兴隆街地势低洼，故城墙内高约9米至10米（包括了民国初因扩金汤街人工凿低岩石2米），城墙外高13米至15米。金汤街一带地面为坚硬的整体石岩，城墙与岩体连在一起，城墙厚度9—10米。通远门老城墙在20世纪60年代前还有近300米，七八十年代，靠鼓楼巷、兴隆街的老城墙发生多次垮塌，每垮塌一次，市政部门就用钢筋混凝土维护加固，加之危旧房拆迁建设，到现在为止，尚存老城墙约150米。

通远门城门洞为双券拱，拱高8.5米，宽3.5米，内券拱厚2.8米，外券拱厚3.3米，门洞之上书"克壮千秋"四字。券拱之间有方形孔洞，孔洞宽4.5米，进深3.5米，如有敌人攻入，守军还可从此孔洞居高临下杀伤敌人。通远门位于重庆城最高处，地势险要，可居高临下，屏障全城，具有重要防守地位。明崇祯十六年（1644年）六月，张献忠率大西军夺取佛图关后，六月十七日攻打通远门。由于城墙高大坚固，大西军正面进攻损失惨重，难以克城，遂于六月二十日夜挖暗道，用数十桶火药炸毁通远门城墙，攻陷重庆城。

民国初期，通远门城外大部分还是坟山野冢，故有"通远门，锣鼓响，看埋死人"之谚语。从1927年8月至1934年5月，重庆市市长潘文华主持向外开拓新市区，共迁坟43万多座，扩展新区约7.5平方公里。对这一次大规模史无前例的迁坟扩城行动，由潘文华主持编纂的《九年来之重庆市政》有以下记载：

"查本市区坟地至广，除江北、南岸两区不计外，新市区土石各墓约有四十三万七千数百余家。此就表面估算，其重垒葬埋为数犹难臆揣。所占土地面积八万数千方丈。初拟计划分三个区域逐次起迁：自通远门起，经过观音岩、上下罗家湾、两路口为第一区；自南纪门经雷家坡、石板坡、燕喜洞、菜园坝、徐家坝直达兜子背右与第一区相接为第二区；又自临江门经双溪沟、宰房沟、大溪沟、张家花园、上清寺、曾家岩直达牛角沱左与第一区相连为第三区。自民国十六年八月开始迁提，中间因工程缓急随时增减工人工作，迄至二十三年三月止，耗费二万数千元，除有主之墓自行迁徙不计外，总共迁埋土石各坟四十三万五千八百九十四冢。……遇有棺木完好及尸身未曾腐化者，交由同仁义冢会掩埋队移葬于距市区三十里之外墓地，其朽坏枯骨用竹篓装盛，运赴下游三十里黑石子地点所造白骨塔掩藏，以免暴露。现今马路阡陌日盛，较之从前焕然一新矣。"

迁坟期间，潘文华同时推进城区道路建设，以通远门为起点，以曾家岩为终点修建了中区干道（现中山一路、中山二路、中山三路、中山四路）。1947年7月18日，重庆市政当局在通远门城墙上开通了和平路隧道，使较场口与城外中区干道连接，大大改善了城区交通。

为了拱卫重庆城，南宋至明清，在距通远门西面约6公里的重庆半岛咽喉处——佛图关建关隘驻军防守。佛图关历来是兵家必争之地，也是西上成都的要冲。佛图关为城外最高处，地势险要，雄踞两江，与通远门唇齿相依，一旦佛图关有失，则退守通远门。《宋史·忠义传》记载：张珏"大兵会重庆，驻浮图关"。《一统志》又云："上有石佛像，故名，地极险要，始建不可考。"由此可知，佛图关在宋代已经存在，又因有石佛像而得名。浮图即"佛图"或"佛陀"、"浮屠"，为释迦牟尼简称。明代兵部右侍郎刘时俊在《驻军佛图关》一诗中写道："军驻严关扼上头，凭栏百里望皆周。群山翠点高低列，两水清涵上下流。地险我何妨进退，城孤彼自受羁囚。一时目纵还生喜，釜底游鱼可待休。"佛图关范围包括了现鹅岭公园的一部分、佛图关公园大部分以及电视塔、114中学、长江路等区域。清代佛图关有仁靖门、泰安门、水洞门、瑞丰门、南屏关、佛图关6座城门，在城墙最高处建有哨楼。南屏关为城内的内城。仁靖门在东，门洞上书"江天一览"，由此可进重庆城，城门外建有"佛来寺"。瑞丰门在西，由此可上成渝古道。佛图关设有佛图汛署（重庆城时有中营、左营、右营，营下设17个汛），内有大堂、二堂、三堂。仁靖门内有夜雨寺，过去有"佛图夜雨"之景致。佛图关上建有乡场，称姚公上场和姚公下场，设姚公乡，直属重庆管辖。场上建有文昌宫、圣庙、蚕神庙等庙宇。

陪都时期，为振奋士气，光复失地，国民政府将佛图关更名为"复兴关"。在佛图关陡壁一块巨大的岩体上，镌刻有蒋中正落款的"复兴关"三个大字。为此，重庆市政府于1941年2月13日专门发出通知称："重庆佛图关已于最近由蒋委员长更名为'复兴关'，并刻石于关右。"1950年，重庆市政府将"复兴关"三字改题为"建设人民的生产的新重庆"十一个大字。

国民政府迁都重庆后，1938年在佛图关新建国民政府大会堂。大会堂由工程师黄家骅、哈雄文负责设计，馥记营造厂承建施工。工程于1938年12月开工，1939年6月竣工。大会堂刚交付使用后不久，1939年8月日机空袭重庆，被轰炸引起的大火烧毁。1939年冬，国立音乐院由上海迁重庆，在复兴关开办学校。1943年国立音乐院在青木关正式成立后，复兴关学校改名为国立音乐院分院。陪都时期，国民政府国防部驻复兴关（今长江路54号）。军事委员会防空总监部在复兴关办公，国民政府内政部在复兴关李家花园办公。1943年，国民党军委会政治部在复兴关开办"中央训练团"，由蒋介石亲任团长，专门培训高级党政干部，国立音乐学院还在中央训练团开办了音乐干部训练班。1944年，中央训练团编撰了3 000多页的《复兴关训练集》，内容包括了总述、训练实施、环境建设、团务行政、学员动态、五年来之检讨、大事记、团长训词等。

1943年5月，重庆各界筹资修建体育场，场地选择在佛图关国民党中央训练团所在地。第一期工程包括400米环形跑道，25米游泳池，足球场，篮球场，命名为陪都体育场。1943年9月开工，次年3月1日举行陪都体育场命名典礼，蒋介石、孔祥熙等参加了典礼，4万余人观看了体育表演。随后，继续实施体育场第二期工程，建成通向运动场的公路。1945年6月4日、5日，重庆市第四届运动大会在佛图关陪都体育场举行。

1950年，西南军区文工团在佛图关成立，后改名为西南军区战斗文工团。

1946年的《重庆市区街道图》将佛图关城门标为"大关门"，"大关门"内标有4座牌坊，与佛图关相距约1.5公里的七牌坊处标注了7座牌坊，没有城门。这11座牌坊后因修建道路和房屋被损毁，余下牌坊在"文革"中被作为"四旧"拆毁，仅在大坪七牌坊还残留了20块清代石碑。在笔者所著《重庆湖广会馆——历史与修复研究》一书中，使用了20世纪20年代日本人岛崎役治拍摄的一幅重庆城门和牌坊的老照片，当时疑为大坪"七牌坊"。详细对照1946年的《重庆市区街道图》，可基本确定此照片拍摄的是佛图关城门和城门内的牌坊。由于此处牌坊、城墙、城门雄伟壮观，从摄影视角来看，牌坊与城门组合的画面构图也很美，故陪都时期中央银行发行的纸币和印花税票上，都将此牌坊和城门的照片用作票面图案。重庆市社科院邓平研究员就保存了几张印有佛图关城门和牌坊照片的纸币和印花税票。

打枪坝水厂

位于通远门附近的打枪坝，是民国时期修建的重庆市第一座正规大型自来水厂。

潘文华任重庆商埠督办公署督办后，为了解决多年来城市居民生活依靠井水和下河取水的不便，决定兴建自来水厂。修建自来水厂是一件需要巨额投资的大事，为取得各界支持，重庆商埠公署在1927年的《重庆商埠月刊》第二期登载："重庆人民饮浊水生疾病，遇火灾救火难，为市民卫生，救火取水敏捷，兴办自来水厂是当前第一要务。方案有二：一是官办，二是商办。官办由市府募集短期公债办理，商办由市民集资办理。若士绅不办，此系政府责任所在，决不任由自来水事业长期不办。"1926年至1927年初，兴建自来水厂得到商界支持，各界筹资取得进展。1927年春，重庆商埠督办公署成立了重庆自来水厂筹备处，推选汪云松等13人为筹备委员，汪云松担任筹备处主任，吴蜀奇为副主任。筹备处下设总务、财务、工务3个处。税西恒以商埠督办公署技正名义兼任工务组组长。1929年2月，在筹备处成立两年后，开始了水厂土木建筑工程。新成立的重庆市政府市长潘文华任命汪云松为工程筹备处主任，曾禹钦为副主任，税西恒为总工程师，又邀绅商赵资生、温少鹤等17人组成监察委员会。因打枪坝地势开阔，且在重庆城最高处，可依靠自然高差向城区供水，故水厂选址打枪坝，取水口选在大溪沟嘉陵江边。水厂设备购置委托德商西门子洋行办理。至1932年初，水厂基本建成。1932年2月28日，打枪坝水厂开始向城区试行通水，至1934年2月实现正常供水。

打枪坝水厂建有一座高耸的水塔，成为水厂的标志性建筑物。水塔分台基、塔座、塔身、塔尖四个部分。台基高0.6米，直径11米，台基上有18根直径0.4米的石柱围合成圆形柱廊，石柱高3.8米，柱廊内宽1.5米。塔座用条石砌筑，直径7米，高4米，塔座开有一小门，从此门可上塔顶。塔身为圆形筒体，直径约5米，高约5米。塔尖高约6米。塔身造型优美，西式风格，四方方形，尺寸自下而上收缩，四面开有长方形孔、圆形孔。最高处有8组石柱，两根一组，共16根，柱上托着盔形塔顶。

税西恒（1889—1980），名绍圣，1889年2月17日出生于四川泸县白云乡，1906年就读于上海公学，1909年加入青岛高等学堂，1911年参加同盟会。1912年考取公费留学，入德国柏林工业大学机械系，1917年毕业，获德国国家工程师称号，进入德国西门子电力公司任工程师。1919年回国后，任成都兵工厂总工程师和四川专门工业学校教授。1925年，税西恒主持设计了四川第一座水电站——泸州济和水力发电厂。朱德驻军泸县时，对税西恒的学识和热心经济建设的爱国精神颇为赞赏。1926年，重庆商埠督办公署筹备建设自来水厂，税西恒受聘担任工务组组长，1929年担任总工程师。税西恒受任后全力以赴，夜以继日，主持参与了水厂规划设计与建设的全过程，为重庆第一座大型现代水厂建设作出了重要贡献。1935年，税西恒任重庆大学工学院院长兼电机系主任。1941年任川康经济建设委员会技术室主任。1946年5月4日"九三学社"成立，税西恒当选为九三学社中央委员会副主席。新中国成立后，税西恒先后任重庆自来水公司代经理、总工程师，重庆市政协副主席，四川省政协常委，九三学社中央副主席等职。1980年6月18日病逝，终年92岁。有关部门遵税西恒遗嘱将其骨灰安葬在市中区打枪坝水塔旁，并立碑纪念。

打枪坝是通远门到水厂之间的一处坝子，位于通远门城墙最西面，地处重庆城最高处。打枪坝三面是古城墙，城墙下是鱼鳅石、石板坡和四川省第二监狱（筹建于1917年，1937年6月开始关押犯人，现为重庆市看守所），城墙上是一大块平地，呈喇叭口状，窄处只有几米，由于最窄处形似乌龟尾巴，旧时地名叫"龟尾巴"。平地由"龟尾巴"向通远门城门和领事巷方向延伸，逐步变宽，形成重庆城最大的一块坝子。清代此处设有驻军炮台，由于坝子宽阔，官兵演练射击亦在此处，故名打枪坝，后演练减少，遂被荒废。

光绪二十七年（1901年），重庆海关税务司华特森（亦译为花荪）要求开放打枪坝"以作税关建设"，未获批准。1903年12月，海关税务司华特森再次提出在打枪坝建设税务司公所。在税务司的压力下，光绪三十年（1904年）一月十五日，重庆海关监督、川东道道台贺之彬与重庆海关税务司签约，确定："通远门内打枪坝三营公地永远租与重庆新关自行建造税务司公所；租金为每年库平银200两；租地内建筑概由海关负责，与三营无关。"

打枪坝坝子宽阔，可容纳数万人集会，重庆市的大型集会经常在打枪坝举行。1919年"五四"运动在北京爆发，反帝反封建的爱国风暴迅速席卷全国。1919年6月3日，重庆20余所学校举行罢课，从早晨7时起，1500名学生陆续聚集到打枪坝集会，随后从打枪坝出发，到下半城的道署和镇署请愿。1924年5月9日，重庆各进步团体在打枪坝集会，悼念列宁逝世。1926年5月7日，重庆学生三四千人在打枪坝举行反帝爱国集会，提出"勿忘国耻"、"收回青岛"、"振兴国货"等口号。1926年9月8日，重庆6万市民在打枪坝集会，声讨英国在万县制造的"九·五"惨案。1926年12月1日，重庆各界群众在打枪坝集会，庆祝国民党四川省第一次全省代表大会的召开。1927年3月5日，重庆工农商学兵反英大同盟在打枪坝召开各界群众联合抗英大会，杨闇公发表演讲。会上通过援助上海罢工工人、与英国绝交等15项议案，会后举行

打枪坝水厂高塔顶部

了反英示威大游行。1927年3月31日上午，重庆各界反对英帝炮击南京市民大会在打枪坝召开，遭到刘湘指使的军警、流氓镇压，死者137人，伤者上千人，造成震惊中外的"三·三一"惨案。

清代有伍福宫、桂香阁建于打枪坝。20世纪20年代，重庆第二短波无线电台设于打枪坝。打枪坝水塔于2008年列为重庆市优秀近现代建筑，2009年12月15日被列为重庆市文物保护单位。打枪坝街名后来并入了鼓楼街。

水塔下的税西恒墓及墓碑

打枪坝水厂净水池

【江北城】
THE CITY OF JIANGBEI

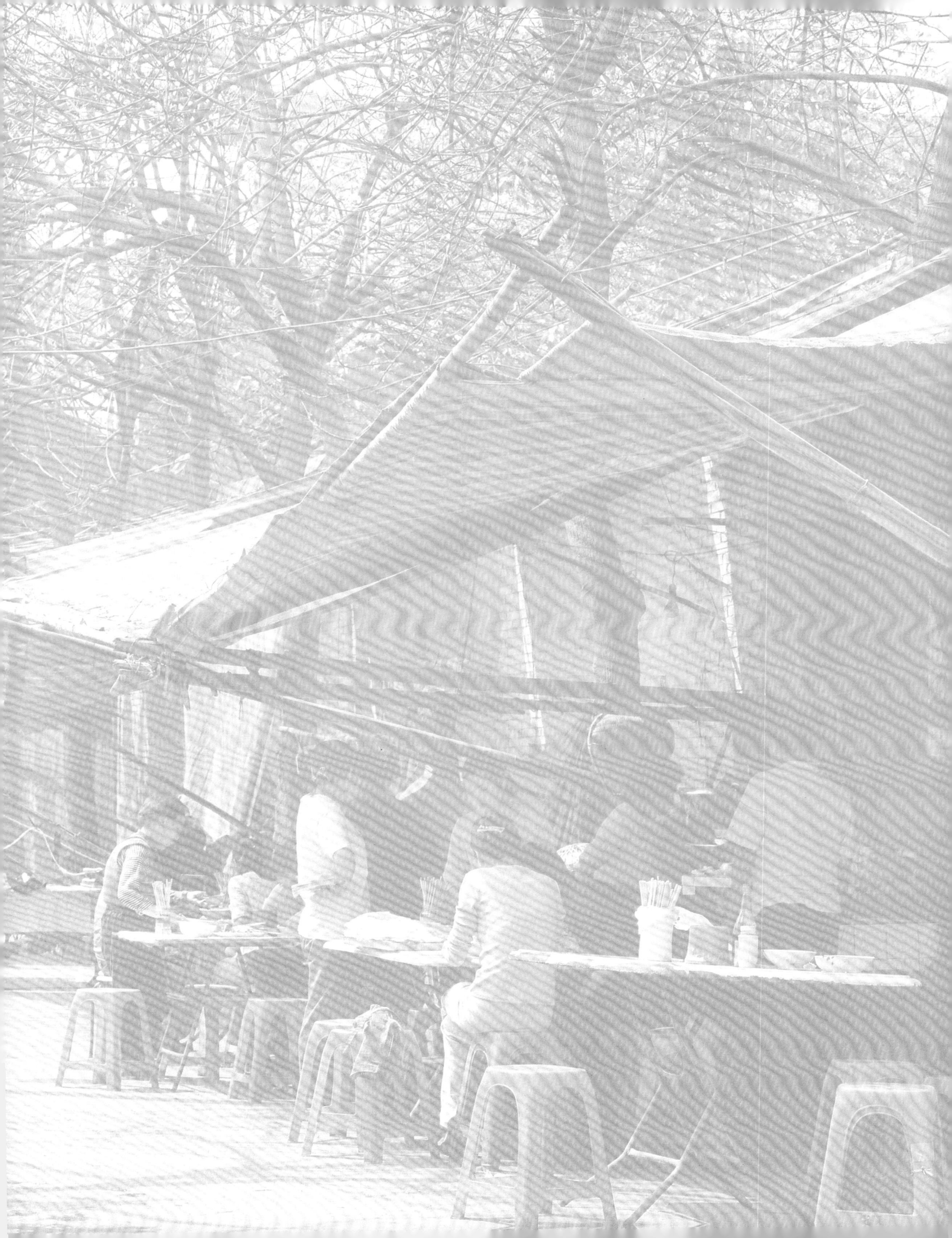

江北城图
The Map of Jiangbei City

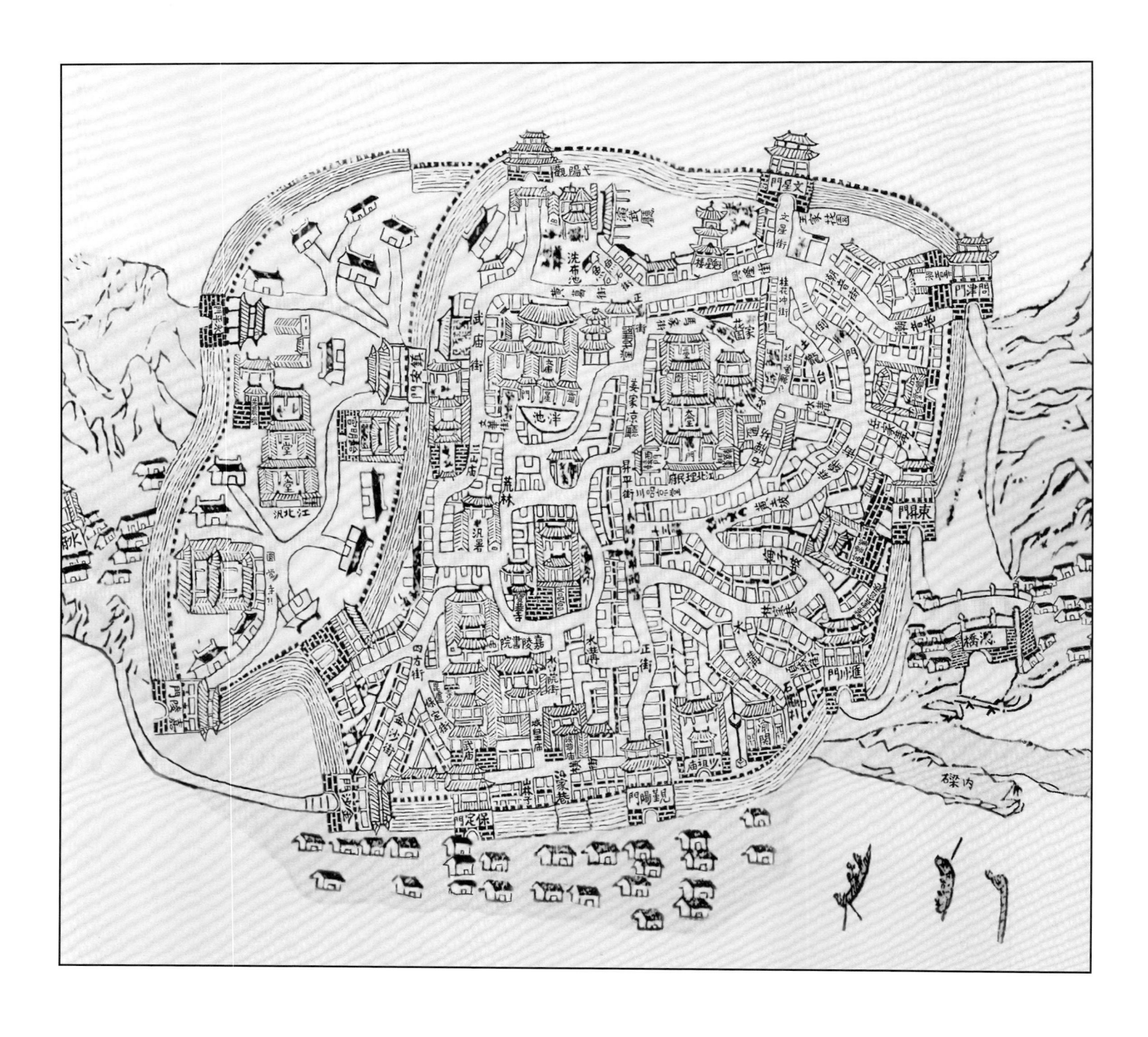

增广重庆地舆全图（江北城）　　光绪十七年（1891年）　　綦邑刘子如绘制

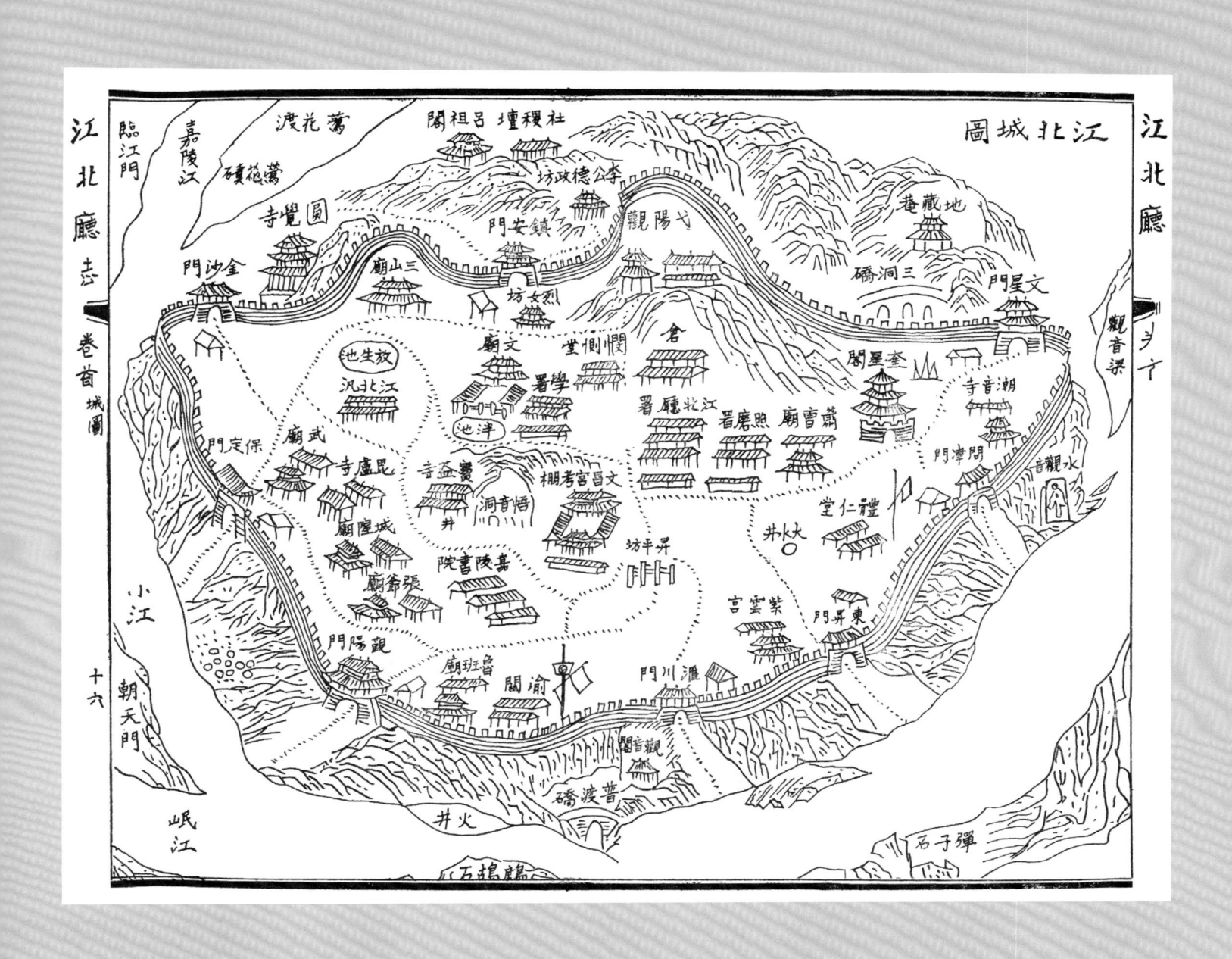

江北城图　　选自《江北厅志》卷首　城图十六　道光二十四年（1844年）

江北城市街图　中华民国二十二年（1933年）绘制

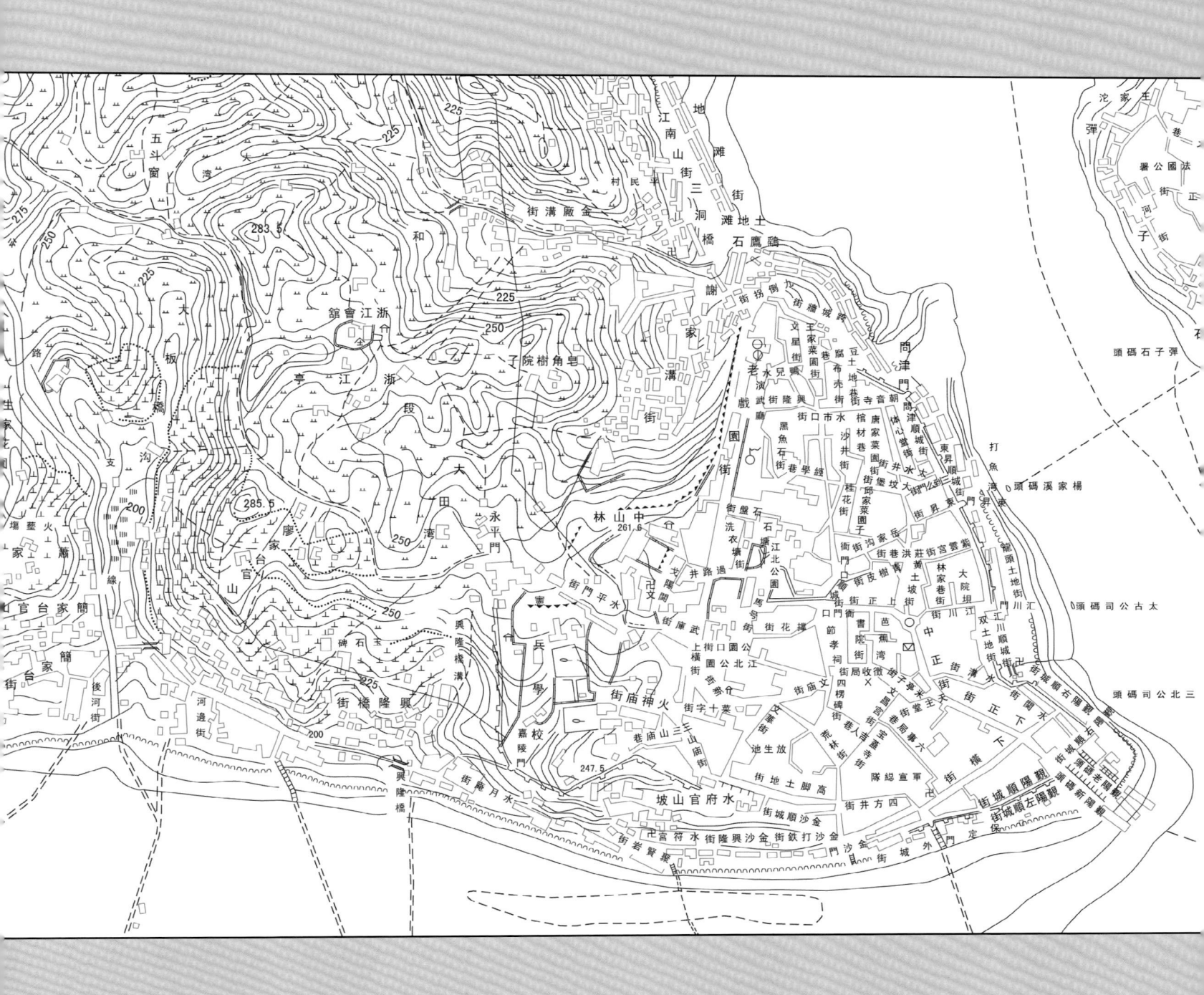

江北城街道图　摘自中华民国三十五年三月军令部第四厅绘制《重庆市区街道图》

关于"江北城"

About Jiangbei City

江北城位于重庆市江北区中部，地处长江、嘉陵江汇合处，故亦称"江北嘴"。江北城东临长江，南临嘉陵江，北面有两条溪沟，一条叫金厂沟、一条叫谢家沟，溪沟上有一座建于道光年间的石拱桥（原名拱北桥，后称三洞桥），西侧是刘家台街道办事处（现五里店街道办事处）的廖家台、简家台。城区内有江北正街、上横街、下横街、武库街、撑花街等84条街、巷、路，面积约1平方公里。

江北城得长江、嘉陵江江水之利，舟楫之便；由于地处沿江冲击土壤沉积地带，且后靠浅丘山林，因而又得地利之便。殷周时代，江北城即成为巴人聚居地之一。巴郡、江州最早的治所曾设于江北城，据今已有2 300余年历史。公元前316年秦灭巴后，秦将张仪于公元前314年在现渝中半岛和对岸的江北嘴一带修筑江州土城，当时的市井中心应在今渝中半岛小什字与朝天门之间，也就是后世所称的"南城"。东汉一个时期内，巴郡郡治和江州县治所移到江北刘家台附近的"北府城"。东晋常璩著《华阳国志》卷一"巴志"记载："汉世，郡治江州，巴水北，有甘橘宫，今北府城是也，后乃还南城。"这是关于"北府城"的最早记载。北府城的具体位置，一般认为在江北刘家台一带，因史载不详，还有待于新的文物考古发现予以证实。

公元前226年，秦灭六国，置三十六郡，巴郡为其中一郡，郡治仍在江州城。三国蜀汉建兴四年（226年），江州都督李严在现渝中半岛旧城基础上新筑"大城"（亦称"南城"），巴郡及江州县治所即从江北嘴的北府城迁至南城。东晋永和二年（346年）江北城属巴郡的枳县。北周武帝二年（保定元年、561年）撤枳县、垫江两县，合并为巴县，此后江北城属巴县管辖的时间长达1 193年之久。南宋淳熙十六年（1189年），朝廷升恭州为重庆府，江北城为重庆府巴县属地。元至正二十三年（1286年），朝廷设陕西四川行中书省，辖九路，重庆府改为重庆路，为九路之一，江北城属重庆路巴县所辖。明洪武四年（1371年），重庆路改为重庆府，江北城属重庆府巴县江北里江北镇，江北镇治所设于江北城。清乾隆三年（1738年），重庆府在重庆城白象街设置同知署管理江北镇政务。乾隆十九年（1754年），重庆府将江北镇划出，升格设置江北厅，新建同知署衙于江北城弋阳观山下，直属川东道重庆府管辖。同知署衙建有房屋37间，设头门、仪门、大堂、二堂、三堂、花厅、厨房各3间，左右设吏、户、仓、兵、刑、盐、工等办公用房共10间，门房左右各3间，署衙内还设有监狱、常平仓、加储仓。乾隆二十四年（1759年），重庆府扩大江北厅管辖范围，将巴县部分地域划入江北厅，形成42个场的规模，史称"江巴分治"，行政机构为江北理民府。道光二十四年（1844年），江北厅设1城、3里、47场。从乾隆十九年（1754年）至民国元年（1912年）158年间，江北厅同知署前后共有45任同知。

清嘉庆至咸丰年间，江北城历经3次大规模筑城。第一次在嘉庆二年（1797年），第二次在道光十三年（1833年），第三次在咸丰十年（1860年）。经过这3次筑城，江北城城垣更加完整坚固。

嘉庆二年（1797年），川、陕、鄂三省爆发白莲教起义。白莲教义军由河南、陕西入川，经达县抵达离江北城仅30里的鸳鸯桥驻扎。3个月后，义军奔长寿而去。为防义军卷土重来，嘉庆三年（1798年），江北同知署同知李在文组织乡绅士民捐款，修筑周长5华里的土城墙，开设嘉陵、镇安、问津、岷江4个城门，史称"嘉庆四门土城"。土城不久即垮塌，嘉庆十一年（1806年）又作修复。

道光十三年（1833年），新任同知高学濂发动绅商集资万金，从巴县请来通晓工程的黄云衢主持改建城垣，将土城改筑为石城。后高学濂调任新职，工程中断。继任同知满洲正白旗人福珠朗阿上任后，又再次张贴告示，劝谕乡绅富商捐助重新修筑城门。福珠朗阿率先捐银一千两，共集资白银三万八千五百余两。工程历时19个月，于道光十五年（1835年）三月建成文星、问津、镇安、保定、金沙、汇川、觐阳、东升八门江北石城。城墙长1 011丈（合3 370米），高三丈（合10米），各门均用条石券拱，券拱空高一丈三四至一丈六七不等，城门进深因地形而异，最浅一丈，最深二丈。各道城门拱顶之上筑城楼一座。镇安门至文星门之间的宝盖山弋阳观设4座炮台。城墙上筑有垛堞，又称"女墙"，以备战时防御射击之用。各道城门上建有城楼，供驻军观察、守备之用。此次筑城，史称"道光八门石城"。八门石城建成后，福珠朗阿用"同知福润田"之名作序，立碑于问津门外。辛亥革命推翻满清朝廷后，因福珠朗阿是满人，此碑被民众打断。抗战时期，残碑下半截还弃于路旁。

咸丰十年（1860年），江北厅新任同知符葆巡视江北城垣之后，感到西北方向防守薄弱，遂筹资重新修筑外城墙，增建嘉陵、永平二门。二门修建后，与正西的镇安门之间形成一处新的区域，称为"江北新城"，符葆把同知署迁至新城。至此，江北城共建有10个城门，分别是：保定门、觐阳门、汇川门、东升门、问津门、文星门、金沙门、镇安门、永平门、嘉陵门，城垣围合面积近1平方公里，史称"咸丰十门石城"。

江北城10座城门现存保定门、问津门、东升门及部分城墙。保定门城门为双券拱，现存城墙高5.8米，长约290米，是目前保存最完好的城门。问津门为双券拱，城墙高6米。东升门也是双券拱，城墙高5.7米。

江北城建成八门石城后，将城内形成的20多条街巷分设为石梁厢、金沙厢、宝盖厢、弋阳厢、落伽厢5厢，城外设上关厢、莺花厢。1929年重庆建市后撤厢设坊，江北城设立8个坊。

旧时江北城内宫庙众多，在光绪十二年（1886年）张云轩绘制的《重庆府治全图》上，标注有弋阳观、文昌宫、鲁祖庙、潮音寺、文星阁、文庙、东岳庙、离明宫、吕祖庙、先农坛、武庙、城隍庙、紫云宫、毗卢寺、张王庙等，另有江北理民府、演武厅、海关、老汛署、嘉陵书院等官府建筑和公共建筑。此外，江北城内还有建于光绪二年（1876年）的福音堂，建于民国初期的圆觉寺，建于1927年的法国天主教堂，建于1929年的江北公园，建于1932年的测候亭等建筑。

弋阳观位于宝盖山上，明正德七年（1612年）建造，清代屡经培修。该观位于全城最高处，居高临下，江北城尽收眼底。1939年5月23日，江北城遭日机轰炸，县政府及各机关损毁殆尽，弋阳观房屋被炸毁大半，从此再未恢复原状。

文庙是江北城最古老的寺庙之一，始建于明代，为尊崇孔子而立，后院辟有孔林。嘉庆十一年（1806年）重建文庙。嘉庆十五年（1810年），江北厅在文庙办学。嘉庆十六年（1811年）修建大成殿三楹、崇圣祠三间、东西庑各三间、钟鼓楼各一间、戟门三间、泮池一处。戟门外建有名宦祠、忠义祠、节孝祠、苍颉祠，棂星门设石坊三座。道光十九年（1839年），同知福珠朗阿对文庙进行培修。宣统元年（1909年），定文庙作为盛大祭祀场所，规模进一步增大。民国时期废除祀典，文庙改为平民医院。1921年，庙后孔林改建为江北公园。解放后为红会医院使用。

大夏国皇帝明玉珍陵墓位于江北城。1982年3月30日，位于上横街洗布塘的重庆织布厂在基建施工时，发现明玉珍墓（史称睿陵）。明玉珍，元末农民起义军领袖，湖北随县人，1352年率部加入徐寿辉红巾军反元，1357年率军入川，攻占重庆。1363年在重庆称帝，国号"大夏"。1366年去世后葬于睿陵。1367年明玉珍儿子明升继位。1371年朱元璋攻占重庆，明氏家族被放逐于高丽国（现韩国、朝鲜）。其后代在韩国、朝鲜繁衍至今已有6万余人。直到1995年，明氏后人终于探寻到祖先的踪迹，来到重庆江北睿陵认祖归宗。之后，常有韩国明氏后裔到睿陵拜谒扫墓。

清至民国时期，江北城内建有不少堂馆、祠堂、大院和私家花园。以慈善事业为主的堂馆有位于潮音寺的体仁堂（建于1736年），位于吕祖阁的尊德堂（建于1800年），位于火炬街的悯恻堂（建于1844年），位于宝善寺街6号的明心堂（建于1875年），位于宝善寺街25号的钦节堂（建于1882年），位于沙井街27号的聚善堂（建于1920年）。宗族祠堂有位于公园村的何家祠堂。移民会馆有位于茅家山的浙江会馆（建于民国初）。大院和私家花园有上横街6号的"学庐"，水市口32号的西式大院，常家巷的常家院子，团结巷的白家院子，高脚土地的尹家院子，精学街20号的邓家大院，以及江家花园、张家花园等。

第一次鸦片战争后，外国教会开始大批进入西部和重庆。道光三十年（1850年），法国传教士将天主教传入江北。咸丰四年（1854年），法国传教士李方济在江北城购买民房作经堂，名"博经堂"。同治十三年（1874年），基督教传入江北。光绪至民国时期，江北城的教堂、教会有江北正街的真原堂（建于1879年），天主堂街8号的天主堂（建于1879年），江北正街166号的卫理公会基督教福音堂（建于1900年），米亭子9号的圣女德肋撒天主教堂（建于1927年），孙家凉亭街2号的真耶稣教江北分会（建于1938年）等七八处。

民国二年（1913年），全国宣布废府设道，江北厅改为江北县，隶属于四川省川东道，县治仍在江北城。1911年11月22日重庆蜀军政府成立后，在江北城三山庙开办"蜀军将弁学堂"。1927年，重庆市政督办公署在江北城设江北市政办事处。1929年2月15日，重庆市政厅改为重庆市政府，江北市政办事处改为江北市政管理处，仍驻江北城。1933年勘定重庆市界时，江北城被列入重庆市区。1935年1月重庆分区设署，撤销江北市政管理处，成立重庆市第五区区公署。1936年市政府编纂的《重庆市一览》中，对江北城作了如下描述："旧城由觐阳门起至衙门口止，为全城繁盛之区，长约

- 179 -

一里，各商麋集。余皆僻街小巷，纯为住宅区……江北城中未建有马路……市街仍与百年前无异，与重庆一水之隔，而相距时代约一世纪之遥。"

1939年5月，重庆升为中央直辖市，巴县和江北县迁出市区，巴县县政府迁人和乡（今九龙坡区华岩镇冷水场），江北县政府迁至两路镇。过去认为江北县、巴县政府迁出市区是因为重庆升格为直辖市，实际上当时疏散主要还是为了躲避日军轰炸。在国民党江北县委员会向市政府一份呈报中有如下记载："（1939年）五三、五四敌机滥炸重庆后，重庆卫戍司令部即令饬江、巴各机关限期疏散。12月，敌机炸烧江北县城，损失惨重。刻下县党部及县府俱已无法办公，县政府迁至两路镇武庙。职会迁移江北两路镇附近青龙嘴，距县城50里，地点尚属安全，业已于22日开始正式办公。"江北县政府迁出后，同年在江北城设立重庆市第九区，在江北城设米亭子、木关街、四方井、体仁堂4个镇，区公署驻米亭子。

抗战期间，一些工厂、机关、军事学校、报社先后迁到江北城。1938年，中国植物油料厂设在东升门。1939年，卫戍司令部江北仓库设在演武厅，军政部军服厂设在武庙街关岳庙，重庆防空司令部高炮阵地设在弋阳观，《汉口每日新闻》设在米亭子27号。1940年，四川榨油厂设在紫云宫。1941年，宪兵学校设在萧朝街（亦称萧朝庙）。1942年，川康盐务局重庆分局设在江北正街88号。1943年，西南高级商业职业学校设在武库街，军需学校学员班设在桂花街。1945年，《大众周报》设在木关街9号。1946年，中央警官学校第三分校设在江北城。随着外来人口迁入，江北城人口猛增，据重庆市警察局公布，1938年，江北境内（指第五区）人口为64 413人，1945年即达到167 500人。

抗战期间，江北城内的基督教福音堂成为宣传抗战的主要活动场地。国民参议员邓颖超、史良、沈滋九受江北县妇女慰劳分会邀请，于1939年"三·八"节到福音堂作抗日演讲。治平中学师生和不少爱国团体在福音堂组织各种抗日救亡活动。江北公园战时被军队接收作为练兵场，部分林地花园被夷为平地。

江北城与江对岸的重庆城自古以来就有着密切的联系，特别是三大古渡历史悠久。三大古渡一是鲁班渡，从江北嘴到朝天门；二是宝盖渡，从保定门到千厮门；三是莺花渡，从金沙门至临江门。江北老城和重庆老城之间的人流物流主要通过这三大古渡往来。明清时期，江北城码头是铜、铅和粮食、川盐出川的中转港。清代江北升为江北厅之后，江北城有正街28条，市场店铺遍布其间，各业市场相继涌现，商业贸易形成一定规模。当时的市场主要有米亭子的粮食市场，江北嘴的水果市场，兴隆街、三洞桥的竹器市场，金沙街的铁器市场，廖家台、简家台的木器市场，木关沱的食盐、旱烟市场等。江北老城除了在江边的坡地上因地制宜修建房屋，形成"重屋垒居"的山地街市景观外，江边聚集的木船也形成热闹的江上水市。《华阳国志·巴志》对此有"结舫水居五百余家"的记载。所谓"结舫"，即用木板将数只木船连接成舫船，类似今天的囤船，船民定居舫船上，接待顾客，经营买卖。据光绪十年（1884年）重庆厘金局记载，经常停靠在江北嘴上下各码头的木船在千艘以上。当时江北城的繁华状况，远非一般江边小镇可比。

重庆开埠后，江北城成为重庆重要对外通商口岸和货物中转站，河岸堆场遍地，江边樯桅林立，繁荣程度仅次于对岸的朝天门。1921年，重庆商埠督办杨森划江北城为新商业区，成立新商埠工程局，并从市商会调拨银元20万，修建沿江堤岸码头。次年因发大水，修建的堤岸被洪水冲毁。1927年，重庆市区最大的市民公园——江北公园在江北城建成。1927年，重庆市政厅长官潘文华下令拆除江北城垣，用其石料修建沿江堤岸。1928年10月，江北城开始再次拆除城墙，修建打渔湾码头、汇川门码头、木关沱码头。1932年在江北城建立自来水厂，江北城开始用自来水。1935年，大溪沟火力发电厂向江北送电，江北城一带开始有电灯。1938年，重庆轮渡公司开设朝天门到江北城的轮渡航线。1945年在下横街设立电话局，设有20门总机一台。陪都时期，江北城设有觐阳门码头、打渔湾码头、杨家溪码头、樱桃溪码头、汇川门码头、保定门码头、金沙门码头、水府宫码头8个渡口码头，3处轮船停靠港口，10多条客运货运航线，江北城与重庆城、南岸和外地之间的联系更加便捷。1952年3月，自江北城镇安门到五里店全长4.55公里的江北公路（五江路）建成，成为解放后江北区境内修建的第一条公路。1959年1月，在汇川门新建水厂，全年供水33万吨。1964年，公交公司开通观音桥至上横街的101路客运线路，成为江北区第一条公交客运线路。1982年1月，江北城金沙街与市中区沧白路之间修建的嘉陵江客运索道投入运行。

1950年6月，重庆市原第九区、第十区合并为重庆市第二区，第二区政府在香国寺仁家花园2号办公。1954年，第二区在江北城设立米亭子、木关街、三洞桥3个街道办事处。1955年，重庆市第二区更名为重庆市江北区，办公地点仍在香国寺（1993年3月迁驻华新街）。1958年，江北城3个街道办事处合并为米亭子街道人民委员会。1966年米亭子街道人民委员会更名江北城街道办事处，1968年改称江北城街道革命委员会，1978年恢复江北城街道办事处。1988年11月28日，江北区区划调整，撤销原三洞桥街道办事处，将原三洞桥街道第一、第二、第三、第四段约0.5平方公里范围的1 431户、3 600人划入江北城街道。江北城街道下设23个居民段、108

个居民小组。1998年11月，合并成12个居民段、104个居民小组。2001年6月28日，合并成6个社区、84个居民小组。6个社区分别是保定门社区、永平门社区、中山林社区、文昌街社区、岳家沟社区、三洞桥社区。

保定门社区位于江北城辖区南部，2001年6月由火炬街、保定门两个地段合并而成，社区范围南至嘉陵江北岸，北至上横街口，东至江北嘴，西至火炬街一带，常住人口3 048户、8 411人。

永平门社区位于江北城西北角，2001年6月由茅家山、永平门两地段合并而成，社区范围东至洗步塘街，南临五里店街道的刘家台，西与五里店街道皂桷岭接壤，北接五里店街道永平门合作社、茅家山合作社，常住人口2 045户、5 238人。

中山林社区位于江北城腹心地带，2001年6月由芭蕉院、中山林、撑花街3个居委会合并而成，社区范围东接江北正街、南至小市场、西至中山林、北接水市口一带，辖区常住人口2 213户、6 639人。

文昌街社区位于江北城东南部，2001年6月由汇川门地段、原保定门地段第五段、原文昌街社区第三段合并而成，社区常住人口2 500户、7 500人。

岳家沟社区位于江北城东部，频临长江，2001年6月由原岳家沟、水市口两地段合并而成，社区范围南至江北正街中月台、油脂厂，北至野猫洞、老城墙，西至测候亭、女职中一带，东至长江西岸，常住人口2 695户、7 250人。

三洞桥社区位于江北城北部，地形特征为西高东低，由原谢家沟、金厂沟、三洞桥3个地段合并而成，北与溉澜溪连界，南靠老江北城，东临长江，西临五里店南方上格林居住小区，辖区面积0.5平方公里，常住人口1 262户、2 883人。

从20世纪50年代至80年代，江北城内新建了不少建筑，市政设施也逐步得到完善，居住人口达到5万多人。为了解决居民就业问题，从"大跃进"时期到七八十年代，江北城兴办了不少街道和集体工厂，仅1958年就开办了87个民办工厂和生产组。当时除区委区政府外，区政府很多部门都在江北城简陋的办公室办公，小小的江北城人气还很旺盛。1966年1月19日，随着嘉陵江大桥通车，江北区重心向观音桥地区转移，江北城的发展就缓慢下来。由于江北城房屋陈旧密集，市政基础设施差，居民普遍较为贫困，需要进行整体旧城改造，从1993年起，市、区政府开始对江北城实施"规划冻结"。

2003年江北城整体拆迁前，辖区内有大小街、路、巷106条，其中五江路、勤俭路、下横街、江北城正街、红会路、上横街、洗布塘街、火炬街、桂花街等14条街路可通汽车；五江路、勤俭路、下横街、江北城正街、上横街、洗布塘街、红会路、桂花街等8条街路为主要交通干道。据1985年统计，辖区有纺织、机械制造、水陆运输、塑料工业、食品工业、印刷和建筑等七大类43个中小型工业企业。

2003年春节后，江北城拉开了大规模拆迁序幕，拆迁范围包括江北老城全部和周边一些地段及"城中村"，总面积约3 000亩，拆迁房屋175万平方米，户数17 800户，涉及8万余人，137个企事业单位。经过约3年时间的大拆迁，除留下3座城门、睿陵、测候亭和索道站外，其余建筑全部拆除。根据新的规划定位，江北城和对岸渝中区以及南岸弹子石一圈约10平方公里将建成为重庆市的CBD（中央商务区）。

在拆房队伍开进江北城之后，一位企业家出面对江北城部分老建筑进行了保护性搬迁，他就是重庆金阳房地产开发公司董事长刘达平先生。当刘达平带领公司领导团队来到江北城时，全城居民大部分已经搬迁，只剩下即将拆除的老房子，他当即做出一个大胆的决定：将江北城有历史价值的老建筑买下来，再通过规划设计易地整合重建。他随即组织人员对待拆的吕祖阁、文昌宫、圆觉寺、老戏园子、老洋房子、刘家院子、织布厂、公园街西式公馆和江北公园大门等建筑进行测绘，再将老房子的砖、瓦、木、石等构件和材料逐一拆卸编号运到南岸暂存。之后金阳公司委托重庆大学建筑设计院进行规划设计，将这些老房子在南岸复建。复建工程历时3年，除吕祖阁还在修建外，其他迁建房屋复建工程已全部完成，形成的街区命名为"重庆映像"。这一历史建筑群易地迁建保护项目引起各界关注。经笔者和专家推荐，市文化局（文物局）上报市政府批准，"重庆映像老建筑群"于2009年12月15日被公布为重庆市第二批文物保护单位。

本书展示的江北城老照片和对其历史的考证，将成为人们对江北老城永远的记忆。

江北城
Jiangbei City

拆迁前的江北城

江北城全貌

  江北城地处长江、嘉陵江汇合处。公元前314年，秦国大夫张仪修筑城垣，设巴郡、江州治所于江北城，因位于嘉陵江之北，史称"北府城"。三国蜀汉建兴四年（226年），江州都督李严在现渝中半岛旧城基础上新筑"大城"（亦称"南城"），巴郡及江州县治所即从江北嘴的北府城迁至南城，距今1 780余年。乾隆十九年（1754年）重庆府置江北厅，驻江北城，设理民府。乾隆二十四年（1759年），重庆府扩大江北厅管辖范围，将巴县部分地域划入江北厅，形成42个场的规模，史称"江巴分治"。1913年废厅设县，江北厅改为江北县，县治仍在江北城。

  1921年11月，重庆商埠督办公署划出江北城及附近居民集中的街市为"新商业区"，成立新商埠工程局，着手改造江北城码头和沿江堤坝，江北城区建设开始起步。1928年10月至1929年6月，重庆商埠督办公署改造觐阳门码头，修筑平台两处，同时修建了码头石梯，建成后称为"新码头"。1939年重庆轮渡公司在觐阳门码头设置趸船，开通到对岸朝天门的轮渡。1939年5月，江北县政府迁至两路镇，同年在江北设立重庆市第九区，区公署驻江北城米亭子。1940年3月至10月，重庆市工务局为了防避日机空袭造成大面积灾害，在江北城开辟太平巷（防火巷），拆除旧房1 022家，拓宽10米至15米道路19条、全长7 041米，修建广场一处，停车场3处，会车场4处，形成江北城内交通环道并连通三台（廖家台、简家台、刘家台）。此为民国时期江北城较大规模的一次城市改造建设。

  新中国成立后，江北城属重庆市第二区管辖，区政府在香国寺仁家花园2号办公。1954年，江北城设立米亭子、木关街、三洞桥3个街道办事处。1955年，第二区更名为江北区，驻地仍在香国寺。1958年，江北城3个街道办事处合并为米亭子街道人民委员会。1966年更名为江北城街道办事处，辖保定门、文昌街、永平门、岳家沟、中山林和三洞桥6个社区，辖区面积约1.5平方公里。其中三洞桥社区面积约0.5平方公里，老城约1平方公里。1993年，重庆市区两级政府决定对江北旧城进行整体改造，当年开始对江北城街道办事处所辖区域实施"规划冻结"，冻结时间长达10年之久。

  2003年春节后，经市政府研究决定，江北城拉开了大规模拆迁的序幕。经过3年多时间大拆迁，除留下几处文物建筑外，所有建筑全部拆除，原址将建成重庆市的CBD（中央商务区）。

The City of Jiangbei 江北城

撑花街一巷

曾名宣抚坝、县衙坝，后为撑花街附号，1981年更为现名。撑花街一巷街巷狭窄，房屋密集，建造简陋，居住人口多。由于各家居住的房屋小而拥挤，居民多以狭窄的巷道作为公共活动空间：灶台、水池修在巷道，做饭、吃饭、洗漱、洗衣在巷道，小孩们在巷道追逐嬉戏，老人们在巷道拉家常。这种居住环境世代相传，造就了居民之间亲密无间、互帮互助、和谐相处的邻里关系。

撑花街14号

建于清末民初，系江北县县长张氏宅第。房屋门脸顶部带有明显西式风格，朝门上方门匾有赵熙题"艺园"二字。江北城拆迁时，为保留历史遗迹，此匾被拆下，现存于江北区文物管理所。

赵熙（1867—1948），四川荣县人，诗人、书法家、文学家、教育家。24岁中举人，25岁中进士，翰林院庶吉士。光绪二十三年（1897年），赵熙任重庆东川书院院长，为时3年。赵熙还创办重庆文学社，先后致力于重庆教育事业10余年，其门生遍及全川，吴玉章、向楚、杨沧白等巴蜀名人曾受业于赵熙门下。光绪三十四年（1900年），赵熙受光绪帝召，到北京任国史馆编纂。宣统元年（1902年）任江西道监察御史。辛亥革命后，赵熙徙居重庆佛图关之下的"礼园"（今鹅岭公园内）。

赵熙25岁赴北京应试，由荣县到泸州乘船经重庆时占有《重庆》诗一首。诗文为："万家灯火气如虹，水势西回复折东。重镇天开巴子国，大城山压禹王宫。楼台市气笙歌外，朝暮江声鼓角中。自古全川财富地，津亭红烛醉春风。"此诗描绘了重庆城独特的山城、江城景致和繁华的街市景象，诗文脍炙人口，流传至今。

撑花街

清末民初，此街住户多以制伞业为生，四川方言将伞叫"撑花"，故此得名。撑花街西接武库巷，东连书院街，北临江北公园，南邻文庙街、文华街。撑花街是江北城主要街道之一，街长200多米，周围有江北县政府、江北公园、文庙、江北图书馆等重要公共建筑和场所。街道房屋密集，建筑档次不高，居住人口较多。撑花街临江北公园有一段高石墙和条石护栏，十数株黄葛树从石墙的缝穴里长出，树冠巨大、枝叶繁茂，形成撑花街一道独特的景观。

1913年至1939年，江北县政府设在撑花街。县府大院占地4 262平方米，大门前有石狮子一对，内设大堂、二堂和民庭、刑庭、侦查庭、执行庭、刑所、看守所、监狱，还设有平民识字夜课学校。

江北县政府出口为衙门口老街。同许多县城一样，衙门口是全城的中心，道路四通八达。从衙门口向北，经桂花街、精学街，便到城北各街巷，包括演武厅街、兴隆街、水市口街、奎星阁街、潮音寺街、文星街、王家菜园、大坟堡街等；从衙门口向

西，经撑花街、武库街便到城西各街巷，包括火神庙街、弋阳观、永平门街、兴隆桥街等；从衙门口向南，经书院街、节孝祠街、芭蕉湾便到城南各街巷，包括米亭子街、下正街、文庙街、文昌宫街、六事局巷、下横街、四方井街、放生池街、高脚土地街、金沙打铁街等；从衙门口向东，经江北正街、岳家沟可通城东各街巷，包括东升街、林家巷、汇川顺城街、天主堂街、双土地街等。

衙门口设有考棚，始建于道光十四年（1834年）。1911年11月22日，重庆革命党人发动起义，成立蜀军政府，在江北城考棚设蜀军将校学堂，后改名蜀军将弁学堂，总办为湖南人孙吴（后为江津人龚廷栋）。将弁学堂在重庆招收学员400人，编为4队，程度较高的编为速成队，学员半年毕业，分配到川军第五师，刘伯承即毕业于速成队。其他学员一年半毕业。1912年3月，成渝两地军政府合并成立四川军政府，学员转入四川陆军军官学堂第三期，1913年毕业。蜀军将弁学堂停办后，江北首富唐超洲在此创办江北中学。

撑花街二巷

原名马号街,1981年以撑花街派生加序号更为现名。撑花街二巷房屋建造档次较低,多为一至两层的砖房或板壁房,房屋建造布局无定式,没有完整的街区,街巷房屋基本是纯居民区,外来流动人口在此居住的也不少。街巷坡地、堡坎和树木较多,树木以黄葛树、刺桐树为主。

上横街16号

位于上横街巷道内,四层砖结构建筑,属江北城结构较好的房屋。

清道光年间,江北城有上横街、中横街、下横街3条横街。后中横街街名被取消,上横街、下横街街名留存至今。上横街长约170米,因横贯于江北厅衙门后坡上,故得名。上横街是江北区土布业集中地之一。20世纪40年代,江北区土布生产者多达3 000多户,相当部分土布生产和销售集中在上横街。

抗战时期,为防避日机空袭带来的火灾,政府在人口密集区开辟火巷马路,上横街马路得到拓宽。1952年,为了改善江北城的交通条件,开始修建从上横街到红土地的江北公路,全长4.4公里,其中上横街到五里店一段长3.21公里。1953年,修建上横街穿过江北城中心至江北嘴的永衙路(后改称江北嘴路)。当时修建的标准不高,均为泥结石路。1966年至1968年,对这两条道路作了沥青混凝土表面处理。1985年,政府投资将上横街马路改为混凝土。

重庆织布厂(前身为1950年创立的"江北码头工人生产合作社")位于上横街39号,20世纪80年代为重庆市最大的色织布厂,时有职工2 900人(含退休职工),年生产各类布匹400万米。市级文物保护单位,大夏国皇帝明玉珍睿陵位于上横街洗布塘重庆织布厂内。

上横街33号

此建筑过去规模很大，呈"凹"字形，左右为两座对称的厢房，正中为主楼。抗战时期主楼被日机炸毁，以后没有再修复。民国时期，房屋为民心袜厂所用。现存建筑面积227平方米，砖木结构，一楼一底。外形为西式风格，砖柱表面做有灰塑图形，柱顶上有大白菜装饰浮雕，两层楼房做有6个小巧的券拱。内部木构件雕工细腻，表面镏金，显得典雅秀美。建筑设计精致，做工考究，过去被列为江北区重要文物点。

"文革"初期重庆有名的"8·28事件"发生在上横街。1966年8月27日，重庆大学"8·15"战斗团到江北城串联，在上横街张贴"集中火力，炮轰市委"的大标语。当时在下横街小学集中学习的200多名教师不赞同大标语的说法，遂到上横街用"毛泽东思想万岁"标语覆盖"集中火力，炮轰市委"的大标语。8月28日，重庆大学"8·15"战斗团串联江北城部分学生和群众找教师们辩论，双方由此发生摩擦和冲突，造成"文革"初期在重庆轰动一时的"8·28上横街事件"。

上横街6号老房

亦称"学庐"，建筑始建年代不详。20世纪五六十年代做过翻修，后又经居民自行改建，现还保留原来的八字形朝门和木门。朝门上方门匾书"学庐"二字，朝门左右两侧各有一竖匾，匾上文字已经消失。

清末民初，上横街是富商巨贾宅院集中之地，其中的"唐家院"、"江家葡萄院"，还有上横街与下横街之间高脚土地的"尹半城"等大院建造豪华，在江北城家喻户晓。这些大院多为规模宏大、建造考究的四合院落，进大门有一方形四面滴水的天井，天井左右是厢房，正面是堂屋和后房，规模再大一些的还有两进、三进院落。现存历史照片中，有一幅拍摄于20世纪20年代的宽幅照片，拍摄地点应在南岸重庆烟厂一带。照片上，除渝中区半岛街区房屋密集，封火山墙起伏跌落，屋顶脊饰丰富多彩，亭台楼阁星罗棋布外，远处的江北城也是房屋此起彼伏，层层叠叠、顺坡而上，大院封火山墙形态各异，构成江北城独特的街市景观。

下横街

下横街在保定门和觐阳门之间，与城墙大致平行，一端与下正街、正街相连，另一端与六事局巷相通。清道光年间，此街横贯于江北厅衙门后坡下，故得名。1981年将下横街2号至28号并入觐阳门，同时将金沙街1号至50号并入此街。下横街27号、29号、35号民居是比较典型的清末民初院落，被列为江北区重要文物点。下横街27号房屋为两进四合院落，外有高大的封火山墙，内有精雕细刻的撑拱、雀替、挂落和冰凌纹木窗，木裙板上雕刻有吉祥杂宝。

下横街过去亦称横街，与邻近的江北正街、六事局同为江北城历史悠久、人文积淀厚重的老街。嘉庆十一年（1806年），江北厅同知张瑞溥发动士绅捐资，并带头捐银1 000两，在横街创立嘉陵书院，街道名亦称嘉陵书院，后因此地设有糖税局等6个机构而改名为六事局。1981年街名又恢复为下横街。

下横街、江北正街、下正街、天主堂街、六事局等处有法国天主教多处房产，均系重庆天主教用第一次江北教案赔款和其他款项购买。第一次江北教案发生于光绪年间，由于江北天主教会势力日盛，教徒有恃无恐，加之洋教与中国传统信仰格格不入，教会与民众之间的矛盾日益加深，光绪二年（1876年）三月，江北民众与教会的积怨终于爆发，数千乡民手执刀矛土枪冲入江北城内，捣毁教堂、医馆数处。消息传出，川东为之震动，川东道、重庆府及江北厅当局竟一时束手无策。地方政府与法国教会在交涉处置事件过程中，因法国神父范若瑟从中作梗，提出的条件太苛刻，以致事件拖延两年多仍未解决。直至光绪四年（1878年），四川总督丁宝桢到重庆阅兵时，奉清朝廷旨意，限重庆当局三日内必须议结江北教案，最后才以法国驻京公署撤换神父范若瑟，中国政府赔偿教会二万九千两白银的方式结案。光绪五年（1879年）八月，重庆天主教区用此赔款买下了江北横街周边正街、下正街、天主堂街、六事局等处房产93间、540方丈的"永租权"。光绪二十六年（1900年），卫理公会福音堂在江北正街购置房屋3栋。

1923年，江北邮政支局在下横街设立，隶属川东邮务管理局，此系江北最早的邮政局。1923年，黔军袁祖铭部第十旅驻江北城横街。黔军与刘湘的川军时常为争夺势力范围交战，地方民众深受其害。直至1926年，刘湘驱走黔军，四川为刘湘势力所控制，重庆地方局势始趋平静。1923年，崇新戏院在江北正街创立，1929年改为渝北舞台。1931年11月，川康盐务局重庆分局在江北正街89号修建盐仓。1935年，在江北正街建立了江北县综合性社会文化教育机构——民众教育馆。1937年，江北屠牲帮在下横街92号修建"张爷庙"，庙内开办屠牲帮子弟小学——私立宏达小学。1953年，私立宏达小学改为下横街小学。20世纪70年代，下横街小学在扩建学校时，张爷庙遗址被全部拆除。

解放后，江北剧场在江北正街91号建立，作为江北区川剧院（前身为1950年10月组建的民友川剧团）的演出场所，并接待外来戏剧、歌舞、杂技等艺术团体演出。1954年至1984年，江北剧场先后经过5次改扩建和装修，有观众席位1 185个，成为江北区规模较大的演出剧场。重庆有名的"江北提丝发糕"发源于下横街，为李九江师傅研制，该食品1984年被评为重庆名特小吃。

岳家沟

清末,有岳姓人家在此沟旁开药店,出租水桶,兼卖草药,故此得名。岳家沟位于东升门与问津门之间,与三家腰门相连,街巷附近建有慈善机构"体仁堂"。岳家沟坡度较大,有几段石梯,上到顺城街,下与东升街连接,东升街与东升门相通。岳家沟街巷宽窄不一,弯曲回转,石梯较多,房屋简陋低矮,多为砖木、砖柱夹壁房屋。

1966年设立江北城街道办事处,下辖6个居民段,岳家沟为其中一个居民段。2001年6月,江北区政府推行大社区制,重新组建江北城街道办事处,将原12个地段调整为6个社区,岳家沟、水市口两个居民段合并后组成岳家沟社区。新组建的岳家沟社区范围包括了江北区正街、黄坡村、岳家沟、桂花街、精学街、邱家菜园、王家菜园、水市口、奎星阁、潮音寺、三家腰门、东升门、问津门、文星门、老戏园等25条大小街巷。社区内主要社会单位有重庆市女子职业中学、重庆市124中学、体仁堂小学、女职中艺术幼儿园、江北城街道幼儿园、江北区川剧团、江北港埠公司、江北百货公司、公路运输公司、江北饮食商店、水市口菜市场等。区级文物保护单位基督教福音堂位于该社区。

洗布塘街

清道光年间，此地有一水塘，有织布人家在此水塘洗涤色布，后形成街道，取名洗布塘街。洗布塘街位于江北城较高处，北面是中山林，南面是江北公园，街长约270米。

1886年张云轩绘制的《重庆府治全图》上，洗布塘街称洗布池，位于一座未标名的城门内，城门城楼上标有"渝北钥匙"四字。城门内有弋阳观、神龙池庙、较场、演武厅和文昌宫。

文昌宫为道光十三年（1833年）修建，内设考棚，可容千人考试。光绪三十年（1904年）光绪下诏停止科举考试，兴办新式学堂，文昌宫因之废弛。1939年文昌宫遭日机轰炸，损毁严重。1939年，重庆卫戍司令部在演武厅设立江北仓库。1942年，当地乡绅在洗布塘79号开办洗布塘私立小学校。

武库巷

清代，此地建有兵器库，形成街道后称为武库街，后将弋阳观并入此街。清代武库街在镇安门内，镇安门内有文庙、学署。文庙规模宏大，内有泮池（旧时学宫前的水池），文庙旁建有文星阁。武库街之下有三山庙和东岳庙。

1981年，武库街更名为武库巷。武库巷东面是江北公园，西面是永平门街，南面是上横街、火神庙街，北面是洗布塘街和弋阳观。

弋阳观建于明正德七年（1512年），位于全城最高处，清代屡经培修。1914年，穆斯林教胞张馨庭等集资，购买弋阳观地产修建了重庆清真寺。因重庆城内有清真寺西寺（位于中兴路清真寺巷）、南寺（位于苍平街，现邹容路上段），此寺位于江北，亦称北寺。1939年5月23日，清真寺房屋大部分毁于日机轰炸。

1935年，《积江日报》报馆设在武库街。由绍毓麟任主编的英文报《自由西报》（1939年5月1日创刊）设在武库街。陪都时期，国民政府军委会政训室设在武库街63号，西南高级商业职业学校于1943年迁入武库街。

武库巷的任家院子是江北区重要文物点。任家院子建于清末民初，拆除前正堂的挂落、雀替和斜撑等构件完好，表面镏金还熠熠生辉。大院朝门用石料雕打而成，门框上的石质雀替有雕花图案，门楣上嵌有"江城如画"石匾。此房屋拆迁后，江北区文物管理所将"江城如画"石匾取下，现安放于江北嘴中央商务区中心公园的石门上。

永平门

位于武库巷西南侧，因邻近永平门而得名。永平门在江北城西北侧，系道光年间修建的城门，取永保平安之意而得名。清末此处居民增多，形成街道，取名永平门街。1981年更名为永平门。先龙坛、尊德堂和治平男中学校位于永平门附近。

1914年，重庆富商杨文光在永平门内开办"贫儿院"，后改为"平儿院小学"，此为民国时期江北县创办的第一所私立小学。1949年平儿院小学开办初中财会班，更名为"平儿院私立中学"。1952年，平儿院私立中学改为市立中学。1953年7月，平儿院中学与私立治平中学合并为"治平平儿院中学"，后来成为重庆市第16初级中学。

2001年6月，茅家山、永平门两个地段合并后组成永平门社区。社区内有上横街、五江路、洗布塘街、武库巷、永平门巷、大坟堡、茅家山村等街巷。主要社会单位有重庆市未成年犯管教所、重庆市女子劳教所、重庆织布厂、浦陵机器厂、重庆漆包线厂、重塑九厂、重塑十二厂、区第四人民医院、新城小学、熊鸭子厂等。

永平村

  因邻近永平门而得名。永平村房屋在20世纪六七十年代多作过改造，以青砖楼房居多。此类砖房每层有通廊，一层居住几户、十几户人家。房间不大，共用一个很小的厕所，炉灶安放在过道上。过去在工厂家属区和普通居民区，这种居住环境和生活条件比较普遍。

  还有一种"干打垒"房屋在江北城数量也不少，主要建造于"文化大革命"期间。干打垒房屋用块石作墙体，槽形水泥预制板作楼板，每平方米造价只需三四十元。1965年至1975年10年间，江北城修建"干打垒"房屋20多栋，建筑面积约20万平方米。

大文堡

位于东升门内。民国初，此处为棺山坡，山坡上有一座大坟，故名大坟堡。1972年以谐音更名大文堡街，1982年更为现名。大文堡北面是体仁堂街、大水井街，东面是三家腰门，南面是邱家菜园，东面是沙井街、桂花街和精学街。由于一些街巷建在东升门城墙之上，部分段落成为半边街。大文堡处于江北城地形较高的坡上，在此可眺望对岸的重庆城朝天门和南岸区的弹子石、王家沱。

王家菜园

　　位于文星门内。王家菜园北侧是旧时的九道拐街和跨城墙街，东面是豆腐巷，南面为兴隆街、水市口街，西侧是文星街。此处原为荒坡，清末有王姓人家在这里开荒种菜形成菜园，因而得名王家菜园。以后住户增多，有一彭姓人家在此街卖鸭子，故此街亦名鸭儿凼。"文革"中改名战斗村，1972年恢复原名。从水市口大街到王家菜园街口有两条岔路，左面一条路到文星街，右面一条路到王家菜园。从王家菜园街巷前行百来米，就到文星门城墙边的高坡上。王家菜园修建的房屋呈半弧形，分布在城墙内的坡地上，下面是沟谷地带。在此坡上可观望长江和南岸的弹子石。

水市口32号

　　曾为黄姓旅长官邸，已有近百年历史。房屋为典型的中西合璧式风格，门窗上口做有尖顶图形，立柱顶部为灰塑大白菜，楼层之间用青砖作变化造型。建筑小巧玲珑，一面为山墙，三面为房屋，内有一处小天井，每层房屋外有通廊，廊道木雕花栏杆完整，房间采光通风良好。院内的天井空间不大，尺度小巧宜人。整体建筑体现了较高的设计水准和艺术修养。

石塘口

  此地曾有一口条石砌筑的水塘，故名石塘口街，1981年更为现名。石塘口西与洗布塘街相连，南通江北公园，东面是桂花街，北面是石盘街和老戏园街。石塘口巷内有几条小支巷和一些空地，还有不少树木。房屋以一至两层的砖房居多，修建较为随意凌乱，分布稀疏，居住者既有原住民，也有不少进城务工的暂住户。由于地势起伏不平，街巷有很多石堡坎和石梯道。从石塘口再向北行，就是一些荒坡和菜地。

The City of Jiangbei 江北城

水市口

清末，一些贫民在此街口卖水，形成市场，故名水市口街，1981年改为现名。水市口在问津门内，东与潮音寺街相连，南连衙门口，西接兴隆街，北通王家菜园和文星街。清代在水市口街建有"潮音寺"。水市口是江北城一条主街，街面较宽阔，店铺密集，商业繁荣。

1963年，水市口小学在水市口街创办，后改为江北区18小学，1973年升格为重庆市124初级中学，1985年将米亭子民办中学并入，成为江北区第三所公办中学。

石盘坡

  此地原来是棺山坡，形如石盘，原名石盘街，1981年更为现名。石盘坡西临中山林，南为石塘口和洗布塘街，北是戏园街，东为桂花街和经学巷。石盘坡街巷较长，街宽约4米，内有一些狭窄的小巷子。石盘坡是江北城主要的次街，房屋较密集，街巷空间肌理富于变化。街巷里住户很多，过往的人流较大，临街开有一些小铺子。小小的街巷摆满了各种物件和灶台、水池、石凳，居民还保持着原有生活方式和习俗。石盘坡是江北老城街区形态和传统生活形态比较典型的街巷之一。

The City of Jiangbei 江北城

邱家菜园

北邻大文堡，南接岳家沟、衙门口，西连桂花街，东临东升街和三家腰门。因曾有邱姓人家在这里种菜为业，故此得名。邱家菜园地势较高，街巷狭窄，房屋低矮，部分段落是半边街，不时有梯道上下。由于房屋密度不大，又是一条小巷子，过往人流很少，街巷显得宁静冷落，小巷里的人家过着恬淡安闲的生活。

林家巷

林家巷位于汇川街和紫云宫巷子之间，面临长江，原名临江巷，后因有林姓人家居住改为林家巷。林家巷内有几座典型民居，其中林家巷3号是民国初期大户人家修建的宅院，八字朝门气势威严，室内雀替、斜撑、挂落、梯扶等木构件的雕刻非常细腻精美。

1936年，国民政府经济委员会在林家巷4号创办中国植物油料厂，经营桐油提炼和出口，此厂为江北区第一家官办企业。1940年4月，国民政府经济部工矿调整处、中国银行重庆分行及中国植物油料厂共同集资450万元，在林家巷附近的紫云宫建立四川榨油厂，此为重庆市第一家机器榨油厂。该厂引进英国、美国、德国的先进榨油设备，加工油料能力为每天40吨。除生产菜油外，该厂还将菜油用净化法炼制代替汽油、柴油作动力油料使用，以供战时之需。1947年7月，该厂更名为中国油脂工业公司重庆厂。1949年12月被重庆市军管会接管。

1950年，中国植物油料厂和四川榨油厂合并为重庆市油脂公司江北油脂储炼厂，隶属西南地区油脂公司。经过多年技术改造和设备更新，该厂成为西南地区规模最大的植物油脂油料生产加工企业，生产的"红蜻蜓"牌食用调和油和色拉油享誉全国。江北城整体拆迁后，该厂迁至九龙坡区铜罐驿镇。

汇川街

因靠近汇川门而得名。汇川门建成于道光十五年（1835年），因其位于长江与嘉陵江两江汇合处，故名汇川门，汇川街与汇川门城墙呈垂直状相连。1929年的地名叫汇川门左顺城街，1956年更名为汇川门左街和右街，1981年两街合并为汇川街。汇川街民居群建筑起伏错落，其中不乏深宅大院，被列为江北区重要文物点。

清末民初，汇川门一带建有大量堆栈和仓库，堆放食盐、粮油、烟叶、杂货、木材等物资。抗战爆发后，江北城商贸发展迅速，云、贵、川、陇等省的山货、药材、食盐、粮油、烟叶、布匹集中于汇川门沿线码头的货场、仓库，再从此处转运各地。据1943年统计，江北城有烟叶仓库和堆栈12处，盐仓2处、杂货仓库1处，其他露台堆栈和货场遍布沿江各处。比较大的堆栈有："国烟堆栈"、"德祥堆栈"、"合川通烟栈"、"老当铺堆栈"、"全记堆栈"、"何记堆栈"、"黄炳荣堆栈"、"恒茂和堆栈"、"寿记堆栈"、"彭云芬堆栈"、"均记堆栈"、"鲁班庙堆栈"等，大的仓库有汇川门的"杂货仓库"、江北正街的"江北盐仓"等。

光绪三十一年（1905年），以江北、合川煤矿为开采范围的"江合矿务公司"总公司在汇川门成立。江合矿务公司的建立还有一些曲折经历。清末，英商立德乐深入江北拓置矿区，修筑铁路，建厂采煤。立德乐通过当地唯利是图的商人和教徒，购买江北厅龙王硐煤矿五窑六厂，在江北建立了华英煤矿公司后，引起江北厅民众和绅商的反对。当时清政府并不允许外国商人在内地购地置产，立德乐擅自在内地置地建厂的行为，已经违反清政府的规定。但江北厅当局慑于英国势力，不敢过问。鉴于民间反对之声日盛，江北厅政府想出了一个委曲求全的办法，即以官督民办的方式，政府支持，绅商出资，于英商尚未涉足之处，再开公司采煤，通过绅商与英商对抗和竞争。1908年，四川总督赵尔丰给北京农工商部呈文，转请批准江合矿务公司试办章程。文中所述，可以窥见江合公司成立之梗概：

"……该厅（江北厅）绅民怵于桑梓之地，利权操之外人，不惟抵制无从，亦恐更遗后患。是以协谋合力，亟欲招集巨资，先将英商未指定之地，设法购归自办，由前任厅崔丞禀由前督部堂批准在案。本护部堂复饬令接署厅袁丞劝集绅商，晓以利害，令其速拟章程，先行试办。随据该丞禀称，业已集绅商定，共筹股本银十万两，先收银五万两，以备开办之用，定名为江合矿务公司，官督商办，并拟就试办章程，恳请核咨等情。"

民国时期，英商太古洋行专用码头设在汇川门外长江边。1925年，江北城乡绅罗文江在汇川门外河坝开设汇江茶园。罗文江爱好戏文，对一些戏文进行改编创新，招收一些无依靠的男童，创办普益科班，聘请川剧名角教唱戏曲。汇川茶园即为科班演出场地之一。1953年，重庆市粮食储运公司在汇川门建立粮库，修建了7座苏式风格仓库。1993年，汇川门粮库储备粮食达3.5万吨。

奎星阁

因清代此处建有奎星阁而得名。1951年更名为魁星阁街，1972年更名为奎星阁街，1981年更为现名。1891年刘子如绘制的《增广重庆地舆全图》上，奎星阁位于文星街西侧。奎星阁于20世纪30年代消失，在民国二十二年（1933年）和民国三十五年（1946年）的江北城地图上，都没有标注奎星阁。

新城村

咸丰十年（1860年），江北厅新任同知符葆为加强西北依山一面防守，重新修筑外城墙，增建嘉陵、永平二门，与原来正西的镇安门之间形成一处新的区域，称为江北"新城"。因此地靠近江北新修城墙，故名新城街，1981年更为现名。民国时期，治平女中、治平男中（重庆16中学前身）、平儿院、体育场以及先农坛、尊德堂都在江北新城内。

文星门

此地紧邻文星门，形成街道后取名文星门街。文星门城门建成于道光十五年（1835年），以民间神话中的文曲星而得名。文星门内建有文星阁，为三层重檐楼阁。城门内形成的街巷在清末叫桂花北街，桂花中街。后来将桂花北街更名为文星门街、兴隆街，桂花中街更名为桂花街。1981年将文星门街更名为文星门。文星门与王家菜园、兴隆街、孙家凉亭、演武厅几条街巷相通。出文星门是三洞桥。

老戏园

位于下中山林北侧。1914年，一名叫罗芹香的女人在此开设茶楼，内设儿童川戏班，取名重光茶楼。罗芹香后来加入重庆新民社川剧班，常在西三街商业场设立的东舞台演戏。1920年4月，罗芹香被黔军总司令王文华看中，将她调去贵阳唱戏。1916年重光茶楼被彭姓人氏买下，专门招收艺人唱戏，取名老戏园街。1981年更名为老戏园。老戏园位于古城墙之内，上与文星门、奎星阁相连，下与洗布塘街和女子职业高中教工宿舍相接。

老戏园巷子里有一座中西合璧式建筑，大门为西式教堂风格，装饰曲线优美，格调典雅。此房除大门保持原样外，墙体和内部已作改造。由于周边修建了不少房屋，巷道十分狭窄，此建筑的大门与新建房屋墙体距离不到2米，已无法从正面拍摄其全貌。

诚厚巷

位于水市口到文星门之间，与文星街相连接。1937年，此处开设有几家鸦片烟馆和妓院，取生意兴隆之意名兴隆街。1939年日机轰炸，此街损毁严重。后重建居民住宅，取诚实忠厚之意改名为上诚厚街、下诚厚街。1973年将上下诚厚街合并为诚厚街，1981年更名为诚厚巷。诚厚巷地势高低起伏不平，巷道转折迂回多变，巷内时有石梯上下，房屋多为青瓦坡顶，房屋间距狭窄，街区空间富有特色和情趣，是江北城比较典型的街巷。

戏园坝

原名衙门口街，位于江北正街东侧。道光十三年（1833年），此处地名叫衙门口后街。光绪十三年（1887年）在此建县衙男监狱，1915年，监狱被拆除。1918年，江北乡绅罗文江、杨启文招收当地贫儿百余人，在此创办川剧科班"普益科班"，故名戏园坝。

金沙打铁街

此街位于金沙门和保定门之间，紧靠江北城金沙门，由于街上住户多以打铁为业，故名金沙打铁街。在清末和民国不同时期的地图上，此街分别标为金沙街、打铁街、金沙兴隆街、金沙打铁街，金沙顺城街。金沙兴隆街得名于1926年，当时街上一家茶馆老板为求生意兴隆，与警察局协商，将此街一段更名为金沙兴隆街。1972年恢复为金沙打铁街，1981年将附近的聚贤岩1号至32号并入。

全国驰名的"汪德轩"菜刀发源于金沙打铁街。1935年8月，四川南部人汪德轩到江北金沙打铁街学艺，经5年苦学苦练出师。1941年7月，他在金沙打铁街租房开店，在制作的菜刀上打上"汪德轩"字样。汪德轩菜刀钢火好，经久耐用，1960年在全国刀剪评比中被评为全国名牌。

江北区重要文物点圆觉寺位于此街。1920年民间开办的"聚善堂"设于此街，时有房屋26间，专事救济孤老、孤儿，施棺、施冢等慈善业务。江北区最早的力帮组织"金青力帮"设于金沙门附近，1928年改名为金青公会，时为重庆最大的力帮公会之一。

圆觉寺

位于嘉陵门与永平门之间，地处金沙门西，面临嘉陵江，门牌号是金沙打铁街98号。据《江北厅志》记载，圆觉寺在道光二十四年（1844年）前就存在。民国时期复建寺庙。寺庙房屋现大部分被拆除、改建，仅存石质大山门和山门前的20多步老石梯。20世纪50年代之后，寺庙被改作民居。现存历史资料中，尚缺对圆觉寺的详细记载。

中山林

1929年，江北县林场从南京引进刺槐、青杨、榔榆等树种，在江北城东北面城墙外植树百余亩。为纪念孙中山先生，树林内建中山亭，得名中山林。后逐步形成街区，改为中山林正街，1981年恢复原名中山林。

抗战时期，为避日机轰炸，江北城机关、单位和民众在中山林岩坡上挖了许多防空洞。为方便行人上下山，市政部门还在山腰修建了一条可骑自行车的道路。当地居民喜欢在中山林聚会、纳凉，学校的宣传队也常到这里教唱抗日歌曲。遇有空袭，人们就跑到中山林防空洞躲避。

2001年6月，芭蕉院、中山林、撑花街3个居委会所辖地段合并为中山林社区。社区内主要街道有红会路、洗布塘街、桂花街、公园路、撑花街、芳林巷、戏园坝、石盘坡、芭蕉院等。主要社会单位有上横街派出所、江北工商所、重庆红十字医院、江北公园、米亭子小学、江北幼儿园、重庆印制九厂、重庆长江编织袋厂等。区级文物保护单位测候亭位于中山林社区。

米亭子

原名衙门口，此地搭建有长亭，清代为米市，故此得名。1935年，重庆市第五区区公署驻米亭子。1956年改为米亭子街，"文革"时期改称战旗街三巷，1981年恢复原名。米亭子与芭蕉园相连，邻近文昌宫，出口到江北正街。

1912年，江北厅在米亭子街13号设立看守所，1931年看守所改为江北县改良监狱。1923年，知名人士江曜三等倡议社会集资，在米亭子创办了第一个书报社，后迁至江北正街福音堂达德社，至1927年因无力购进新书而停办。1939年，《汉口每日新闻》社址设于米亭子27号。1940年，私立米亭子小学在米亭子19号开办。1954年设立米亭子街道办事处，办事处驻米亭子。

米亭子和邻近的江北正街过去是江北城繁华热闹之地，20世纪30年代，川康银行江北办事处、德祥当铺、何家银楼、任家银楼设于江北正街。解放后，人民银行重庆分行江北办事处、农业银行江北区城区营业所、工商银行江北区支行城区分理处也设在江北正街。

2001年6月，米亭子与江北正街、下横街、文昌街、汇川街、吉人巷、常家巷、林家巷、小市场、六事局等街巷合并为文昌街社区。社区内主要社会单位有重庆市江北油脂储炼厂、重庆迅达交通工程设施厂、重庆市盐业江北分公司、重庆公路运输总公司江北站、重庆轮船总公司重庆分公司、江北正街邮政五支局、米亭子小学、下横街小学等。天主教德勒撒堂位于文昌街社区米亭子。

桂花村

与邱家花园和经学巷相邻，过去也叫桂花园、桂花街，因清末此处有一片桂花树，故得名。1886年地图上标为桂花北街、桂花中街，与潮音街、三家腰门相连，街上有"萧曹庙"。1972年将萧曹街、衙门口街并入，统称桂花村，街长约220米。

清代在桂花街建立试院（亦称考棚），光绪二十九年（1903年）在试院设立江北高等小学校。宣统元年（1909年），江北乡绅李蕚等呈请江北厅理民府转呈重庆府核准成立江北厅中学堂，以桂花街原试院为校舍，专设文科，原试院内设的江北高等小学迁六事局。经核准后，江北厅中学堂于宣统二年（1910年）三月正式开学上课，此为江北城区最早的公办中学。女子小学堂亦同时开办，校址设于毗卢寺。民国元年（1912年）江北厅中学堂改为江北县立中学。1924年秋，中学改为三年制，更名为江北县立初级中学。1927年3月31日，该校师生参加了在打枪坝召开的抗议英军炮击南京市民大会。1938年，学校成立"抗日救亡宣传团"和"解放读书会"，开展抗日救亡活动。1939年，为避日机轰炸，学校奉命疏散，迁至江北悦来场徐家坝罗家院子继续办学。

1943年附设简易师范部，1947年增设高中部。1947年11月迁回桂花街原址，更名为四川省江北县立中学。1951年春更名为川东区江北第一中学，由川东行署领导。1952年迁江北复兴场，更名为四川省江北县第一中学校。

江北第一中学从桂花街迁走后，重庆市教育局决定在原址新建中学，1954年教学大楼落成，1955年秋开学，命名为四川省重庆市第36初级中学。1960年秋增设高中班4个，1962年高中部并入重庆市16中学。

1941年6月16日上午10时许，军政部桂花园子弹库（今桂花村73号）发生爆炸，炸毁房屋7栋，炸死警卫14人，居民2人。1941年宪兵学校由湖北芷江迁渝，驻江北城桂花街上萧曹庙的治平中学内，时有运输队、军乐队、学生队、警犬训练班、军鸽训练班、特教班（设北碚蔡家场）、军士队（设璧山来凤驿）。1943年军需学校学员班在桂花街开办。1954年江北城职业中学设在桂花街。

The City of Jiangbei 江北城

邓家大院

位于精学街20号，建于光绪年间。精学街过去叫经学巷，因街内设有"八县考棚"，取尊崇四经五书之意，得名经学巷，1951年更名为精学街。精学街长约160米，与桂花街垂直，与大文堡相连。

邓家大院为中西合璧式风格，结构布局巧妙，造型美观大方。大院由三个院落组成，分前院、中院和后院。前院有一处花园，花园正对一石阶，石阶左右两座石栏上立有麒麟、石象各一座。石栏板上有深浮雕石刻，左边一块是"七仙姑下凡"图，右边一块是"仙姬送子"图。石雕工艺精细，人物形象栩栩如生。邓家大院内的雀替、挂落、斜撑等构件都有精美雕刻，门窗有浮雕和线刻人物、花鸟。

邓家为大户人家，乡下有田土，城里经营商铺，家有三兄一妹，此院由人称"邓幺老爷"的邓家老三居住。邓家老大是收盐税的，与英国商人来往密切。1932年此房曾租给电力公司作宿舍。1945年8月日本投降后，房屋卖给电力公司。

1952年，南岸觉林寺"贫民救济所"30多人迁入精学街，购买织布机10多台，在此开办生产救济所，为纱布公司加工白布。1956年，生产救济所并入共和布厂。1955年，体仁堂民办小学校在精学街开办。

团结院

　　紧靠三家腰门。清末有白姓人家在此修建了两座大院，名小白家院。1972年以团结互助、和睦相处之意更名为团结院。团结院地势较高，外侧是岩坡，岩坡上面是一条狭窄的小道，房屋大部分建在内侧，成为半边街。

三家腰门

位于东升门附近，亦称三道腰门，是一条长约百米的小街巷。因民国初有3个富绅在此各修建了一道腰门（半截门），故得此名。1946年的《重庆市区街道图》标注为"三道幺门街"。三家腰门东面是东升顺城街，南面是东升街，西面是大文堡街、邱家菜园，北面是问津顺城街和体仁堂街。

嘉北村

原名嘉陵路、嘉陵村，因位于嘉陵江以北，1972年更为现名。嘉北村有一条从嘉陵江码头到江北城中心的大梯道，是人流上下的主要道路。梯道宽处约5米，窄处约3米，梯级弯曲转折，平缓向上，途中有多处平台。过去江北城街道兴办的一些集体所有制工厂分布在梯道两侧。街上民居多为两层，下层作门面，上层作住宿。江北城繁华时期，嘉北村人流过往频繁，沿街门面生意兴隆。20世纪90年代，江北城实施规划冻结后，工厂和门面开始萧条，嘉北村逐步冷落下来，过往的人也减少，街巷变为当地居民休闲和交往的"公共客厅"。

江北新村

为20世纪七八十年代新建的居民村，故名江北新村。江北新村靠近过去的城墙，部分街区外侧为堡坎，坎下是陡坡，内侧建房屋，成为只有一边房屋的半边街。此街房屋建造档次普遍较低，多为简易修建的平层青砖房、砖柱木壁房、竹壁房、穿斗房，居住者主要是暂住户。为增加居住和生活空间，居民搭建了一些占用通道的过街棚房。

保定门

江北城门之一，取永保安定之意而得名。江北城垣历史上经多次修建，现存保定门城门和城墙建于道光十三年（1833年）。从清末至20世纪60年代，江北城10座城门因城市建设先后被拆除了7座，其中觐阳门在清末最先被拆除，民国时期拆除了文星门、汇川门、金沙门，20世纪50年代中期和60年代末期永平门、镇安门和嘉陵门被拆除。

江北城城门现仅存3座，保定门是现存城门中保存最完整的一座。保定门城门为双券拱，拱高4米，宽2.5米，进深4米，城墙长约290米，高5.8米。保定门周边形成街道后，取名保定门外街、左街、右街。1988年12月30日，保定门列为江北区级文物保护单位，现为市级文物保护单位。

江北城拆迁前，保定门属江北城街道办事处保定门社区，由

火炬街、保定门两个地段合并而成。保定门社区主要有勤俭路、火炬街、金沙打铁街、下横街等街巷。保定门社区内的主要单位有重庆市16中学、江北区四方井小学、重庆医疗器械厂、重庆海运公司、重庆上游针织厂、重庆物资回收公司、重庆市粮食局江北车队、江北区北兴建筑公司等。保定内有城隍庙、武庙和毗卢寺。毗卢寺始建于明正德六年（1511年），康熙六年（1667年）重建，清末改为宾兴女子小学堂，民国时期大部分被损毁。城隍庙在民国时期改为市立第三校。

保定门与汇川门之间有觐阳门。觐阳门位置正好在江北嘴尖端，过去沿江码头甚多。觐阳门内有两条长街，沿嘉陵江方向为觐阳左顺城街，沿长江方向为觐阳右顺城街。民国时期，著名实业家虞洽卿开办的"三北公司"专用码头设于觐阳门外的沙嘴。

东升门

　　江北城门之一，位于江北城东北面，建于道光十三年（1833年），因门向东方，取太阳东升之意而得名。东升门为双券拱，券拱高3.8米，宽4米，进深6.8米，城墙高5.7米。东升门内形成街道后，名东升门街。东升门在江北城整体拆迁前，城门尚完好，还保存有部分城墙。东升门外有打渔湾，江边有杨家溪码头。陪都时期，在东升门外开设渡船，与南岸弹子石码头相通。

　　江北城的老城门都没有瓮城，瓮城占地面积大，而江北城地域狭小，再加之瓮城耗资费时等原因，故江北城10座城门都未按瓮城设计建造。江北城门也有一个特点，即每个门内都有一座或多座寺庙，如东升门内有紫云宫，问津门内有潮音寺，文星门内有文星阁，镇安门内有东岳庙，永平门内有先农坛，保定门内有城隍庙、毗卢寺、武庙，觐阳门内有鲁祖庙，金沙门内有圆觉寺。

问津门

江北城门之一，位于江北城东北面，建成于道光十五年（1835年）。问津门为双券拱，拱高3.34米，宽2米许，进深2.9米，城墙高6米。沿着城门修建的民居形成街巷后，取名问津门顺城街，1972年更名为问津门街，1981年更名为问津门。问津门名称来源系因城门外有一渡口，古名大江津渡，有停靠渔船的打渔湾，故取千家诗中"渔人来问津"（问津：询问渡口）之意得名。20世纪五六十年代，问津门周边城墙被拆除修建了房屋，仅存城门，城门上的题刻已严重风化，无法看到原来的字迹。

《民国川事纪要》中记录了1917年1月27日，江北城打渔湾发生的一场特大火灾："江边打渔湾地方，因民间焚化纸钱失慎，当派军警救护。奈风势猛烈，延烧入城，至十一时半，始行扑灭。计烧毁大小民房千余家，失业待哺者甚众。"

问津门城墙内有潮音寺，始建于清乾隆时期，时有正殿、戏楼、廊楼，建筑雕梁画栋、制式宏阔。潮音寺外街名为潮音街、潮音巷，1939年遭日机轰炸，潮音寺部分被毁。1940年在潮音寺内设立体仁堂中心学校（后体仁堂小学）。1952年秋，潮音寺正殿、戏楼被拆除，分别改建为学校礼堂和办公室。

江北公园大门　　　　　　　　　　　　　　　　　　　　　　　　　　　　　　　连接上下公园的隧道

江北公园

江北公园位于江北城中心，主园门在原江北城街道办事处东侧。江北公园于1927年9月27日开工建设，1929年12月初步开放，因经费拮据，至1933年6月工程才全部告竣。为建设此公园，江北县成立了江北公园筹备委员会，下设工务、庶务、会计3个部门，江北县建设局局长唐建章任主任，兼管设计制图。唐建章多方筹集资金18万元，将文庙后院、江北县政府后花园、济仓公区和老江北厅署废弃地块一并划入，又收买民房20余间，共计2 850平方丈，在此范围规划建设江北公园。因中间的撑花街将公园分成两部分，不便游览，遂于街下挖掘隧道，通过隧道将上下两部分公园连通。

建成后的江北公园占地47.5亩，规模堪称当时重庆城区公园之冠。公园分上公园、下公园两部分，分别位于撑花街两侧。园内建有沙亭、八角亭、长亭、草亭、花亭、六角亭、葡萄架、来勋阁等9处亭台和大小5座水池。最负盛名的是上公园的假山谜园，俗称八阵图，分旱八阵和水八座，各具特色。时任重庆市市长潘文华主持编撰的《九年来之重庆市政》一书对江北公园有如下记载：

"本园兴建于民国十六年十月，系由江北市政管理处提倡设计，秉承本府办理地积二千余方丈。园内洋槐夹道，绿柳扶疏。左建画声馆，右辟大池，中垒石为假山，有奇峰。再进为妇孺运动场、球场。东南隅为动物园，植花木颇富，睿池蓄水，石笋森立。西北建一泓轩听风廊，北有亭曰乐观，再北依山势起伏，遍布假山，溪径环绕，曲折相通。外筑风烟奇古亭、水心亭、茅亭、留客处、草坪等，平敞幽静，尚饶佳趣。其园址系将江北县府旧有花厅及文庙后方隙地划并而成，利用原有树木，颇具山林气象，并有古树数株，大可数人围，浓荫蔽天，相传系二百年前物，为旧城市罕见。"

1928年4月，江北县人江曜三等在社会各界资助下，在江北公园文庙原启圣殿创办第二书报社。书报社购有《上海申报》、《时事新报》、《少年杂志》、《妇女杂志》等10多种报刊杂志和搜集的各种图书500余册。1929年5月前，江北戏院在江北公园

公园围墙外的大梯道

公园内的假山、水池

设立，1929年5月停业，后改组为江北大戏院，1935年被取缔。1930年，江北县图书馆开始在江北公园后面的江家四合院修建。江北县县长孙铁仁指命县教育局长李源泉为筹建主任，江曜三负责设计建造。1931年12月31日，江北县图书馆落成开馆，第二书报社随即并入江北县图书馆。1929年，在江北公园内修建曦光电影院，开始放映无声电影。

1939年，因日机轰炸，江北公园多处被毁。1939年修建上横街道路，假山谜园被拆除。抗战初期，国民政府航空委员会进驻江北公园。1939年11月航空委员会迁出，公园恢复开放。1940年4月19日，重庆市空袭紧急救济联合办事处在江北公园设立急救站。1940年6月11日，江北公园再次被日机轰炸，多处建筑、园林被毁。1942年，从湖南前线调来的一支军队临时驻扎江北公园，园内花木景观遭到践踏损毁。1945年，重庆卫戍总司令部第85师师部（师长王景渊）和宪兵第24团第2营第4连先后进驻江北公园。1946年12月，江北公园成为第九区区公所办公之地。

1951年，重庆市第四人民文化馆在江北公园成立。1953年，江北区政府投资对公园进行修整，在上公园修建一座群众文化会堂，下公园广场改为露台电影放映场。1958年，第四人民文化馆更名为重庆市江北区文化馆。21世纪60年代初，露天电影放映场撤销，部分场地被重庆织布厂修成篮球场，一部分被拉丝厂占用。"文革"期间，下公园被消防队占用部分，上公园西南隅修建了红会医院职工宿舍。至1980年，公园面积仅存约20亩。1980年，政府投资对江北公园进行大规模整修，并于1981年12月建立公园管理处，清理收回公园被占用的场地。1982年"五一"劳动节，重新整修后的江北公园对外正式开放。1989年，江北区政府对江北公园再次进行维修扩建。几十年来，江北公园一直是当地群众熟悉和喜爱的休闲、娱乐、锻炼场所，每天入园者络绎不绝。

2003年至2005年江北城拆迁后，江北公园随之被拆除。2008年，江北嘴中央商务区开发公司在原江北城中心位置，重新修建了面积为老江北公园3倍的中央公园。

吕祖阁券拱山门（原棂星门）

吕祖阁牌坊式后山门

吕祖阁庭院内的小拱门

The City of Jiangbei 江北城

吕祖阁

亦称吕祖庙，建于清道光年间，位于原江北区16中后门，建筑面积2 654平方米，过去是一座道观。

吕祖阁分为牌坊山门、厢房、大殿、后殿、庭院几个部分，布局成中轴线对称。主体建筑左右各有一个跨院，为四进院落，进深达60多米。正院大殿建筑面阔五间，进深为五架椽。陪都时期，吕祖阁遭到日机轰炸，部分损毁。后对吕祖阁建筑作了简单修复重建，以后居民又作了一些加建、改建，使吕祖阁原貌发生较大变化。正面的牌坊（棂星门）改为简单的三券拱形式。后山门样式还保留原状，为牌楼式门罩，墙体开有高大的石拱门，拱门上镶嵌石匾，石匾上的题字已经严重风化，无法辨认。

吕祖阁建筑设计构思巧妙，房屋顺地形地势而建。过去庙内有许多镏金的雕花木构件，屋架穿枋上有香炉宝鼎图案深浮雕，与重庆湖广会馆内的穿枋雕刻十分相似，屋顶的勾头滴水造型也很考究。

嘉庆五年（1800年），民间慈善人士在吕祖阁内设立尊德善堂，时有房产43间，田产305石，专事救济孤老、收养遗弃婴儿和帮助弱势孀妇等慈善活动。1914年，私立平儿院在吕祖阁开设。1919年，江北士绅黄泽渊在吕祖阁创办重庆治平小学，1922年开办初中班，名私立治平中学，以吕祖阁殿堂为校址，每年春秋各招一个班。1925年开办高中班，1932年开办女中部。1935年遭大火，校舍大部分被毁，后筹资修复。1939年女中部被日机炸毁。为躲避空袭，学校搬迁到巴县西彭乡，1943年又迁至江北水土乡求精中学旧址上课，1946年迁回原址。1947年在吕祖阁开设了平儿院幼稚班。

治平学校从成立至解放，一直是中共地下党活动的据点之一。1922年恽代英曾在治平中学组织"读书会"，传播革命思想。共产党员萧楚女也曾到校宣传革命，号召青年投身反帝反封建的斗争。1925年，治平中学建立了"中国社会主义青年团"支部。1927年3月31日，学校师生到重庆城打枪坝参加反对英帝炮击南京的抗议活动。1932年，江北县地下党负责人黄觉庵到治平中学任教。1936年，治平中学师生数十人参加了中共地下党领导的"救国会"活动。1948年，因生源不足，高中部被解散。1949年12月，治平中学由重庆军事管制委员会接管，后与平儿院中学合并为重庆市第16初级中学。

江北城拆迁期间，区文物管理所聘请市文物专家考察江北城遗存历史建筑。鉴于吕祖阁历史悠久，规模尚存，专家们建议吕祖阁作"原地保护"。后来吕祖阁被交给了拆迁公司。正待拆迁公司即将拆除房屋之时，重庆金阳房地产开发公司从拆迁公司手里买下了吕祖阁。之后金阳公司委托重庆大学建筑设计院对吕祖阁建筑遗址进行了详细的现场测绘，现吕祖阁已迁至南岸，正在复建之中。

明玉珍皇帝陵

位于江北城洗布塘街，史称"睿陵"。

明玉珍（1331—1366），湖北随州随县人，元末农民起义红巾军著名领袖之一，大夏国皇帝。从睿陵出土的"玄宫之碑"碑文描述明玉珍"为人英武有大志，不嗜声色货利，善骑射"。

元代后期，地方兵荒马乱，元至正十年（1350年），明玉珍以屯长的身份在家乡招集乡兵千余人结寨自保。元至正十二年（1352年），明玉珍归顺红巾军首领徐寿辉，授统兵征虏大元帅，多次立下战功。元至正十七年（1357年）明玉珍率军入川，攻克夔州、万州，同年四月占领重庆。随后大军攻城夺地，势如破竹，摧毁了元朝在四川及相邻陕、甘、黔、滇、鄂部分地区的统治。元至正二十一年（1361年）七月，明玉珍在重庆称陇蜀王。元至正二十三年（1363年）正月在重庆称帝，国号大夏，年号天统，定重庆为国都。明玉珍执政后，实行"免徭薄赋"、"禁侵略"、"兴文教"等政策，人民得以安居乐业，社会生产力得到一定发展。大夏国兴盛时期，疆域东至今湖北省宜昌市，西至今云南省昆明市，南至今贵州省遵义市，北至今陕西省汉中市。

大夏天统四年（1366年）二月六日，明玉珍去世，其安葬地点据《明史》记载为："葬玉珍于江水之北。"但明玉珍墓葬具体位置在"江水之北"什么地方，过去一直是史学界和文物界未解之谜。20世纪50年代，根据一些古代墓葬的发掘考察，有专家曾预测明玉珍陵寝应在江北县大竹林、凤居沱一带，市博物馆也多次派人追踪探究，但始终没有结果。

1982年3月30日，位于洗布塘街的重庆织布厂在扩建厂房施工中，挖掘出一座长方形竖穴石坑古墓。墓坑长5.4米，宽3.5米，坑上部为泥沙层，下部为沙岩层，未发现墓道。次日继续发掘，掘出一棺一椁。椁系香楠木制成，木质耐腐蚀，出土后仍有香气，椁长284厘米，前端宽127厘米，板表面饰朱砂红漆，盖板前端雕为花瓣形。内棺用柏木制成，结构、形制与椁大致相似，体积小于椁，置于矩形棺座上。另发现少量金银器皿和已经腐朽的丝织品、袍服。经过前后10天发掘，发现了椁前竖立的"玄宫之碑"。碑高145厘米，宽57厘米，厚23.5厘米，碑文24行共1 004字，记述了明玉珍生平事迹和陵寝安葬情况，并称此墓为"睿陵"。玄宫之碑的发现，为确认此墓为大夏国皇帝明玉珍墓提供了有力佐证。明玉珍陵墓规模小，随葬品亦少，由此可以佐证明玉珍生前简朴节俭，为政清廉。1983年12月1日，睿陵被列为江北区区级文物保护单位。1986年，政府投资30多万元，在此修建了明玉珍睿陵陈列馆，现为市级文物保护单位。

明玉珍去世后，其子明升继位，改年号为"开熙"。明洪武四年（1371年），朱元璋派遣大将汤和、傅友德率大军征伐大夏，同年七月，明升投降，大夏国灭亡。朱元璋将明氏家族放逐于高丽国（现韩国、朝鲜）。迄今为止，其后代在韩国繁衍已有4万多人，在朝鲜有近两万人。韩国明氏后裔成立了明氏宗亲会，自1995年始，每年农历二月初六前后，明氏宗亲会都要组织明氏后裔到睿陵祭拜扫墓。

明玉珍皇帝陵

老洋房子

位于江北公园内西北面，过去此房被称为公园街公馆，亦称老洋房子。1927年唐建章主持江北公园建设时，设计修造了这座西式风格的建筑，作为公园管理事务所。房屋为砖木结构，一楼一底，楼前有西式建筑通常设有的八字形双坡石梯，既增添了建筑气势，亦解决了此处的坡地高差。建筑外墙涂红黄二色，尖顶、方窗、圆拱，门柱、窗楣、屋顶做有灰塑造型，墙面明快的弧形装饰线条增添了建筑美感。

1940年6月11日，公园事务所部分被日机炸毁。1946年12月，此房屋曾作为江北第九区公所驻地，之后为一国民党军官所有。解放后由政府没收，改作江北区文化馆和江北区图书馆。因多年失修，此房成为危房，1994年图书馆搬出后空置。2003年，老洋房子由重庆金阳房地产开发公司进行整体保护性拆除后，易地在南岸"重庆映像"恢复。

福音堂

位于江北正街164号，占地面积693平方米，建筑面积898平方米，其中礼拜堂面积265平方米，有350个座位。

光绪十二年（1886年），美籍传教士马嘉礼在江北城书院街购买铺面开办诊所并进行传教活动。光绪二十年（1894年），基督教会美国卫理公会在此地修建了福音堂和江北医馆，由马嘉礼任福音堂第一任牧师。1920年前后，马嘉礼聘请治平中学校长黄源深组建"达德社"和"民众小学"。1922年，在福音堂内创立"第一书报社"，此为江北城图书阅览之始。

抗战时期，福音堂成为抗日爱国宣传活动重要场地。国民参议员邓颖超、史良、沈滋九于1939年"三·八"节到福音堂作过抗日演讲，不少爱国团体和学校师生在这里组织抗日宣传活动。任白戈（曾任四川省副省长、中共重庆市委第一书记）参加过福音堂组织的"爱国读书会"活动。一些战时群团和机构也设在福音堂内，如"赈济委员会江北分处"、"战时书报供应所江北图书室"、"学救会"、"江北妇女慰劳分会"、"航训班抗日救亡团"等。抗战胜利后，福音堂房屋改作重庆警官学校宿舍。解放后，福音堂房屋租给人民银行、江北城联合医院和日杂仓库使用。1979年清理宗教资产，福音堂归还基督教三自爱国会，教会对福音堂进行修缮后恢复宗教活动。江北城整体拆迁时，福音堂被拆除后易地扩大规模重建，现已建成开放。

马嘉礼（J. H. McCartney，亦译作马加里、马伽礼），美国籍、著名传教士、慈善家、医生，重庆宽仁医院创始人、院长。马嘉礼长期在重庆城、江北城和南岸等地开展行医、传教、教学和慈善活动，主持建立了许多学校、医院、红十字会和教会场所。马嘉礼从清末到20世纪40年代，在重庆工作和生活约50年，是重庆近现代具有较大影响的外国人之一。光绪十七年（1891年），马嘉礼受卫理公会派遣来重庆负责筹建西医医院。在马嘉礼多方努力下，宽仁医院于1882年10月在临江门落成。之后他积极培养中国学生学习西医，在夫子池等地开设了3个西医门诊所，推行西医疗法。1895年，美籍护士塞迪·克丝萨克小姐到宽仁医院担任护士。克丝萨克小姐既是护士，又是护士长和福音传教士，后来她成为马嘉礼院长的夫人。1910年，马嘉礼倡导成立重庆市红十字会。在重庆绅商和社会知名人士的支持参与下，呈请巴县政府划拨临江门给孤寺为会址，1911年3月，呈请清朝红十字总会核准后，重庆万国红十字会正式成立。1912年，马嘉礼曾到永川县应诊3天，来看病的患者络绎不绝。1921年，马嘉礼在南岸创办万国医院。马嘉礼退休之后，夫妇两人一直在重庆行医和红十字会工作。20世纪40年代马嘉礼去世，葬于江北城江北嘴。

法国天主教德肋撒堂

位于江北城米亭子9号附3号（后为米亭子13号），教堂建筑面积477平方米，附属房屋700多平方米，保存基本完好。

乾隆二年（1737年），法国主教马青山抵渝担任传教士，宣传推广天主教，道光末年传入江北。咸丰四年（1854年），天主教教士李方济在江北城购民房作教堂，名"博经堂"。光绪二年（1876年），教堂因"江北教案"被毁。光绪七年（1881年）用"江北教案"的赔偿款重新修复教堂。

1927年，法国重庆教区主教尚维善向教友发出公告，承诺在江北城修建圣堂，得到众教友的响应。公告称："在此战争频仍之际，祸乱相随之秋，地方糜烂，人民颠连，无日不在水深火热之中，南北各省人民蒙祸既甚。在此多难之秋，本主教不分中外，同舟共济，遂将川东教会，暨众教友皆托于圣女婴孩耶稣德肋撒，永远护佑。并许愿在江北城内，建筑一座圣堂，奉圣女为主保，以报圣女恩。"公告发出后，得到众多教友的响应和资助。尚维善利用教友捐资，在江北城米亭子9号附3号重修教堂。1929年教堂正式落成，因奉圣女德肋撒，故名德肋撒堂，时有教徒250人（男100人，女150人）。

德肋撒又名圣女小德兰，法国人，生于1873年，15岁进圣衣隐修会修道，改名婴孩耶稣德兰（又名婴孩耶稣德肋撒）。圣女小德兰一生注重从细小处下工夫，以克己为乐，坚持修德，最终立功成圣。圣女小德兰1897年去世，年仅24岁。1925年被奉为天主教圣人。

20世纪50年代末至80年代，天主教堂基本停止宗教活动，经堂房屋于1966年租给江北汽车配件厂使用。1981年底，德肋撒堂产权归还天主教爱国会。1988年12月，德肋撒堂被定为区级文物保护单位。1989年天主教爱国会正式办理了德肋撒堂的产权证书。1994年对教堂进行维修，同年9月教堂恢复宗教活动。

江北城拆除后，德肋撒堂由江北嘴中央商务区开发公司在原址附近修复。

2008年10月1日，天主教重庆教区"江北德肋撒堂开堂庆典暨圣女德肋撒升天111周年大礼弥撒"在江北嘴中央商务区隆重举行。典礼由全国政协常委、全国人大代表、中国天主教爱国会副主席、中国天主教主教团负责人兼秘书长马英林主教主礼，来自全市各区县天主教爱国会负责人及各方来宾1 000余人参加了祝圣典礼。迁建后的德肋撒堂成为重庆市标志性宗教建筑和对外文化交流的重要窗口。

火神庙街

因邻近火神庙，原名火神庙街。后更名为朝阳街，1972年改为火炬街，1981年又更名为火炬村。当地居民至今仍然习惯称此街为火神庙。道光二十四年（1844年）创办的慈善团体"悯恻善堂"设在火神庙街，时有房产50余间，1943年售予治平中学。江北县实业所（建设局前身）1921年曾在火神庙办公。1925年，江巴火柴官厂在火神庙成立。

重庆市第16初级中学位于火神庙街与宝盖山之间。重庆16中始建于1953年，由原治平中学和平儿院中学合并组建，1956年开设高中部后更名为重庆市第16中学校。

老墙灰雕（江北城三洞桥地貌图）

灰雕镶嵌在江北正街32号大院第二进院落天井后壁上。此大院制式宏阔，是一座有一百多年历史的老宅。为加强防守，在老宅封火山墙上又加了一道1米高的青瓦花墙。大院石朝门高大挺拔，门楣上嵌有石匾，内部为两进四合院。

灰雕生动刻画了三洞桥的风貌。三洞桥在清道光前即已修建，因桥有三孔，得名"三洞桥"。又因位于江北城之北的文星门之下，取众星环绕拱卫北斗之意而称"拱北桥"。桥长65米，宽7米，高14米。道光之后，此桥作过多次复建与维修。光绪十五年（1889年）前后，一魏姓石匠主持对三洞桥进行大修，增高桥身，加宽桥面。三洞桥是江北城出城的第一座桥，也是江北区境内最大的石拱桥，故有"江北第一桥"之称。

灰雕外圈直径2.41米，面积4.56平方米，内圈直径1.51米，面积约2平方米。外圈的圆框上塑有花鸟、蝙蝠等装饰性吉祥图案。内圈画面正中下方是三洞桥，三洞桥上有两条溪流，一条叫金厂沟、一条叫谢家沟，两条溪沟流水通过三洞桥3个孔洞流入长江。画面左右有两座寺庙建筑，左面是万天宫、右面是朝天宫。万天宫为江西、福建移民修建的寺庙，寺庙紧靠崖壁。朝天宫位于江北城外的青草坝。三洞桥下塑有一条小石梯，这条石梯要穿过一处石洞，过去是从河边进江北城的交通要道。石雕层次分明、立体感强，使用了中国传统画和西方透视画相结合的构图形式。

江北城拆除后，江北区文物管理所于2004年9月6日至10月2日，请工匠用了近一个月时间，从墙壁上小心翼翼地将灰雕整体切割取下，现存于江北区文物管理所。

江北县建设局测候亭

位于江北公园寸苑墙外，建于1932年，由江北县建设局局长唐建章筹资兴建，用于气候观测，时称"测候所"。测候亭为砖木石混合结构，屋顶为重檐攒尖顶，亭分上下两层，上层为四角攒尖顶，下层为八角形，屋脊起翘，建筑高11.7米。1988年12月30日列入江北区级文物保护单位。

唐建章（1890—1951），江北县石坝乡人。民国初毕业于北京大学，之后赴美留学，先后在美国康乃尔大学机电系、哈佛大学机械专修科毕业。回国后曾任川东工业学校校长、川北铁路公司董事长、江北公园筹备主任兼工程建设委员等职。1929年前，江北县政府设立实业所管理建设事务，1929年奉21军军部令改为建设局，1932年又改为建设科。唐建章于1929年3月任江北县建设局局长，1932年4月任江北县建设科科长。唐建章博学多才、为政清廉、建树颇丰。任职期间，他在整理市街，修筑北川铁路，筹办乡村电话，发动民众修治道路，设立教养工厂收容失业平民，主持河流疏浚治理，扶持蚕桑发展，建立气候监测机构等方面作出了重大成绩。他还主持编纂了20万字的《江北县建设特镌》，为江北县建设提供了有价值的资料和依据。唐建章在美国哈佛大学留学时，与罗斯福是同窗好友，相交甚笃。1943年11月22日至26日，中、美、英三国首脑在开罗举行会议时，罗斯福总统曾向蒋介石询问唐建章的情况。蒋介石回国后派专人拜访唐建章，欲委以重任，但唐建章不愿为官，辞谢不受。唐建章1951年去世，终年61岁。

【南岸老街】
THE OLD STREETS OF NAN'AN

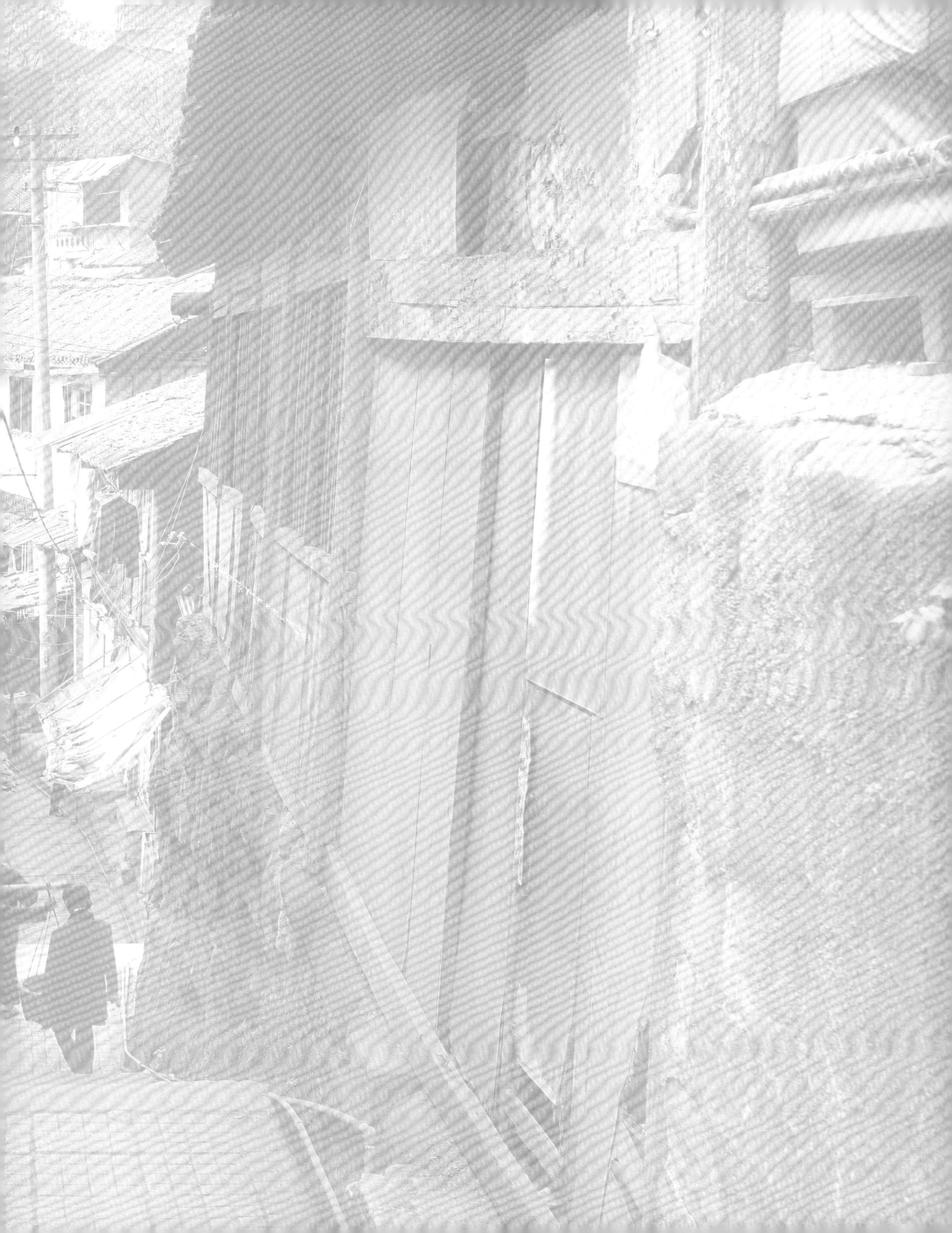

南岸老街地图
The Map Of Nan'an Old Street

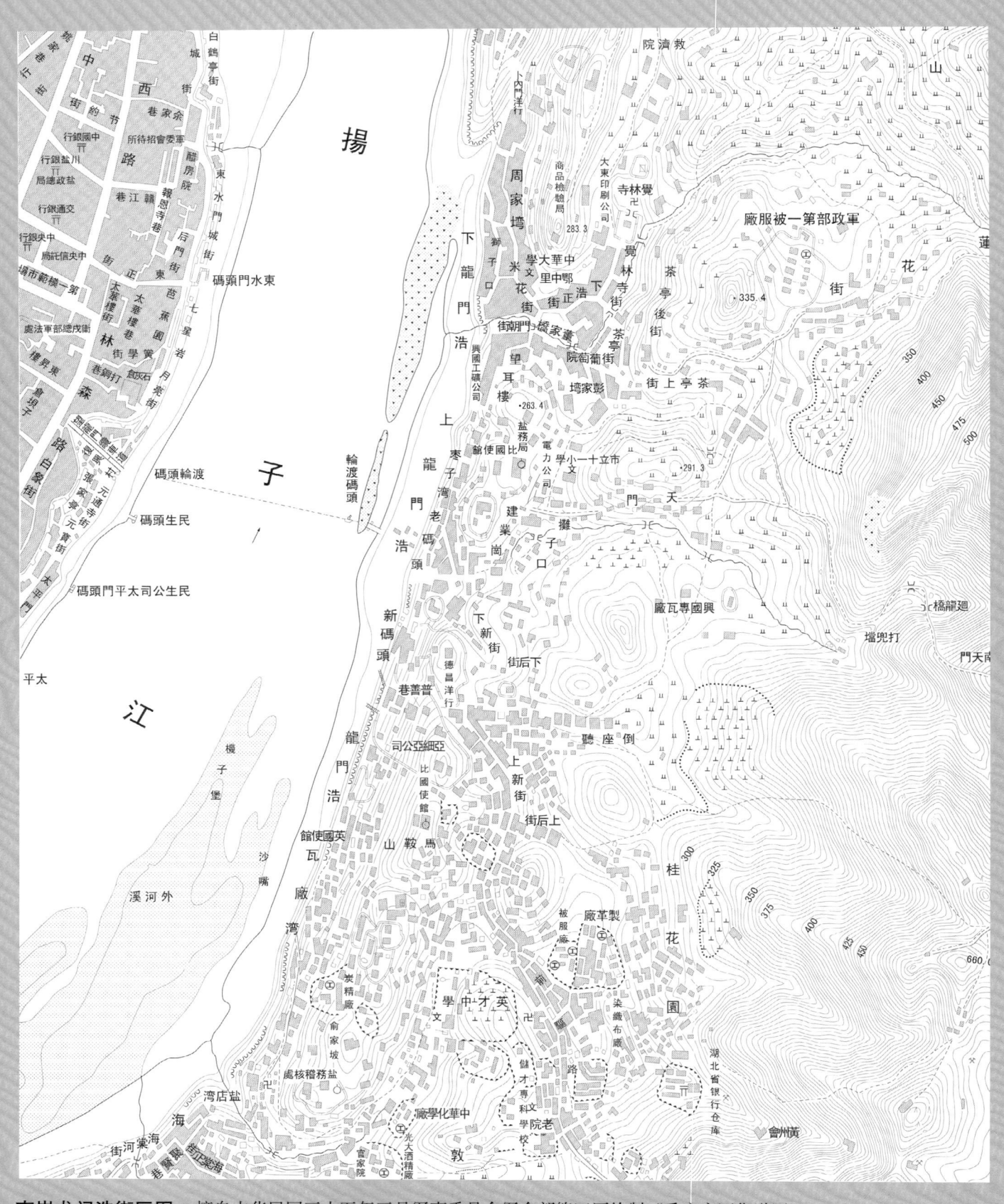

南岸龙门浩街区图　摘自中华民国三十五年三月军事委员会军令部第四厅绘制《重庆市区街道图》

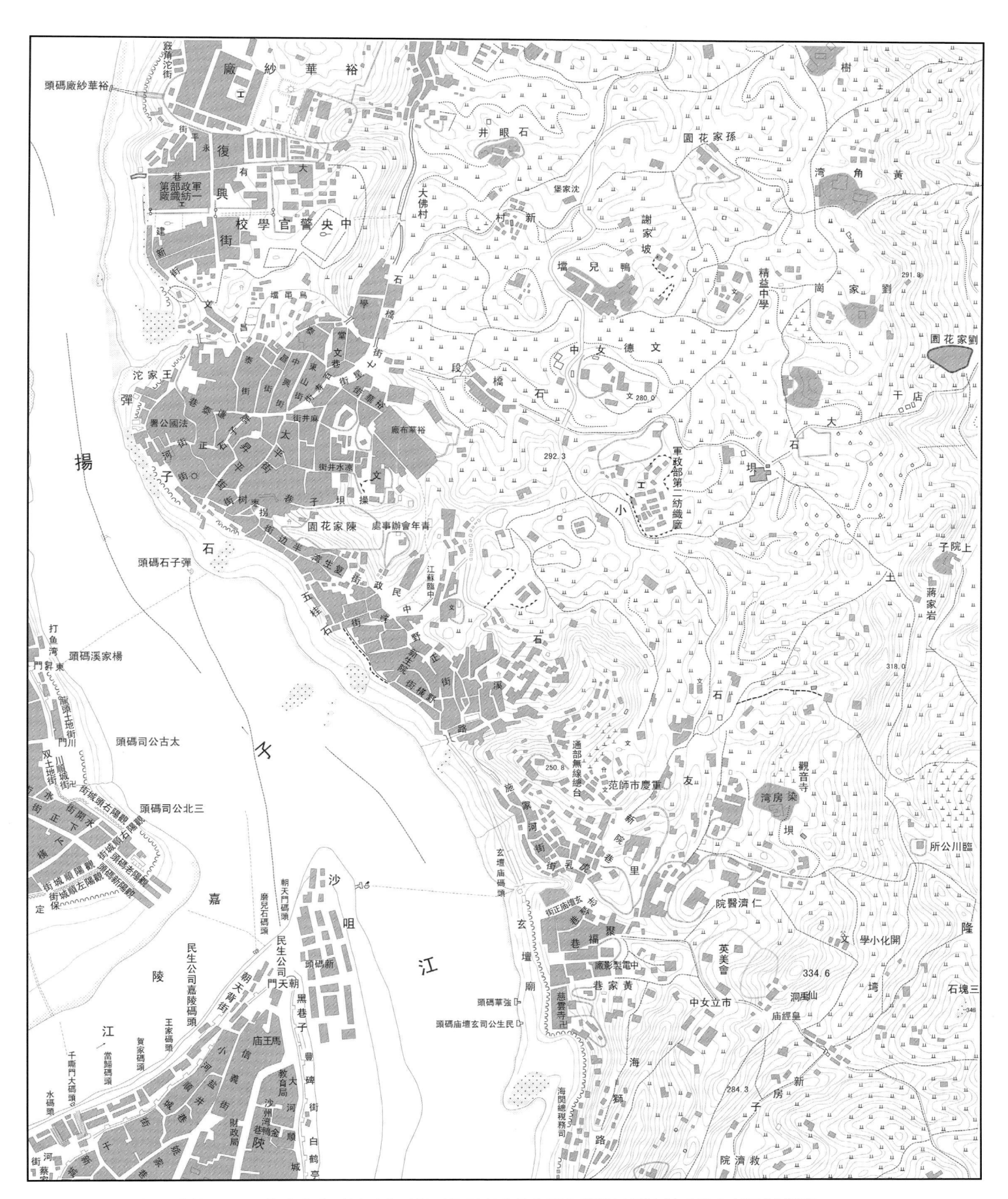

南岸弹子石、玄坛庙街区图　　摘自中华民国三十五年三月军事委员会军令部第四厅绘制《重庆市区街道图》

关于"南岸老街"
About The Old Streets of Nan'an

　　南岸老街与重庆城一江相隔，历史上南岸沿江一线没有修建城墙和城门，故没有"南岸城"的说法。宋代南岸曾有"南城坪"，大致位于原南坪公社九龙大队古楼湾一带。南城坪设有"南坪关"，明末巾帼名将秦良玉曾率兵驻南坪关，阻击奢崇明叛军。

　　由于具有天然水运之便，自古以来，南岸长江沿岸就是人口和码头船只集聚之处。至清乾隆、嘉庆年间，南岸黄葛渡、海棠溪、玄坛庙已经成为千帆麇集、货运繁忙、人流汇集的重要码头。19世纪末期至民国时期，因开埠及国民政府迁都重庆的影响，南岸临长江一线工商业发展迅速，街区繁荣，人口密集，沿江坡地和马鞍山一带遍布不同时期、不同风格的建筑。至今还留存下来的南岸老街和历史建筑，是重庆开埠时期和陪都时期重要的历史见证与缩影。

　　南岸大部分地域原属巴县管辖。1929年2月15日重庆建市，拓展市区范围，将南岸的南坪、海棠溪、龙门浩、玄坛庙、弹子石等地由巴县划出，在玄坛庙设南岸市政管理处。1935年初，撤销南岸市政管理处，建立重庆市第四区，年底改为第六区。1939年，第六区划分为重庆市第十一、第十二区。1944年，第十一区划分为第十一、第十八区。1952年10月，南岸为重庆市第五区，1955年10月，更名为重庆市南岸区。

　　南岸与对岸的重庆城一衣带水，联系紧密。据史料记载，嘉庆二十年（1791年），南岸黄葛渡有8只渡船往来于两岸，后来相继在海棠溪、龙门浩、玄坛庙设立渡口，渡船增加到19只。道光十四年（1834年），因海棠溪渡口仅有的几只小渡船不能满足大量人流渡江之需要，巴县乡绅廖春瀛捐巨资购制木船36只，开设海棠义渡，在此过江不收渡资。此渡于1941年停办。民国十九年（1930年），南岸与重庆城、江北城之间的渡口增加到10个，分上五渡和下五渡。上五渡是铜元局、黄葛渡、海棠溪、龙门浩、太平渡，下五渡是玄坛庙、野猫溪、呼归石、王家沱、五桂石。抗战时期，内迁工厂和城区人口大量向南岸迁移和疏散，渡口船只往来更加频繁。1938年，重庆轮渡公司成立后，先后开通了储奇门至海棠溪，朝天门至弹子石，望龙门至龙门浩，朝天门至野猫溪，南纪门至黄葛渡等过江轮渡。至1940年，轮船渡口增加到13个，南岸与市中区和江北之间联系更加密切。

　　南岸是外国人进入重庆最早的地区之一。19世纪60年代初期（清咸丰年间），英国冒险家开始对中国内地产生兴趣，他们沿着长江深入中国内陆地区，希望发现西部的资源，打开西部的市场。随着冒险家的前行，英国的传教士、商人、外交代表、社会名流、科学家、作家等纷纷来到重庆传教、经商、访问或居住。由于第一次和第二次鸦片战争失败导致的丧权辱国，大清帝国对外国人的坚船利炮有着天然的畏惧。驻在偏远西部重庆城内的川东道署、重庆府署、巴县署的官僚们对洋人不仅恐惧，而且陌生。他们最开始不允许外国人进入城市核心，担心外国教会与重庆民众之间发生冲突，还担心危及官府的安全和统治。因此，重庆城对岸的南岸成为英国人和随之而来的法、德、日、美等国商人和外事人员的首选之地。英国在1877年10月31日就派"驻寓"代表到重庆，虽无领事头衔，实际享有与领事无异的特权。1882年1月，英国人谢立三（Alexander Hosie）到达重庆，1888年底，英国单方面宣布谢立三为驻重庆领事，谢立三大部分时间住在南岸南山。1890年4月，英国第一个在重庆建立领事馆，领事馆初设重庆城内方家什字（现民生路重庆宾馆附近），后迁南岸瓦厂湾，1900年再从南岸迁到重庆城内的领事巷。

　　重庆对外开埠后，南岸成为外国人建海关、设领馆、划租界、开洋行、办工厂、造别墅的集中之地。1891年3月1日，由英国人控制的重庆海关开关，海关设在重庆城朝天门顺城街（后迁太平门顺城街），在南岸弹子石王家沱设海关卡子房，在玄坛庙狮子山下设立海关验关囤船。重庆海关颁布了《重庆新关试办章程》，将南岸沿江上起黄葛渡，下至窍角沱划入海关管理范围。之后，英、法、日、德、美等国势力逐步侵入南岸。西方人以自己的思维方式和行为方式对重庆的历史和发展带来了影响，也使封闭的重庆开始接收外来的文化、技术、科学、信息和资本。

　　1891年5月26日，英国人阿奇波尔德·约翰·立德乐（A.J. Littie）租用木船装载黄丝、海带，悬挂英国旗，由宜昌驶抵南岸，成为第一艘进口挂旗船。1895年，立德乐将龙门浩码头和"九湾十八堡"地皮永久租用。1896年，立德乐在南岸上新街新码头34号开办猪鬃加工厂。1898年，立德乐乘小火轮"利川号"试航川江成功，成为到达重庆的第一艘外国机动商船。立德乐成立了长江上游轮船运输公司，引进英国制造的大型轮船"开拓者号"，于1900年装载货物和乘客，开通了驶往三峡的处女航。为了维护英国在重庆的利益，1899年，英国兵舰进入重庆南岸驻守。随着英国商人经营范围的扩大和获取巨额利润的驱动，英国人在南岸开设的洋行、工厂、办事处和管理机构在列国之中所占比例为最大。英商太古、怡和、安利、隆茂、白理等公司货船频繁航行于川江沿线。至今为止，英国人开办的立德乐洋行、亚细亚火油公司、白理洋行、卜内门洋行、英国盐务办事处等建筑还有部分被保存下来。

1896年3月26日，法国驻渝领事馆正式建立，馆址先设在重庆城内二仙庵（现领事巷），后迁至南岸王家沱和清水溪。法国人在南岸玄坛庙设立水师兵营，在玄坛庙码头停泊军舰。法国水师兵营位于南岸弹子石谦泰巷142号，建于1902年至1903年，由法国驻印度支那总督杜梅尔捐款10万法郎建造。至今水师兵营仍伫立于南岸滨江路边，成为重庆保存完好的开埠时期建筑之一。法国商人开办了吉利、德孚、利源等洋行和夹江轮船公司，在王家沱建立肠衣厂，与渝商合作成立了挂法国旗的聚福洋行。

1901年9月24日，日本驻重庆领事山畸桂和清政府川东道台签订了《重庆日本商民专界约书》，清政府允许日本在南岸王家沱设立专管租界，租界面积700亩，租期30年。"专界约书"规定租界内的警务权、道路管辖权、司法审判权等权利由日本驻渝领事馆掌握，租界内的土地由日本人承租执业。日租界设立后，日本人在王家沱投资办厂，设立码头泊位管理机构，向过往船舶征收税款，在租界内开办了大阪轮船公司、有邻火柴公司、日清公司、太和洋行、大利洋行、新利洋行、又新丝厂、高桥洋行等工厂和洋行。日商的日清汽船会社是航行川江的几大外轮公司之一。

美国、德国商人在南岸也开设不少公司、洋行，如美商的美孚石油公司、德士古石油公司、捷江公司、大来公司、利泰公司、永丰公司，德商的德太洋行、礼和洋行、惠利洋行、元亨洋行，等等。美商于1922年成立的捷江公司时为航行川江的四大外轮公司之一。瑞典商人安达森在南岸海狮路创办了安达森洋行，主要经营土特产进出口贸易。安达森洋行建筑和经营规模很大，至今部分仓库房屋还保存完好。为维护列强在渝利益，从开埠到民国时期，先后有34艘外国军舰停泊在窍角沱、王家沱、弹子石、玄坛庙、龙门浩一线。

外国资本的进入，刺激了重庆民族工业的发展。重庆民族资本开办的第一家火柴厂——重庆森昌泰洋火公司于1891年在南岸王家沱成立，后又在大溪沟开办森昌正火柴厂。森昌泰洋火公司是重庆第一家火柴公司，也是重庆最早的民族资本企业之一。至20世纪40年代，王家沱森昌泰洋火公司被孙树培接管，改名为华业火柴厂。

南岸王家沱还出了一位在重庆远近有名的富商王信文。王信文祖籍湖广，祖上移民重庆后，经营井盐生意逐步发迹，成为清代重庆富甲一方的巨商和望族。王家五代同堂，满门兴旺，王家沱也因此得名。王信文儿子王慎之子承父业，在清末创办了"万茂正"盐号，将自贡的井盐运到重庆王家沱制成精盐，销至重庆、上海、贵州等地，使"万茂正"盐号享誉川东。

1899年，南岸民族资本企业"南岸矿务四合公司"成立。1901年，裕华布厂在弹子石开办铁轮织布厂，机器逐步增至305台，开创了南岸机械化织布之始，成为当时重庆规模最大的织布工厂。1904年，富川织布厂从日本引进铁轮织布机30台，在弹子石建立机械化织布厂。1908年，协力布厂在弹子石建立。弹子石地区纺织业在这一时期得到较快发展，成为当时重庆纺织企业集中之地。1905年，官商合办的铜元铸造厂——"重庆铜元局"在南岸苏家坝创办，因购买的设备有英国制造和德国制造两种，故铜元局分为英厂和德厂。1913年铜元局投入生产，1930年改为刘湘二十一军的子弹厂。

开埠前后，外国教会在南岸非常活跃，英国教会在南岸开办了广益中学、精益中学、私立文德女中等学校。广益中学创办于光绪二十年（1894年），是英国基督教公谊会开办的一所教会学校，位于南岸黄桷垭。精益中学和私立文德女中创建于1912年，位于南岸弹子石一村，1952年两校合并为私立文益中学（现重庆市第11中学）。加拿大著名世界和平人士文幼章（1899—1993）曾任文德女中董事长兼精益中学校长。光绪二十二年（1896年），英美教会在重庆城内木牌坊（民族路94号）开办私立重庆仁济医院，后转由加拿大美以美会续办。因城内地方狭窄，美以美会于1924年在南岸玄坛庙叶家山（现仁济路）购买156亩土地新建医院，至1934年医院建成。新医院按欧式风格设计，建造规模十分宏伟。法国教会于1911年在南岸慈母山修建了规模宏大的天主教堂，教堂建筑至今保存基本完好。1920年，著名传教士、慈善家、医生马嘉礼在马鞍山开办了万国医院。

抗战爆发后，为了保存中国薄弱而仅有的经济命脉免遭日军侵占和破坏，中国工业开始了一次人类历史上极为悲壮的举国大迁徙。大批工厂从上海、武汉、广州等地迁到以重庆为主的西部，南岸的窍角沱、王家沱、弹子石、玄坛庙、龙门浩、海棠溪、铜元局等地承接安顿了大批内迁工厂。

据国民政府经济部秘书齐植璐1948年1月所著《十年来之经济建设》记载，自1937年7月起，国民政府即着手从事战区工矿内迁，其经过大致分为四个时期。一是发动时期，时间从1937年7月至1938年1月。"八·一三"沪战将起之时，军事委员会工矿调整委员会派员分赴临近战区各省市，督导各公私厂矿迅速拆迁，同时制订对国防有关之工矿事业奖励政策。至1938年初，各地内迁器材陆续运抵汉口，完成第一阶段的搬迁；二是整理转运时期。1938年1月至9月，南京大撤退，武汉成为全国政治军事经济中心、后方水陆交通枢纽。迁到武汉的工厂在长途跋涉后，没有片刻喘息之机，努力开工生产，支援前线。其余未开工工厂，大部分留在汉口筹划内迁地址，待命运输；三是继续内迁时期。1938年9月至12月，此时广州沦陷，武汉会战已起，经济部督饬在武汉各厂继续内迁。至1938年底，各厂矿几经跋涉、备历艰辛，终于到达指定区域筹划建厂。其分布地区以四川为最多，其次为湘、陕、桂三省；四是1939年、1940年两年为完成迁建时期。此期工作重心为尽速恢复生产。经济部就设备补充、技工招致、资金补助、原料供应、成品规划、技术设计等各方面尽力给予协助。综计三年以来，经政府协助内迁之厂矿共达448家，机器材料70 900吨，技工12 080人。其地域分配为：四川占54.1%，湖南占29.2%，陕西占5.9%，广西占5.1%，其他各省占5.7%。

尽管国民政府和包括招商局、民生公司、三北公司等众多爱国轮船公司竭尽全力、日夜兼程地抢运工厂器材设备和各种物资，但因失地太快，大多数工厂并没有来得及迁到内地。从1938年10月武汉失守，一直到1941年为止，各地内迁企业数总共为639家，仅占当时全国工厂总数的15%左右。

到南岸落户的内迁大型工厂主要有南洋兄弟烟草公司制造厂、汉口裕华纺织有限公司、武汉申新纱厂、武汉庆新纱厂、汉口民生制药总厂、上海益丰电池厂以及广东第二兵工厂、济南兵工厂、汉阳火药厂、南京金陵兵工厂、陕西兵工厂等兵工厂，中小型工厂则数量更多。据《陪都十年建设计划草案》记载，战时分布于南岸的工厂（包括原有和内迁的工厂），弹子石地区有152家，龙门浩地区有95家，海棠溪地区有68家，玄坛庙地区有27家，总数达342家，占了重庆工厂的25.21%。抗战时期，招商局、川江轮船公司、民生轮船公司、强华公司、重庆市轮渡公司等陆续在南岸设立趸船码头和车渡，使南岸龙门浩、玄坛庙、弹子石、窍角沱等地成为水陆贯通、车船衔接的码头，大量抗战军用物资和出口货物在这里转运，码头沿岸成为房屋密集、人口聚集的闹市区。

1937年12月，国民党中央宣传委员会管辖的中央电影摄影场从武汉迁至重庆，在南岸玄坛庙黄家巷租房设立新厂，在黄山下沙罐窑设电影胶片收藏库房。该厂鼎盛时期有编导5人，演员20余人。中央电影摄影场先后拍摄了23部反映抗战的新闻片和3部电影故事片。赵丹、金焰、白杨、王人美、秦怡、张瑞芳、胡蝶等演员参与了"中电"的电影拍摄，白杨等演员曾寓居黄家巷。1939年春，武昌私立中华大学（现华中师范大学前身）从武汉西迁重庆，在南岸下浩米市街29号禹王庙继续办学，时有师生500多名，下设文学院、理学院。两湖中学也随之由武汉迁渝，同在禹王庙开办学堂。故宫博物院从南京迁渝后，院部设在南岸海棠溪，部分故宫文物存放于南岸狮子山安达森洋行和王家沱吉利洋行。1941年6月1日，中华剧艺社在南岸黄桷垭成立。重庆在抗战时期成为全国文化中心，许多文化艺术团体和文化界知名学者、艺术家聚集重庆城和沙坪坝、南岸、江北等地，南岸成为战时重庆文化中心的重要组成部分。

1938年2月18日至1943年8月23日，日军对战时首都重庆进行了持续5年半时间的狂轰滥炸。1939年2月22日，重庆市政府成立战时紧急疏散委员会，组织城市中心区单位及市民的疏散工作。1939年3月1日，国民政府批准重庆市政府紧急疏散人口办法，重庆市社会局随即发布《告公众书》，宣布3月10日前为自动疏散，3月11日起实行强迫疏散。为此，大批市民和党政机关、学校、医院及社会各单位纷纷迁往距重庆城区约100公里范围内的郊区和农村。由于南岸山峦起伏、森林茂密，虽亦遭轰炸，但轰炸频率和命中率相对较低，加之南岸与重庆城市中心仅一江之隔，为图方便，城里许多使领馆、机关单位和居民就近迁到南岸黄桷垭、弹子石、玄坛庙、龙门浩、海棠溪一带。

外国驻重庆城内的机构和人员迁南岸还有一个原因。在1941年12月8日日军袭击美国夏威夷珍珠港，美国正式向日本宣战前，日本还未与英美等国公开成为敌对国。由于日军大轰炸给第三国驻重庆城内的机构和人员带来了伤亡和损失，各国均向日本提出强烈抗议。1940年6月14日，日本外务大臣有田八郎向英、美、法、德、苏、比利时等国驻东京大使馆发出书面告知："……作为应急措施，帝国政府劝请贵国政府将在重庆的贵国侨民暂时撤转安全地带，到我对重庆攻击作战结束为止。同时帝国军队对重庆南岸弹子石以南龙门浩（不包括海棠溪）一带将不予攻击。但对贵国在该地区以外的贵国侨民，如发生意外，帝国政府概不负责。特此申明。"为避免伤亡，驻城内的各国外交机构和人员遂相继迁到南岸择址办公和住宿。英国大使馆迁驻马鞍山4号，美国大使馆驻上浩建业岗，法国大使馆驻弹子石法国水师兵营，苏联大使馆驻南山，德国大使馆驻马鞍山29号，比利时大使馆驻枣子湾23号（建业岗50号），墨西哥公使馆迁南岸清水溪，1941年10月澳大利亚公使馆设于瓦厂湾，1942年4月捷克公使馆设于南岸清水溪。

随着大量战时内迁和防空疏散的机关、工厂、学校和人口涌入南岸，南岸沿江一线房屋密集、店铺林立、人气兴旺。1938年2月2日《新民报》报道："近一周时间，迁入南岸者由1 200余户增加到2 200多户。"据重庆市警察局统计，1936年南岸人口为63 912人，到1949年增加到187 501人。南岸各种大中小学在1944年达到130余所。

20世纪五六十年代，许多国营工厂建在南岸，给南岸带来了生气和经济活力。1980年7月1日，石板坡长江大桥建成通车，南岸城市重心开始向南坪纵深转移。20世纪90年代后，多数工厂生产经营下滑，开始关停破产，曾经繁华热闹的南岸老街逐渐衰落。近20多年来，历经大规模拆迁和建设后，南岸老街大部分已经消失。迄今为止，在南岸的马鞍山、枣子湾、建业岗、周家湾、米市街、下浩正街、董家桥、海狮路、黄家巷等处，还保留有少量历史街区段落和开埠时期至陪都时期留下的建筑遗址。

南岸老街和各个时期的建筑具有深厚的历史文化和浓郁的地域风貌，体现了山地街区建筑特色。具有一定代表性的历史街区主要有四处：一是位于龙门浩街道下浩社区的周家湾、米市街历史街区，二是位于龙门浩街道上新街社区的马鞍山开埠历史区，三是位于玄坛庙街道（现涂山镇）的慈云寺历史街区，四是位于弹子石街道的弹子石历史街区。

龙门浩街道下浩社区周家湾、米市街历史街区范围包括了周家湾、米市街、鄂中里、下浩正街、董家桥、觉林寺街、葡萄院、老码头、望耳楼、枣子湾、建业岗等街巷。周家湾、米市街历史上是一处古道，从长江上岸，经米市街、下浩正街可去巴县迎龙场和南川。周家湾、米市街历史街区弯曲多变，时而开阔，时而紧凑，时而平坦，时而陡峭。特殊的地形地貌构成富有情趣、引人入胜的街巷空间。老街上不乏典型的中西合璧式建筑，如卜内门洋行、周家湾200号公寓、聚福洋行、白理洋行等。

马鞍山开埠历史区位于龙门浩街道上新街社区（也称上浩），与渝中半岛隔江相望。马鞍山是坐落在长江南岸和南山之间的小山峦，因形似马鞍而得名。马鞍山树林密布，环境优美，过去有不少开埠时期和民国时期修建的建筑，犹以英、法商人和教会修建的公共建筑、花园式洋房和抗战时期内迁公司修建的高级员工住宅群以及各国大使馆居多。1938年8月12日在重庆建立的德国大使馆设在马鞍山29号。1938年10月英国大使馆从南京迁渝后，馆址曾设马鞍山4号。比利时大使馆，美国使馆武官处设在马鞍山。不少官僚绅商在清末至陪都时期修建的别墅洋房星罗棋布，隐没于马鞍山树林之中。马鞍山历史建筑至今还保存下来的有：开埠后设立的英国盐务办事处，1920年由著名传教士、慈善家马嘉礼医生创办的万国医院和马鞍山教会医院，建于19世纪末期的亚细亚火油公司，抗战时期建立的益丰电池厂员工宿舍，南洋兄弟烟草公司、华福卷烟厂员工宿舍，陪都时期设立的英才中学等。

慈云寺历史街区属原玄坛庙街道，因有始建于乾隆二十二年（1757年）的慈云寺而得名，范围包括了玄坛庙正街、黄家巷、八角巷、仁济路、友于里、天心桥、海狮路、海狮支路等街巷。慈云寺老街地形复杂，起伏跌宕，转折迂回，坡坎错落，典型的建筑有法国水师兵营、安达森洋行、聚福洋行、强华轮船公司、黄锡滋公馆等。重庆开埠后的海关验关囤船和办公住宿区设在玄坛庙狮子山，过去有洋码头之称。有民间歌谣曰："觉林寺，真武山，狮子山脚修洋关，洋关修起把路拦，上下船儿要验关。"

弹子石历史街区包括了弹子石正街、东山巷、中兴巷、谦泰巷、弹兴巷、长兴巷、升平巷、泰昌巷、石溪路正街等街巷。街巷风貌依旧，空间富于变化，传统民居保存完好，历史人文气息浓郁。弹子石在200多年前已是繁华的水码头。20世纪初，弹子石地区形成重庆织布业中心之一。过去从朝天门乘船过江，从法国水师兵营右侧上石梯就进入弹子石历史街区。沿着长长的石梯，老街从江边一直延伸到上面弹子石转盘，高差达70多米，总长约1 000多米。老街石板路宽4至5米，最窄处不足3米，两侧大多是木结构穿斗房，也有不少青砖楼房和大户人家的宅院。

南岸老街空间形态独特，传统建筑数量众多，历史文化积淀厚重，是记载重庆开埠时期、民族工业培育扩展时期、抗战时期历史的极为丰厚而生动的载体，在重庆近现代城市发展史中具有重要的历史价值和地位。本章节选用了龙门浩、玄坛庙、弹子石三个地区的部分历史街巷和历史传统建筑作为南岸老街的代表和缩影。随着滨江路建设、旧城改造和房地产开发的加速，这些老街老巷和历史传统建筑大部分已经消失。但愿南岸老街的历史信息能够通过各种方式继续传递，不要在我们手里丢失殆尽。

一、龙门浩地区
Longmenhao Region

周家湾

　　清代，因有周姓湖广移民在此落户而得名。"文革"中更名为"光明村"。1972年将附近的周家湾河街、狮子口并入，统称周家湾。

　　周家湾属龙门浩街道办事处，位于下龙门浩，南邻米市街，北接天心桥，地形东高西低。街区房屋沿着长江边向山坡上层层垒叠延伸，中间有两条与天心桥和下浩连接的通道。

　　龙门浩街道辖区街巷地名有上新街、米市街、周家湾、下浩正街、觉林寺、董家桥、葡萄院、望耳楼、马鞍山、建业岗、枣子湾、涂山路、彭家湾、瓦厂湾、老码头、新码头、上新街一巷、上新街二巷、一天门、前驱路、桂花新村、上新村、前进村、茶亭街、鄂中里、莲花山、摊子口正街、立新村等28个。随着旧城改造的推进，这些地名大多已经消失。

龙门浩从上游至下游方向分为龙门浩、上龙门浩、下龙门浩，江面有上下两条石梁突出于江面，石梁间有一浩口（古人称小港为"浩"）。南宋绍兴年间（1131—1162），有人刻"龙门"二字于江边的石梁上，故名龙门浩。乾隆《巴县志》记载："浩在太平门大江对岸禹庙前。水中二巨石，各大书龙门二字，皆绍兴中刻。石断处可容小艇出入，曰龙门。龙门石有大碛曰黄鱼岭。江水西南来，必扫碛澳徐折而出，水脉横涌江心，回旋圆转，其形如月。浩即港，巴人谓小港为浩也。""龙门皓月"是明代"渝城八景"和清代"巴蜀十二景"之一。过去在龙门浩老码头上岸处竖有"龙门皓月"石碑，碑身高二米许，宽约一米。此碑毁于"文革"。

龙门浩前临长江，后依真武山，南邻海棠溪，北接玄坛庙，是南岸重要的水陆码头和通川南各地的要津。重庆开埠时期和民国时期，龙门浩地区集中了大量洋行、公司、银行的办公楼、厂房、仓库和高管人员住房。设在龙门浩的外国公司有英商的太古公司、亚细亚公司、卜内门洋行、白理洋行、隆茂公司，美商的美孚公司、德士古公司，法商的德孚洋行，等等。1915年成立的英商卜内门洋行位于周家湾63号。1938年，西南实用艺术职业学校迁周家湾办学。陪都时期，不少使领馆、机关、学校和工厂设在龙门浩地区，如比利时大使馆、意大利大使馆、美国海军武官处、美国陆军武官处、英国海军办事处、英国陆军办事处、美国使馆酒吧、英国海军酒吧、商品检验局、新华信托储蓄银行、中国银行国际部、重庆市救济院、中华大学、市立11小学、马鞍山医院以及军政部第一被服厂、大东印刷公司、兴国工矿公司、电力公司，等等。

周家湾是南岸典型的历史街区，这里既有普通简陋的穿斗房、夹壁房、吊脚楼，又有西式洋房和富贵人家的深宅大院，抗战期间从外地以及对岸市中区迁入居民修建的房屋也不少。周家湾地势高低不平，条石砌筑的高堡坎很多，有的高达七八米，房屋起伏跌落，街巷空间收放自如，建筑形态包罗万象。不少画家、摄影家喜欢到这里写生、摄影，建筑设计师也经常到此收集山地建筑和民国时期建筑的构成元素和符号，吸取设计创意灵感。

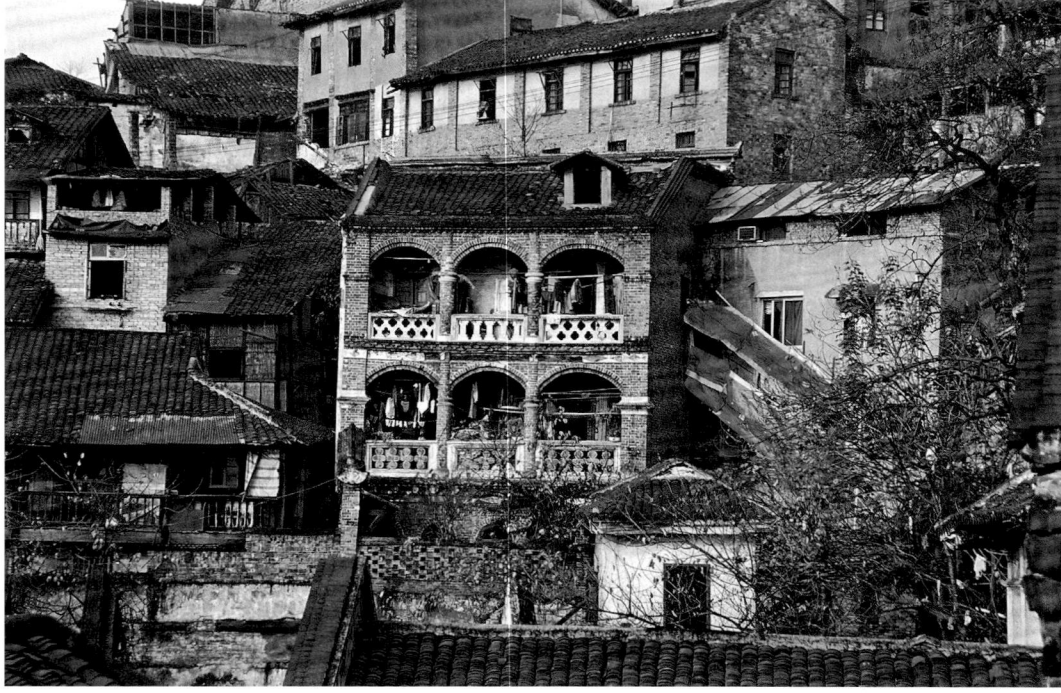

周家湾200号

原地名龙门浩狮子口16号,建造年代不详,当地人称为孙家公馆。此楼过去曾为法国人居住,后被一位官员接手。解放后房屋产权归属中国人民银行重庆市分行,1957年交由上新街房管所管理。

该建筑为典型中西合璧式风格,两楼一底,硬山顶,屋顶开有老虎窗,面宽约12米,进深约6米。二层和三层楼各有两根圆形砖柱,两柱之间作砖砌券拱,弧形曲线美化了建筑立面造型。入口牌楼大门为哥特式尖顶,每层窗檐和门檐上下都有砖砌图案,门楣、窗楣上用木雕花装饰,砖墙围合的小院坝里有两个精致的花池。建筑整体做工考究,布局紧凑,显得小巧玲珑、优雅美观。从滨江路看上去,此房显得特别突出醒目。电视剧《一双绣花鞋》曾以此房为拍摄场地。此房前几年划入"武夷滨江"开发项目,房屋内的几家居民已经搬出,建筑得以保留。

周家湾古堡坎

武昌中华大学旧址

位于下浩米市街29号,清代是湖广移民修建的禹王宫。20世纪二三十年代,英商白理洋行租下禹王宫作为仓库使用。抗战时期,禹王宫先后为空军幼校、中华大学、两湖中学、私营裕德染厂所使用。解放后,裕德染厂公私合营,成为国营南岸针织厂。南岸针织厂现已破产关闭。

武昌中华大学(现华中师范大学前身)成立于1912年,校址设于武昌粮道街,系湖北省地方私立大学。1939年春,武昌中华大学西迁重庆,利用南岸下浩禹王宫前殿和正殿继续办学,时有师生约500人,下设文学院、理学院、商学院,每个学院下设两个系。禹王宫后殿当时作为内迁的两湖中学校址,两湖中学时有师生员工三四百人。两湖同乡会会址也设在禹王宫。中华大学迁渝后,办学经费主要由政府拨付,所有大学生每月有二斗三升平价米口粮,对从敌占区来川的学生实行全部免费。为了解决校舍拥挤,中华大学在禹王庙后面的山坡上修建了4幢3层高的教舍楼,1939年还修建了大礼堂。1946年9月,中华大学回迁武昌。1953年,中华大学更名为华中师范学院,1985年更名为华中师范大学。

抗战后期,为了配合盟军对日作战,国民政府军队和机关急需大批懂外语的人才。军事委员会外事局会同教育部在1944年、1945年两次向重庆各大学招收翻译人员,征专科以上学校师生共计5 000余人。中华大学不少师生通过英语和其他方面考试合格后应征入伍,集中在北碚复旦大学和嘉陵新村中央训练团培训。毕业后享少校军衔,随即奔赴抗日前线从事翻译工作。

20世纪50年代,禹王宫后殿被拆除建了车间,禹王宫大门的题刻和两边石柱对联在"文革"中被破坏。在南岸针织厂使用期间,禹王宫前殿、正殿内还有一些残缺的雕梁画栋。

2006年5月,在南岸下浩米市街德安里发现"武昌中华大学立础纪念碑"。1939年中华大学在米市街修建校舍,此纪念碑立于学校礼堂基座上,礼堂因年久失修于20世纪90年代垮塌。碑刻上书:"武昌中华大学重庆南岸临时校舍立础纪念,民国二十八年一月廿六日立",碑高36厘米,宽20厘米。此碑成为抗战时期重要的文物见证,现存南岸区文管所。

禹王宫临米市街的石梯

禹王宫临周家湾的条石堡坎

周家湾临江老建筑群

周家湾建筑群面临长江,背靠杨家山,街区从江边延伸到山坡,翻过山坡就是觉林寺报恩塔。由于邻近水码头,周家湾是重庆开埠之后外国洋行集中之地,外商在此修建了不少中西混合风格建筑。陪都时期,周家湾人口大增,各种档次和形式的房屋如雨后春笋般出现。20世纪六七十年代,龙门浩街道发展街道工业,建筑更加密集,由此形成建造时期先后不一、房屋档次参差不齐、风格造型各具特色的建筑群。从滨江路望去,只见房屋连接成片,高低错落,层层堆叠,别有一番景致。21世纪初,南岸修建滨江路,加上房地产开发,周家湾现已基本消失。

卜内门贸易公司办事处旧址

卜内门贸易公司办事处（亦称卜内门洋行、卜内门洋碱公司）建造于1915年，位于周家湾63号。公司仓库的墙壁上写有"卜内门肥皂公司"几个大字，因年代久远，字体风化剥蚀，已经模糊不清。

卜内门公司是有名的英资化工企业，光绪二十九年（1903年），卜内门公司在重庆开设机构，主要生产纯碱（碳酸钠）、化肥、农药、染料等化工产品。光绪三十年（1904年），卜内门公司派经纪人在重庆推销"洋碱粉"，同时在重庆开办肥皂厂，取名"祥合公司"，聘请南京来的技术工人进行生产，月产肥皂4 000箱。卜内门公司后来改为"帝国化学工业公司"。1991年又重新启用"卜内门"这个最初的名字。如今，卜内门公司是世界第二大纯碱制造商。

卜内门洋碱公司在重庆开办后，刺激和推动了重庆制皂业的发展。到20世纪30年代中期，重庆开办了5家肥皂厂。抗战爆发后，随着内迁工厂的增加，至1942年，重庆制皂工厂发展到23家。

卜内门贸易公司办事处除办公楼外，过去还有一座大仓库，后在房地产开发中被拆除，现仅存一栋二楼一底砖石木混合结构的办公楼。建筑墙体底层是条石墙，高达七八米，二、三层为青砖，建筑面积约1 200平方米，整体结构基本完好。

抗战时期，国民政府有关单位在卜内门洋行仓库开办过训练班，仓库也作过临时学校和避难场所。2009年12月15日，卜内门洋行被公布为重庆市第二批市级文物保护单位。

卜内门洋行主楼

卜内门洋行大门

卜内门洋行仓库

与卜内门洋行相邻的老建筑

The Old Streets of Nan'an 南岸老街

米市街1—1号吊脚楼群

　　建筑群坐落在斜坡上，一面临米市街，一面骑在石崖上，石崖下是清水溪，石崖上的街区沿清水溪呈半弧形状分布。临米市街房屋高一到两层，临石崖高四五层。地形的变化造就了米市街高低错落，此起彼伏的山地建筑形态。由于建筑结构简陋，加之火灾和自然垮塌，这一带房屋历史上曾多次改建、重建，现存建筑多建于民国末期和20世纪五六十年代。

下浩正街67号

　　普通民居，位于下浩正街斜坡梯道上。房屋为砖木结构，小青瓦、坡屋顶，一层楼加一小阁楼。此地房屋密集紧凑，街巷空间肌理保持着原有面貌格局，邻里之间关系融洽、相互照应，你来我往。由于房屋简陋破旧，大部分原住户已搬出，将房屋租给进城打工者，一些老人和城市低收入者仍然居住在下浩正街的老房子里。

- 245 -

米市街

米市街东接下浩正街，南邻望耳楼，西接原狮子口，北接周家湾，地形狭长。米市街是南岸古道之一，从长江上岸，经米市街可通往巴县迎龙场和南川一带。清末此处建有川祖庙，地名亦称"川祖庙"。民国时期，巴县长生、老厂、黄桷垭一带的米商在此贩卖大米，逐步形成集市和街区，米市街因此得名。"文革"中，米市街与下浩正街、鄂中里一起被更名为"创新村"，1972年恢复原名。米市街还有一些开埠时期和民国时期建筑，是中西建筑文化交融的典型地段。房屋顺坡地的等高线修建，街区高低变化，迂回转折，错落有致，尺度宜人，形成丰富有趣的街巷空间肌理和山地建筑风貌。由于米市街历史建筑和传统街区保留较完整，被列入重庆市历史文化街区规划保护区域。

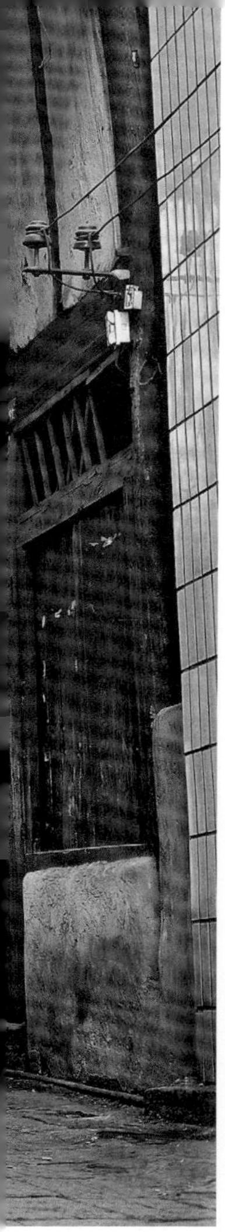
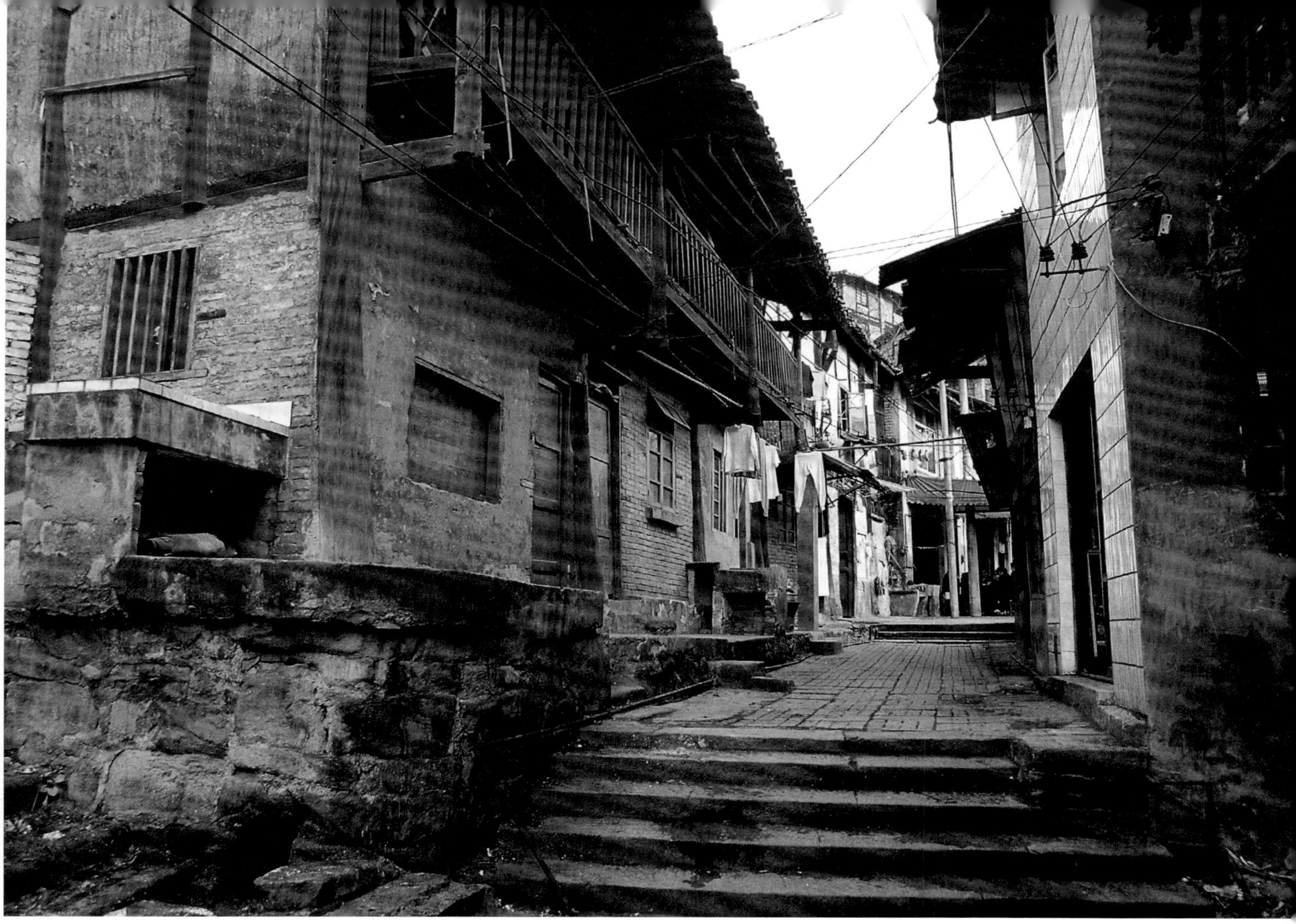
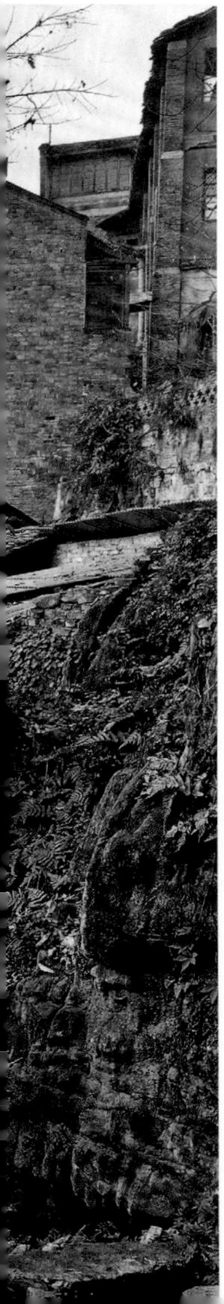
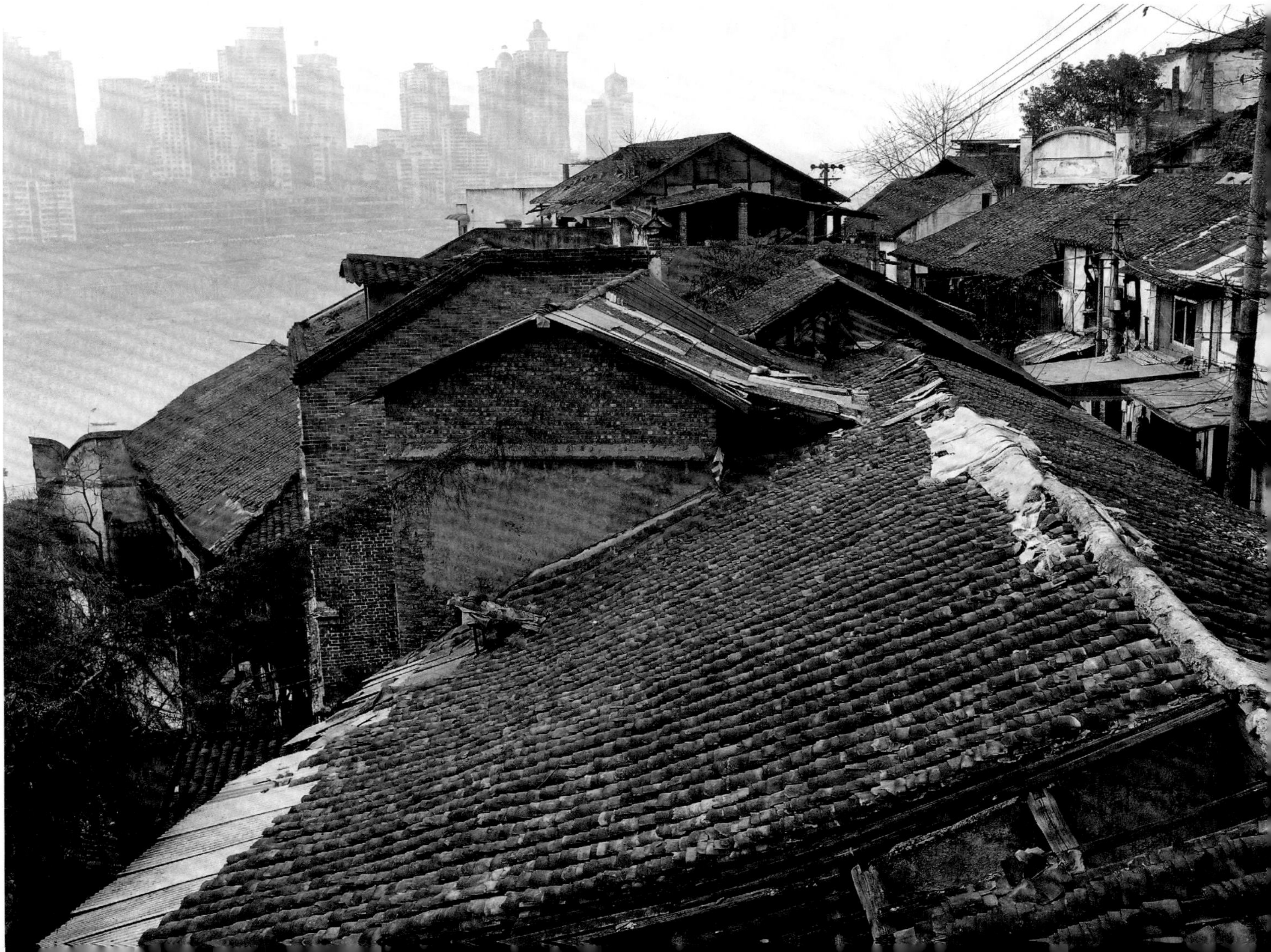

下浩正街

  下浩正街属龙门浩街道办事处下浩社区，与米市街相连，通董家桥和觉林寺街，经觉林寺街就到报恩塔。下浩社区包括了米市街地段、门朝街地段、董家桥地段、葡萄院地段4个街坊。这一地区在清乾隆时期就已形成街市，是南岸区主要老街之一。下浩正街地势南高北低，房屋依山而建，呈半弧形，建筑密度大，传统建筑较集中，多为砖木结构和土木结构。居民中以低收入者、租赁户和老年人为多。

  龙门浩原属巴县第三区，清代在此设龙门乡。1932年巴县4个坊划入重庆范围后重新划分厢坊，龙门浩属第十三坊。1935年分区设署，龙门浩属于第四区署（下半年改为第六区署）所辖6个联保中的一个联保。1939年属第十一区署。1941年设上龙门浩、下龙门浩两个镇。1954年，建立上龙门浩街道办事处和下龙门浩街道办事处。1958年合并为龙门浩街道人民委员会。后历经上新街人民公社、上新街街道办事处、大庆街革命委员会、上新街革命委员会之后，于1979年更名为上新街街道办事处。1981年8月复名为龙门浩街道办事处。

  下浩正街过去是南岸古道的东路。南岸古道主要有3条，分别是正南路、东南路、东路。从龙门浩上岸，经米市街、下浩正街、上涂山寺、避风铺、下肖家店出界，可去巴县迎龙场、南川，远可去湘、桂。在漫长的历史期间，运输主要靠挑夫、背脚、滑竿、轿子、骡马。来来往往、不绝于道的人流物流，造就了龙门浩和下浩正街当时的繁荣。

米市街转角石梯

从米市街到下浩正街和董家桥有一段古石梯，石梯历经岁月磨砺，已变得凹凸不平。此处富有山地特色韵味：高砌的堡坎，裸露的岩石，陡峭的石梯，岩石中的黄葛树，加上坡坎上的穿斗夹壁房，形成重庆山地建筑和街区的地域特色景观。石梯左边堡坎上的房屋当地人称蒋家院子，过去是一大户人家宅第。从此转角梯道上行即到下浩正街和董家桥，再向前行就到觉林寺报恩塔。

鄂中里

鄂中里北临觉林寺、南接米市街，西靠下浩正街，地处斜坡、住宅分布较为凌乱。清末民初鄂中里为两湖（湖南、湖北）会馆和湖北移民聚居地，湖北简称"鄂"，因此得名。当时此处只有少数住家户，其余皆是山林荒坡。抗战时期，外来人口增加，形成居民区。"文革"中更名为"创新村"，1972年恢复原名。

图中房屋位于米市街坡上，砖柱夹壁结构，三层楼，坡屋顶，建于民国时期。房屋右后侧是禹王宫，抗战时期禹王宫曾为武昌内迁的中华大学校址。20世纪40年代的商品检验局设于鄂中里背后的山坡上。

董家桥

1915年前，此处有一座用3块石板搭成的石桥，名永安桥。某年发大水，永安桥被冲垮，时有董姓人氏出面集资新建石桥，取名董家桥，街区也以"董家桥"命名。"文革"中董家桥被改为"幸福桥"。1972年将临近的门朝街并入，恢复原名。董家桥与下浩正街相连，向下方向可到望耳楼、葡萄院，从望耳楼再下，就到龙门浩码头。董家桥过去是大户人家宅院和公司、洋行高管人员宿舍楼比较集中的地方。董家桥房屋多建于清水溪两侧，清水溪流经董家桥入长江。20世纪20年代重庆大资本家黄锡滋与法商吉利洋行合资的聚福洋行坐落在董家桥。

The Old Streets of Nan'an 南岸老街

董家桥通望耳楼的小道

下浩正街与董家桥丁字路口

董家桥21号洋房

中西合璧式风格，砖木结构，青砖灰瓦，两楼一底，房屋前有一宽大的院坝。此房屋是开埠时期法国洋行高级职员住所，也是重庆大资本家黄锡滋与法国商人会谈的主要场所，当地老百姓称之为洋房子。房屋虽已破败，但仍然透露着高贵、优雅的贵族气息。

20世纪中期，黄锡滋为借用外商招牌，求得庇护和避免苛捐杂税，用"福记航运部"与法国商号"永兴洋行"合作成立中法合资航运公司"聚福洋行"。1927年，聚福洋行正式成立，轮船挂法国旗。实际上法国商人并未出资，而是占"干股"，中方每年还要向法方交三万两白银的挂旗费。挂外国商船旗给聚福洋行带来了不少好处，除无须缴纳厘金和苛捐杂税外，还可享受对外商的一切优惠待遇。以至于后来各华商航运公司纷纷效仿，川江上航行的船只大部分都是挂外国旗的商船。据1928年统计，进出川江港船只总数1 023艘，总吨位338 368吨，华商船仅114艘、36 114吨，分别占11.14%和10.67%。挂外国旗的商船数量占88.86%，运输吨位占89.33%。

白理洋行旧址

房屋坐落在董家桥清水溪石岩上的门朝街，建于1911年。中西合璧风格，砖木结构，一楼一底，上有阁楼，系白理洋行修建的别墅。该建筑巧妙利用了复杂的地形，房屋基础部分利用清水溪原有石崖，部分在溪边砌垒条石堡坎；为了方便进出，在清水溪上修建了一座木桥，过桥是望耳楼，从望耳楼再下就到枣子湾老码头。白理洋行为英国商人白耳理和买办古学渊合作开办，主要经营山货、熟猪鬃等出口业务。1913年，白理洋行转向发展进口业务，开设进口商品专卖店，销售英国棉毛织品、洋酒、罐头和其他物品。除古学渊外，英商白耳理还选中了黄云陔做白理洋行买办。因黄云陔精明能干，深得外方信任，几年间就成为重庆城有名的大买办、大富豪。发迹之后，黄云陔在南岸和重庆城置下了大量房产。

南岸的黄山也是黄云陔的祖传家产之一。清末，黄山曾为南岸玄坛庙夏姓富商拥有。1913年，黄云陔父亲黄德宣看中黄山，从夏姓商人手里买下，在山上修建别墅，培植花园，人称"黄家花园"。黄云陔接手黄山后，继续投资修建完善黄山各种设施，并常邀至亲好友、社会名流上山聚会玩乐。此山因属黄家所有，故名黄山。国民政府西迁重庆后，为躲避日机轰炸和消夏避暑，蒋介石侍从室选中此地，向黄云陔买下黄山，黄山遂成为蒋介石和国民政府军政大员的官邸和别墅。尔后黄山名气大增。

葡萄院

葡萄院与下浩正街、下浩茶亭、董家桥、彭家湾相连，老地名叫水巷子。后因此地有一院内种植葡萄而得名。"文革"中改为"革命村"，1972年恢复原名。至今，当地居民还保留着和谐的邻里关系和传统的生活方式。民国时期，觉林寺中心校设于葡萄院。1942年，私立养正小学设于葡萄院。1946年8月，第十三卫生事务所由新桥迁到葡萄院，1952年改名为南岸区第三卫生所。1951年，第三妇幼保健站在葡萄院成立，1965年与黄桷垭、海棠溪、弹子石等地的保健站合并为南岸区妇幼保健站。

望耳楼

位于下浩正街附近，南接老码头，西连枣子湾。相传大禹治水离家出走，其母建楼，终年遥望，盼其归来，故称"望儿楼"，后谐音称"望耳楼"。望耳楼石梯分多个台阶，长达几百米。由于坡度大，外侧无法建房，大部分街巷成为只有内侧房屋的半边街。望耳楼房屋依山建造，层层叠叠，建筑形式不拘一格。

民国元年（1912年），当地士绅捐资在望耳楼创办巴县县立第一女子小学。1927年重庆市政厅成立，第一女子小学改归市属，更名为市立第七初级小学，兼收男生。1934年添办高小，更名为市立第十一小学。1938年9月迁至涂山，后更名为龙门浩小学。抗战时期，望耳楼80号曾作美国大使馆办公之用。

觉林寺报恩塔

位于南岸下浩觉林寺街95号。觉林寺街因有觉林寺而得名。"文革"中，觉林寺被更名为"跃进村"，1972年恢复原名。1981年将觉林寺后街并入。据民国《巴县志》记载，觉林寺建于南宋绍兴年间（1131—1162）。宋淳祐元年（1241年），兵部侍郎、四川安抚制置使余玠有吟觉林寺晓钟诗云："木鱼敲罢起钟声，透处丛林万户惊。一百八声方始尽，六街三市有人行。"明末清初，觉林寺毁于兵乱。康熙二年（1663年）重建。乾隆二十二年（1757年）扩建山门、莲池、亭子、桥梁和报恩塔。觉林寺建筑因历次火灾加上人为破坏，大部分被毁，现仅存山门和报恩塔。

觉林寺山门

报恩塔

报恩塔高9层，通高约30米，八角形，内有石梯可达顶部。石质山门门额上书"报恩塔"三字，两旁石柱刻"因传心法分三教，为建浮屠报四恩"对联。清代由重庆海关管辖的重庆信局曾发行过一套5枚用报恩塔作画面的邮票，邮票文字为英文，可见报恩塔当时名气和影响之大。1917年，美国记者西德尼·D·甘博（Sidney. D. Gamble）在南岸拍摄了觉林寺报恩塔照片。照片上，觉林寺茂林修竹，古柏参天；寺庙周边树木繁盛，环境空阔优雅；青翠的杨家山映衬着雄伟的报恩塔；寺内有歇山顶殿堂，寺庙周围有高大的围墙。

光绪三十年（1904年），商人高少龙投资在觉林寺独资创办了重庆第一家使用铁轮织布机的幼稚染织厂。光绪三十四年（1908年），重庆商界在觉林寺设立幼稚工厂，并将重庆城内南纪门保赤所并入厂内。保赤所系道光二十年（1840年），川东道嵩林和重庆知府徐泽淳等捐资成立的慈幼机构。幼稚工厂收容12岁以下的孤儿，组织孤儿生产木器、竹器、皮革等制品，在重庆城内方家什字（今民生路中段重庆宾馆一带）设门市推销。1938年，汉口民生制药总厂迁到下浩觉林寺街，生产金灵丹、民生丹等药品，产品畅销一时。1938年，国民党第62区分部在觉林寺街成立。1939年，市立烟民勒戒所设于觉林寺，同年市乞丐收容所亦设于觉林寺。20世纪40年代，大东印刷公司设于觉林寺西侧。1944年6月，重庆市救济院设在觉林寺内。次年10月，救济院在觉林寺附近建立育幼所。1951年1月6日，重庆市民政局在觉林寺设立收容处理所，专门收容游民、乞丐、吸毒者。1951年6月，重庆市卫生局在觉林寺建立抗美援朝志愿军伤病员疗养院，1953年2月更名为重庆市志愿军第二疗养院。1962年建立的重庆工读学校先设在市中区柑子堡，后迁到南岸觉林寺街。

觉林寺现为南岸区文物管理所办公所在地，市级文物保护单位。

蒲兰田公馆（美国使馆酒吧）旧址

  位于枣子湾10号（原下龙门浩枣子湾34号、老码头96号），二楼一底砖木石结构建筑，建筑面积1 040平方米。原系英国人蒲兰田（蒲领江）公馆，后卖给美孚石油公司作办公之用。1938年至1942年供美国使馆人员休闲娱乐之用，故亦称美国使馆酒吧。1952年移交给地方国营重庆市新生煤矿。重庆市化工商品质量检查站曾在此办公，后作化工仓库使用。现由上新街房管所管理。

  蒲兰田（C. S. Plant），英国航海家，长江三峡最早的外国领江，曾担任川江轮船公司"蜀通"轮船长，人们习惯称他为"蒲领江"。1899年6月20日，蒲兰田驾驶英商溥安公司的商轮"先行"号从宜昌抵达重庆港，这是到达重庆的第一艘英国商轮。1908年，蒲兰田任川江轮船公司造船顾问。1909年，由蒲兰田担任船长的"蜀通"号商轮及拖货驳船从宜昌驶抵重庆港，开始了川江上游商业性客货运营的新时期。蒲兰田根据长期考察川江航道的经验，为川江轮船公司设计了"蜀亨"号轮船。该轮由英国雅罗公司制造，载重量560吨，吃水浅，马力大，适合川江航行。1914年5月30日，蜀亨轮驶抵重庆，开始在长江从事客货运营。1915年3月13日，海关总税务司批准重庆成立长江上游巡江司，委派蒲兰田担任重庆海关首任长江上游巡江工司之职。巡江司主要任务一是担负川江航道助航设施的建立和维护管理工作；二是负责川江航道秩序之维持；三是兼管一些航政工作，如调解裁决行船纠纷，处理海损事故，对驾驶、领江人员进行培训与考核，以及船舶报告验证等。蒲兰田担任长江上游巡江工司期间，在湖北秭归新滩马龙溪口建立了川江最早的信号台，1917年12月19日颁布了《长江上游大小轮船订造法》，1918年9月制定了《川江行船免碰章程》，并撰写了《川江航行指南》。1917年冬，重庆关巡江司成立了引水教练学校，由蒲兰田主管学校教学等事务。1921年2月26日，蒲兰田休假乘海轮回国，途中不幸病逝。

  1924年，湖北秭归县政府在新滩为蒲兰田设立纪念碑。蒲兰田在重庆、三峡地区工作长达28年，为发展川江航运，培养川江第一批领有正式执照的领江作出了一定贡献。

枣子湾

位于老码头后坡上，北邻望耳楼，南接建业岗。地势南高北低，道路狭窄，房屋建在山坡上。百年前，因此处枣子树多而茂密，故得名。重庆开埠后，枣子湾和马鞍山是英国商人、外国教会开办洋行、建立教会医院和慈善机构较为集中之地。陪都时期，美国大使馆、英国大使馆、比利时大使馆、意大利大使馆和新华信托储蓄银行、中国银行国际部等机构分布在枣子湾的街巷和树林之中。抗战时期，英美军事机构集中设立于枣子湾。英国海军办事处、陆军办事处驻枣子湾20号，美国海军武官处驻枣子湾36号，美国陆军武官处驻枣子湾13—14号，英国海军俱乐部设在枣子湾南面的瓦厂湾48号。

摊子口正街建筑群

位于上新街右侧，西邻建业岗、老码头，东靠涂山路。街长约200米，宽约5米，东高西低。因涂山脚下的茶叶沟溪水在此街口下泻成滩，故名滩子口。后来一些贫民在此地摆摊设点，搭建房屋居住，逐步成为街道，街名也叫滩子口，后改为摊子口。

从龙门浩码头上一段长长的石梯就到摊子口。摊子口过去多吊脚楼和简易搭建的棚房，后来逐步改造成两三层的砖房，多数砖房仍然保留了青瓦坡顶和部分穿斗夹壁结构。此处建筑群起伏跌落，密集的房屋之间有一条弯曲的石梯巷道，从此巷道可以上到建业岗，即现社会主义学院一带。

老码头

位于新码头下游河边，东靠建业岗，南连新码头，西临龙门浩码头，北接枣子湾。"文革"中改为"上游坡"，1972年恢复原名。此码头原为龙门浩设立较早的水码头，过去是龙门浩与对岸望龙门之间的一个渡口，后因英商太古洋行在其上游方向修建了专用的新码头，故改称老码头。

重庆开埠后，英商立德乐洋行以"永租"土地方式在龙门浩修建码头、仓库和厂房。光绪三十年（1904年），立德乐洋行转让给英商隆茂洋行经营。码头、仓库改称为"隆茂码头"、"隆茂仓库"。1926年，隆茂洋行将龙门浩的码头、仓库、货栈及厂房产权和业务转交给太古洋行。太古洋行将隆茂码头改建为自己的专用码头，为区别于原有老码头，称此码头为新码头，并在新码头石壁上留下"CTC太古洋行界"界碑。

老码头坡度很大，长长的石梯顺坡而上，石梯两旁有不少纵横交错的吊脚楼和老式木板房，建筑形式灵活多变，街巷空间丰富多彩。

The Old Streets of Nan'an 南岸老街

枣子湾60号别墅旧址

与枣子湾50号老房相邻，地面标高高出枣子湾50号七八米。由于地势起伏不平，建筑平面呈不规则状，为解决高差，在斜坡上砌筑了高两三米的条石堡坎，砖房建在条石砌成的平台上。房屋表面抹灰勾缝，做成假石墙，墙面刷土黄色，远处看去就像是西式石结构建筑。后来墙体大部分抹灰脱落，露出砖墙，还有小块抹灰残留在砖墙上。

解放后，重庆市公安局接收此屋，分配给干警居住。后来在楼上又加建一层，变为两楼一底的楼房。此房与附近的枣子湾50号都是陪都时期美国大使馆租用的房屋。2009年7月，重庆市文物委员会将此房挂牌列为建业岗别墅群之一的"重庆市抗战文物保护点"。

美国大使馆武官公寓旧址

位于枣子湾50号，原属富商汤壶峤（汤子敬之子）的房产，地处现社会主义学院大门外的坡坎之下。房屋外有一块长条形院坝，院坝居高临下，视野开阔，可观长江及对岸市中区之景色。抗战时期，此房曾为美国大使馆武官公寓。

房屋为砖木结构，二层楼，坡顶青瓦，外墙部分为砖柱砖墙，部分为砖柱竹夹壁墙。房屋面宽13米，进深8米，大门宽2.2米，高3.2米，门内有2.7米深的过道，门前有11步台阶，底层为水磨石地面。房屋在二层的砖墙面采用了一种传统的装饰工艺：在墙面先作抹灰，在抹灰未干时将表面抓毛，形成墙面凹凸不平的效果，俗称"燕窝泥"做法。燕窝泥墙面用暗红色颜料涂刷，显得别有情调。

由于面临长江，建筑设计充分考虑了观江面的景观，房屋朝江面是空透的大阳台，阳台下的空间作为花园。

解放后，房屋由重庆市人民银行接收。此房当时属于高档房屋，人民银行安排给七八家资格较老或职级较高的干部居住。为了增加居住面积，房屋后来作了局部改造，原来朝江的阳台被封掉作了居室，又在楼上加了一层，成为现在的两楼一底建筑。上新街房管所登记面积为396平方米，居住了5户居民。在此居住最久的张婆婆已有80岁，她1951年毕业于李子坝的银行学校，之后分配到工商银行工作，50年代到枣子湾50号居住，至今已有50多年。由于枣子湾视野开阔、空气好，加之对老房子的留恋，张婆婆至今还舍不得离开。

张婆婆所说的李子坝银行学校位于李子坝正街二村23号的交通银行旧址。1938年秋，日军大举进攻武汉，交通银行总管理处迁重庆李子坝办公，在城内打铜街设立特等支行。李子坝有交通银行的办公楼、宿舍楼、教学楼、印刷厂、金库，总面积3 600多平方米。解放后，人民银行西南区行在交通银行李子坝旧址开办西南区行附属银行学校，培训银行系统干部。交通银行旧址附近还有刘湘公馆，李根固（川军抗日名将，曾任重庆行营警备司令部司令、重庆防空司令）公馆，高显鉴（曾任四川省立教育学院首任院长、市政府秘书长）公馆，国民参议院等陪都遗址。2009年，渝中区政府投资将几处遗址修复，作为"抗战陪都遗址公园"。2010年6月11日，遗址公园正式建成开放。

2009年7月，重庆市文物委员会将枣子湾50号挂牌为"重庆市抗战文物保护点"。

新华银行和中国银行国际部旧址

位于枣子湾41号,建造于民国时期。据当地老人介绍,此房曾经是重庆著名富商汤子敬(汤百万)的房产,后转给一名从事航运的老板,此房还租给一位日本医生居住过。陪都时期,此房曾为新华信托储蓄商业银行(简称新华银行)和中国银行国际部办公所用。解放后房屋产权由银行接管,分配给银行职工居住,现房屋产权属于上新街房管所。

新华信托储蓄商业银行原名新华储蓄银行,创立于1914年,总行设在北京。1931年,由于新华储蓄银行经营不善,资金周转不灵,财政部遂救令中国银行、交通银行各出资90万元,原银行资本折合为20万元,共计资本金200万元,将新华储蓄银行改组更名为新华信托储蓄商业银行。嗣后总行迁上海,由王志莘担任总经理。抗战爆发后,王志莘来渝,在重庆成立总管理处。抗战胜利后,总管理处迁回上海。

新华银行重庆分行成立于1939年1月,先后由贺友梅、熊祖同担任经理,主要办理储蓄和信托业务。抗战时期,该行曾经支持过生活书店:当时生活书店在重庆出版进步书籍,形成较大社会影响,受到国民党图书杂志审查委员会的限制和查封,经济十分困难。新华银行重庆分行一次性向生活书店贷款10万元,帮助书店渡过了难关。

中国银行于1939年10月迁来重庆,由孔祥熙担任董事长。1945年10月迁回上海。中国银行重庆分行于1915年1月在城内曹家巷开业。中国银行重庆分行在四川、贵州、西康等地开设了不少分支机构。

建筑为砖柱砖墙,部分为夹壁墙,高两层,带有阁楼。最有特色的是屋顶和天窗上的盖瓦呈斜度很大的坡面,具有典型的北欧建筑风格,此类形式建筑在重庆尚为罕见。房屋正面有一座门廊,宽4米,高3.35米,突出房屋2米,门廊上层为阳台,后来被封闭作了房屋。进门廊后的室内一层地面为水磨石,二层为木地板。楼梯间在门廊的右侧,宽2米,室内空高3.3米。房屋外面有一处面积约400平方米的院坝,过去作花园及活动场地,院坝外建有石墙围护。大门口有一间用条石作墙的警卫室,可见当时戒备甚为森严。

2009年7月,重庆市文物委员会将此建筑定为"重庆市抗战遗址文物保护点",列为"建业岗别墅群4号保护点"。

美国大使馆武官住宅旧址

位于枣子湾42号，建筑轴线与枣子湾41号房屋垂直，过去与41号之间有一壁高墙相隔，现高墙已被拆除。旧址建筑位于三面是坡、一面朝江的低谷地带，周边绿树成荫，野草茂密，环境优美宁静。房屋为一船商所有，抗战时期，美国大使馆曾租用此房作武官住宅使用。

房屋为砖木结构，一楼一底，带有阁楼。歇山顶，墙体部分为砖墙，部分为夹壁粉墙。房屋正面宽15米，进深13米，建筑面积约400平方米。大门宽2.7米，高4米，进深2.9米，前有11步台阶，台阶左右是花台。房屋呈不对称状，大门左面窄，右面宽，左面是砖墙，右面过去是一处宽大的观景阳台，"文革"时期，此阳台被封掉改作居住。房屋后面的空地在解放后加建了一些房屋，新加房屋修建了连廊与老房接通。进房屋第一层是水磨石地面，室内空高达4.2米，二楼层高4米，楼梯间有3.75米，显得宽阔大气。

抗战胜利后，美国武官搬走。解放后，房屋由长航公司接收管理，改作长航医院。医院停办后，分配给十几户长航职工居住。由于房屋多年失修，破损严重，旧楼里现仅有一位已经84岁的万婆婆。万婆婆丈夫过去是拉船工人，前几年去世，她一人至今还居住在空旷的老房子里。2009年7月，重庆市文物委员会将此建筑列为"重庆市抗战遗址文物保护点"，编号为"建业岗别墅群第5号保护点"。

意大利大使馆旧址

位于枣子湾15号（原枣子湾16号），砖柱夹壁结构，3层楼。房屋面宽14.3米，进深4.5米，背靠高坡，四周树木环抱，环境幽静。1938年8月4日，意大利驻华使节亚历山大由汉口抵渝，在南岸枣子湾16号开馆办公。1940年7月24日，代办师秉礼到此任职，8月2日向国民政府主席林森递交国书。抗战时期，由于意大利政府承认汪精卫伪政权，中华民国政府与意大利政府于1941年7月断交，使馆关闭。7月16日，师秉礼等回国，使馆房屋转由比利时大使馆继续租用。

比利时大使馆旧址

位于枣子湾13号，临近意大利大使馆。两层楼砖木结构建筑，内有天井。1938年10月至1943年5月，比利时大使馆设立于此。1938年10月8日，比利时大使馆代办劳德山到渝任职，时有大使1人、代办1人、秘书2人。1941年4月4日，新任驻华大使纪佑穆抵渝上任，4月18日接受蒋介石会见，并捐款赈济重庆难民。1943年10月20日，纪佑穆大使代表比利时政府在重庆签署《中比平等新约》。1943年11月24日，比利时新任公使薛嘉德抵渝上任。1944年12月20日，比利时新任大使德尔福接任薛嘉德，第二年1月9日向蒋介石递交国书。

1941年7月，意大利大使馆关闭后，房屋转由比利时大使馆租用。1943年5月5日，比利时大使馆迁驻枣子湾23号新址。1946年5月迁往南京。

旧址房屋在解放后作了改造和加层，现在产权分别属于重庆第三针织厂和上新街房管所，作职工宿舍使用。

美国大使馆武官处旧址

位于上浩建业岗社会主义学院内，建于民国初年。砖柱砖墙，主体建筑两层，上面加有阁楼，阁楼开有六七个天窗，建筑形态玲珑小巧，屋顶造型丰富多彩。此房原为一石姓商人所建，抗战时期租给美国大使馆武官处使用。

美国大使馆于1938年6月15日从南京迁来重庆，先后在渝中区中山四路（现中四路小学处）、李子坝正街40号、健康路1号（现急救中心）、南岸望耳楼80号、南岸枣子湾、建业岗等处办公。

抗战8年期间，美国派驻重庆的大使有4届。美国大使馆1939年有9人，1944年底有大使1人、参事1人、二秘7人、三秘2人、陆军武官4人、海军武官5人，共20人，另聘用中国雇员72人。1946年4月24日，美国大使馆迁返南京。1949年10月17日再次迁来重庆，仅1个月后即关闭。因美国大使馆人员较多，陪都时期在南岸有几处办公和住宿处。

[重庆]老城 The Old Cities of Chongqing

上浩建业岗44号老房

老地名叫"三王庙",位于枣子湾、老码头之上,南面与摊子口相邻。1937年有富商石竹轩、汤壶峤、王仲平在此山岗上修建别墅,取建家立业之意而得名建业岗,此房过去为其中一富商所建。老房内部已作部分改造,砖砌大门还保持原有形状,既有中式门匾和八字造型,顶部又有西式弧形和线条装饰。

石竹轩,四川大盐商、大烟贩,曾任川盐银行常务董事兼经理。汤壶峤,近代重庆巨商汤子敬之子。其父汤子敬发迹于清末民初,后成为重庆商界泰斗,有"汤百万"、"汤半城"之称。由于家业庞大,汤子敬所办店号分别交给弟弟汤子善,儿子汤志修、汤壶峤经营管理。

建业岗别墅

位于南岸重庆社会主义学院内,建于20世纪初至30年代。重庆社会主义学院位于南岸建业岗54号,解放初期是西南财政部医院。1955年在医院旧址建立"中国人民政治协商会重庆市政治学院",学员对象主要有党派成员、宗教、民族、政协干部及台胞。"文革"期间停办,1978年下半年恢复教学,1984年改名为重庆社会主义学院。

建业岗是南岸一处风景非常优美的山岗,南面连接马鞍山,北面毗邻杨家岗。这里树林茂密,山峦起伏,空气清新,视野开阔。在此驻足徜徉,清风徐来,使人心旷神怡。放眼眺望,山下的长江和对岸的重庆半岛景色尽收眼底。

民国时期,许多达官贵人、巨商富贾和外国洋行看中此地,在山上建造了不少别墅。晚清至民国时期重庆著名实业家汤子敬在建业岗建有别墅群。陪都时期,国民政府和外国驻渝的一些机构租用这里的别墅作办公之用,如美国大使馆租用建业岗一石姓商人别墅作为武官处办公和住宅。1956年,建业岗别墅交由重庆社会主义学院管理使用。至今,学院内还保留有不少老别墅,作办公和教职工宿舍之用。

建业岗别墅群是重庆近现代重要历史遗迹,现为南岸区区级文物保护单位。别墅群整体被重庆市文物委员会分别编号,列为重庆市抗战遗址文物保护点。

杨家岗英国商人别墅

位于龙门浩街道下浩社区立新村71号，为英国人修建的一座中西合璧式别墅酒吧。英国人在南岸修建的酒吧有几处，如周家湾173号（原狮子口河边）也有一处英国人开设的酒吧。当时重庆人将外国人开设的酒吧称为"洋酒馆"。

立新村北与玄坛庙友于支路接界，东邻原涂山乡莲花大队，南接觉林寺，西靠周家湾。由于坡度较大，又是城乡接合部，这一带房屋比较分散，过去有多个地名，如杨家岗、洋酒馆、黄经庙、新房子、兴隆湾等。"文革"中将这些地名统一起来称"立新村"。此地名一直沿用至今。

别墅建在一座叫杨家岗的山顶上。杨家岗海拔高度约330米，周边绿树茂密，环境开阔，山下是重庆有名的觉林寺报恩塔。别墅为砖柱砖墙和部分夹壁墙，屋顶前为歇山顶，后为悬山顶，背面有两根造型优美的圆形砖柱。房屋面阔12.5米，进深16米。正楼两层，阁楼一层，二楼正面有4个砖柱，砖柱之间有3个圆拱，圆拱内是观景阳台。在此阳台聚会，居高临下、品酒观景，别有一番情趣。地下有空高约3米的半地下室，露出地面的石墙上开有多个透气采光小窗。地下室内有六七个石拱门，还有一口水井，至今仍有清洌的井水。英国人喜欢骑马，地下室过去作马厩使用。

1917年美国记者西德尼·D·甘博在重庆南岸拍摄了一组报恩塔照片。其中一幅照片上可清晰看到报恩塔背后杨家岗山顶上这座别墅酒吧，当时别墅酒吧周边还没有任何建筑。现为南岸区房管局管理的公房。

别墅正面（面向长江）

别墅右侧面

别墅背面（面向南山）

立德乐洋行、隆茂洋行旧址

位于上新街新码头34号，为英国商人立德乐于光绪二十二年（1896）年在南岸开办的工厂，主要经营猪鬃洗制、山货加工和进出口贸易。

1895年，立德乐洋行将龙门浩码头和"九湾十八堡"地皮永久租用。九湾十八堡包括了上新街、普善巷、新码头、马鞍山、瓦厂湾一大片土地。由于清政府当时规定外国人不能在中国境内购置地产，立德乐以洋行买办卢序东的名义向大地主周成基（人称周八老爷）用永租方式租下这片地皮，作修建码头、厂房、库房、货栈之用。所谓"永租"，就是一次性付给业主一笔租金，租期可达99年，到时还可续租。

光绪三十年（1904年），立德乐回国修养，将洋行分别转让给英商隆茂洋行和白理洋行经营。1926年隆茂洋行将其产权和业务转给太古洋行。为便于起运货物，太古洋行于1927年将上新街隆茂码头改建为自己的专用码头，停靠"万县"、"万流"等商船。为区别于原有码头，将太古码头称为新码头，并在新码头32号石壁上留下界碑，上面阴刻"CTC 太古洋行界"。太古洋行经历平和洋行后仍恢复为隆茂洋行。

解放初期，隆茂洋行被西南军区军需部和土产公司作为仓库使用。1950年9月23日，隆茂洋行仓库发生大火，房屋和财产损失达180亿元（旧币）。因损失严重，西南军区后勤部、土产公司和隆茂仓库相关负责人分别受到处分。1953年2月，南岸区政府（时为第五区）接管使用隆茂洋行房产。之后，南岸区政府统计局、物价局、工商局、文教局、科委、广播局等单位均在此办公。隆茂洋行过去规模宏大，因1950年的大火，加之几十年来被拆除损毁，现只留下仓库、办公楼等三四处房屋。2009年12月15日，立德乐洋行旧址被公布为重庆市文物保护单位。

立德乐（全称阿奇波尔德·约翰·立德乐，A. J. Littie，1838—1908），英国冒险家、商人，被《大不列颠名人录》誉为"开发中国西部第一人"。咸丰九年（1859年）立德乐来到中国。他在游历上海、四川后，在湖北宜昌开设立德乐洋行，经营进出口货物和报关业务。光绪九年（1883年），立德乐探险川江航道800英里航线，历40天艰苦航行始至重庆。光绪十六年（1890年），立德乐在重庆城下陕西街创办立德乐洋行。光绪十七年（1891年），立德乐租用民船挂美国旗装运货物抵达重庆港，成为进入重庆的第一艘挂旗船。光绪十九年（1893年），创办利川保险公司。光绪二十二年（1896年），在南岸上新街新码头开办猪鬃加工工厂，洗制熟猪鬃出口。光绪二十四年（1898年），身兼船长和工程师的立德乐驾驶"利川"号轮船由宜昌抵渝，成为经长江三峡逆水到达重庆的第一艘机动船。立德乐还成立了长江上游轮船公司，定期运送货物和运载乘客通过长江三峡地区。光绪三十年（1904年）立德乐开办"中英合办煤铁矿务有限公司"。光绪三十三年（1907年），立德乐返回英国。

在此期间，立德乐的夫人艾利西娅·立德乐为英国的报纸期刊撰写了大量关于重庆的文章。光绪二十一年（1895年），她还促进成立了中国国家反缠足协会，使这一陋习得到更多人的关注，并最终被禁止。立德乐夫人出版了《穿蓝色长袍的国度》、《扁舟过三峡》、《亲密接触中国——我眼里的中国人》等书，生动描述了她对三峡美丽风光和重庆人文风情留下的印象。

2006年，我市为100位重庆历史名人在朝天门做塑像纪念，立德乐位列其中。

立德乐洋行办公楼

立德乐洋行仓库

马鞍山老巷子

马鞍山位于龙门浩东侧山坡上，濒临长江，地形北高南低，房屋依山而建，层叠错落。因山势形如马鞍，故得名。马鞍山南面是黄泥岗和海棠溪，北面是建业岗、摊子口，西坡与瓦厂湾相连，东坡是一大片地势平缓起伏的坡地，再向东就是属于铜锣山系的南山山脉。"文革"中马鞍山改为"胜利山"，1972年恢复原名。马鞍山过去森林密布，绿草遍地，地势开阔，风景优美。

开埠与民国时期，马鞍山上有比利时大使馆、亚细亚火油公司、德昌洋行、盐务稽核处、英才中学、储才专科学校、万国医院、马鞍山医院等使领馆、洋行、机关、学校和医院，还有上海益丰电池厂、南洋兄弟烟草公司、华福卷烟厂的大片宿舍和中外商人、官员修建的高档别墅。马鞍山东坡有被服厂、制革厂、染织布厂、中华化学厂、光大酒精厂等工厂和民生公司印制部、湖北省银行仓库。西坡的瓦厂湾有英国大使馆、英国海军俱乐部等建筑。

20世纪50年代至80年代，随着人口增加，房管部门和一些工厂、单位在马鞍山新建了不少砖混结构楼房，租赁或分配给职工、居民居住，当地居民自己也搭建了不少简易的房屋。马鞍山现在逐步变成房屋密集、石梯小道遍布的街区。

马嘉礼别墅旧址

位于马鞍山68号，与马鞍山234号的万国医院相距约100米，为著名传教士、慈善家、医生马嘉礼修建，大致与万国医院建造于同一年代。民国时期，马鞍山68号曾作过马嘉礼夫妇的别墅。马鞍山68号房屋建筑体量很大，除了供马嘉礼夫妇居住外，应该还有其他用途。从此建筑与马鞍山234号万国医院的相邻关系来看，不排除马鞍山68号也是万国医院的一个部分。马嘉礼去世后，重庆电影界著名人士夏云瑚于1942年从马嘉礼夫人手里买下作为别墅，对外称仁厚堂。解放后，此房先后为重工业部西南办事处、化学工业管理局和南岸区武装部使用，后房屋产权转给四川省轮船公司。现房屋产权属于上新街房管所。

夏云瑚，1903年出生，巴县人。初小毕业后进入火柴厂和重庆储奇门药材堆栈当童工，后进入重庆广益书院商科就读。1922年毕业后入美孚洋行当翻译。1926年开始与人合资开办冰厂。1929年，重庆环球电影院经理吴铁生派夏云瑚到上海美商环球影片公司负责选片等工作，选好的影片在重庆、成都、昆明统一发行。1937年2月11日，夏云瑚经营的国泰大戏院在柴家巷（今邹容路）正式开幕。抗战时期，"上海影人剧团"曾在国泰大戏院演出进步话剧50余场。1947年6月，夏云瑚担任上海昆仑影业公司总经理兼厂长，拍摄了《三毛流浪记》、《乌鸦与麻雀》、《丽人行》等十余部影响甚广的影片。1948年后到香港筹建"南国影业公司"，到印度尼西亚成立"飞鹰影业公司"。1957年回到北京，任中国电影发行总公司顾问。"文化大革命"期间受到迫害，1968年12月含冤去世，终年65岁。1979年3月平反昭雪，骨灰盒现存放于北京八宝山革命公墓。

别墅旧址建在斜坡上，形成错层建筑。底层为条石基础，青砖墙体，上面两层是砖柱夹壁房，正面有两根直径为0.42米的圆形砖柱，从地面一直升到三层。门厅宽3.1米，高5.2米，进深2.8米。门厅上第二层、第三层三面空透，作为观景休闲的平台使用。门厅前有8步石梯，进入门厅后有1.8米的过道，过道内有一圆拱门进入室内。从室内右边的木楼梯还可上到另一处院坝。上面的房屋相对于院坝只有一层高。

该建筑充分利用地形，布局起伏跌落，建筑体量不小。邻江面还有一处大院坝，周边树木葱茏、环境优美。在此居高临下，可观赏长江及对岸景致。

由于年久失修，整体建筑已经成为挂牌危房，现在还居住有20多户居民。

湖北黄州会旧址

位于马鞍山249号，建于1939年。房屋面朝长江，建在岩石上，一楼一底砖木结构建筑，岩下没有任何建筑遮挡，位置正好可见龙门浩江边两条巨石，江对岸是渝中区望龙门。房屋面宽14米，进深7米，正面有2米宽的过道，二层是2米宽的观景廊道。木楼梯扶手用水磨石作表面，做工细腻，至今表面的水磨石还非常光滑。此房曾为湖北黄州会和英才中学所用，现为上新街房管所管理的公房。

上海益丰电池厂老板贺师能旧宅

位于马鞍山270号，两层楼青砖建筑。面阔8米，进深10米，建筑面积160平方米，系上海益丰电池厂老板贺师能于20世纪30年代修建的别墅。贺师能去世后，由其两个儿子贺贤仁、贺贤生居住。"文革"中被没收为公房，20世纪80年代初落实政策归还贺家。贺贤仁两兄弟去世后，现由贺氏兄弟两个近90岁的遗孀及后人居住。

1937年底国民政府迁都重庆后，电池需求量大增，刺激了电池行业的发展。上海人贺师能与人合资，在重庆城四牌坊（现解放东路太平门段）开办上海益丰电池厂，时有工人30余名，生产"火车牌"、"高塔牌"、"岳飞牌"3种手电池和甲、乙电池，日常手电池3 600只。后在南岸马鞍山新建电池厂。1951年进行产业结构调整，政府将23家私营电池厂合并为13家。1955年，又对13家私营企业实行公私合营，合并为重庆益丰、重庆华丰两家电池厂。在合并和公私合营过程中，"益丰"的品牌一直存在。

现存历史资料中有一张重庆益丰电池制造厂的销售发票。发票上的厂址是南岸马鞍山3号，营业部为林森路72号内附2号。发票开出时间是1945年6月21日。发票购货方是中国银行，内容是：火车牌电池，10打，单价国币2 300元，总价23 000元。发票上还印有"本厂专制火车牌、岳飞牌、高塔牌手电池，及岳飞牌A电B电，精工制造，经久耐用"字样。

万国医院（马鞍山医院）旧址

位于马鞍山234号，房屋建在斜坡上，条石基础，青砖楼房。正面4层，背面两层，面阔约50米。楼房正中开有高大的青砖拱门，拱门高约6米，宽2.5米。房屋利用坡地高差，在二层和三层开有几个小门，分别与不同标高的地面相连。房屋内部各层有宽1.8米，长30多米的木地板过道，过道两侧有许多房间，过去是医院的诊疗室、病房、手术室、办公室。

利用坡地高差，在顶楼开辟的通道

1920年，著名传教士、慈善家马嘉礼医生在南岸马鞍山购地建房，于1921年开办万国医院，时有病床30张。万国医院为南岸区最早的西医院。据《重庆市南岸区卫生志》介绍，"1920年宽仁医院失火，院长马嘉礼引咎辞职，1921年在南岸马鞍山创办万国医院。1927年马嘉礼病故，医院停办。"又据重医附二院所编《宽仁大讲堂》精选介绍，"1916年秋，马嘉礼从布道团退休，之后与夫人一直在重庆行医和做红十字会工作。20世纪40年代马嘉礼去世，葬于江北嘴。"史料记载出入之处，还有待于进一步考证落实。

1942年，马嘉礼夫人将医院房屋出售给郑石均。后来郑石均将房屋租给马鞍山医院。

马鞍山医院前身是南山协和医院。抗战时期，日机对重庆城区进行持续大轰炸，造成房屋严重损毁和人员死伤，重庆城机关、居民纷纷转移到郊区。南岸在这一时期人口剧增，对医疗服务的需求明显增加。在此情况下，南岸红十字医院6位医生共同集资，由文复阳牵头，于1942年租用南山疗养院创办了南山协和医院，为当地民众提供医疗服务。

抗战胜利后，陪都各界纷纷减员复员或返回南京等地，南山协和医院亦因租赁合同期满宣布停诊歇业。留下的医护人员希

别致的顶楼出挑

望继续在南岸开办医院，既服务市民，又避免失业。恰逢原万国医院房主郑石均愿意低价出租房屋。在社会知名人士资助下，南山协和医院医护人员将万国医院旧址接手后改为马鞍山医院，推选工商界知名人士杨晓波等担任董事，设立病床50张，继续开展医疗服务工作。为提高医院的地位和声誉，杨晓波出面邀请徐堪（曾任"四行联合办事总处"秘书长、国民政府粮食部部长）担任董事长。马鞍山医院开办后，曾与中共地下党有过联系，还向华蓥山革命根据地提供过药品等物。马鞍山医院在药品紧缺、设备匮乏的条件下，坚持诊疗办院，直至解放。新中国成立后，该院一些优秀医务专业人才在新的岗位继续发挥了重要作用。

20世纪50年代，马鞍山医院房屋由三联柴油机器厂（"文革"期间更名为重庆柴油机厂，现已关闭）接收使用。20世纪90年代住房制度改革后，房屋产权卖给了职工。由于房屋使用多年，木楼板已经损坏，屋顶多处漏水，大部分原产权人已经将房屋转租给城市暂住户居住。

紧邻万国医院的马鞍山237号房屋也是一座中西合璧建筑，1920年由马嘉礼建造。解放后房屋产权为重庆塑料三厂所有，后来交南岸区房管局上新街房管所管理。该建筑面朝长江，在斜坡上用条石砌筑一处宽大的平台，在平台上修建两层楼房。二楼三面都是开阔的观景通廊，通廊外有9根圆形石柱，整体建筑显得恢弘大气。马嘉礼去世后，其夫人将房屋卖给郑晴礼。马鞍山237号与万国医院距离仅四五十米，其建造年代与马鞍山234号、马鞍山68号大致相同，建筑风格也有异曲同工之处，应该是与万国医院和后来的马鞍山医院相配套的房屋。其具体历史和有关情况还有待进一步考证。

与万国医院毗邻的马鞍山237号

英国盐务办事处旧址

位于马鞍山盐店湾54号重庆港口医院内，坐落在一处小山顶部。英国盐务办事处建于19世纪末，主要负责管理英国和四川之间的盐贸易业务。房屋面临长江，面阔30米，进深16米，高10米，四个坡面的房顶类似中国的庑殿式屋顶。红色琉璃瓦，黄色外墙，房屋底层开有圆窗，二层为方形窗，方窗之间有罗马柱，窗下安装有带图案的铸钢栏杆。室内楼梯做工精细，木质扶梯和表面土漆至今完好无损。英国盐务办事处周边环境优美，无建筑遮挡，几棵巨大的黄葛树增添了环境的宁静和阴凉。

1958年，原民生轮船公司新村疗养所和重庆港务局枣子湾疗养所合并，在马鞍山盐店湾54号成立重庆长航疗养院。1985年划归重庆港口管理局，同年4月更名为重庆港口医院。2010年4月，港口医院关闭。

益丰电池厂旧址

位于马鞍山242号，1939年由吴乐咸、吴乐竽修建。抗战时期，益丰电池厂从上海迁入重庆，初在重庆城内四牌坊办厂，后在南岸马鞍山3号建厂，成为当时重庆最大的电池厂。旧址房屋为砖柱夹壁结构，6柱5开间，面阔20米，进深达30米，高2层，内有两个长6米，宽4米的小天井。正面左右开有两处大门，各9级石阶，还有3座花台和4个雕花石墩。现为上新街房管所管理的公房。

南洋兄弟烟草公司和华福卷烟厂宿舍旧址

　　位于马鞍山265号,曾为南洋兄弟烟草公司和华福卷烟厂宿舍。现房屋产权分属于重庆塑料三厂、重庆电池厂、上新街房管所。过去这两家烟厂的宿舍很多,主要分布于马鞍山一带,多为一至两层的砖木结构和土木结构穿斗夹壁房屋。部分房屋建造考究,大门宽阔,带有挑廊和阁楼,还有雕花木构件。由于多年失修,许多房屋已经垮塌或成为危房,不少房屋被拆除,现存建筑与旧时相比已大大减少。

　　南洋兄弟烟草公司前身由旅居南洋的简氏兄弟创办。1938年10月从汉口内迁重庆,取名为南洋兄弟烟草公司重庆分厂,厂址设在南岸弹子石。当时的产品主要有"花王"、"金斧"、"红花"、"双喜"、"高塔"、"金黄龙"等牌号香烟,日产香烟300箱。

　　华福卷烟厂股份有限公司由孔祥熙代理人筹建,于1942年10月成立,生产"华福"、"三六"、"火炬"等牌号香烟,日产300—400箱。华福总公司设在重庆,1946年至1949年曾一度迁往汉口、上海。1949年8月,总公司再次迁回重庆。1943年,重庆的卷烟厂和卷烟作坊共有73家,至1947年,发展到127家。1952年5月,南明、新国、大汉、大城、五福、南洋、华福等7个烟厂合并成立重庆烟草公司,下设南洋等3个工厂。1953年工业调整撤并公司时,因南洋公司资金雄厚,又无外债,故得以保留,取名为"南洋兄弟烟草公司重庆制造厂",直属上海南洋兄弟烟草公司管理,人事党务关系由重庆市工业局领导。1956年公私合营后,将建华、同成烟厂并入该厂。1968年更名为重庆卷烟厂。

建在山峦上的亚细亚公司

亚细亚火油公司旧址

位于马鞍山56号原南岸区委大院内一座小山峦上，山对岸是渝中区东水门。房屋建造于1923年，历3年时间建成。此房系为亚细亚洋行大班、二班修建的豪华别墅并兼作办公之用。洋行的大班、二班相当于总经理、副总经理。陪都时期，英国大使馆曾驻此办公。因此房屋顶上盖红色琉璃瓦，人称"红楼"。

亚细亚火油公司坡下有一座气势宏伟的大楼，与亚细亚火油公司距离不到50米，至今保持完好。此楼建于抗战时期，是国民党干部培训学校。当时在南岸还办有成华学院，是培训更高一级干部的学校。解放后，亚细亚火油公司和国民党干部培训学校改作南岸区委驻地。南岸区委迁南坪后，房屋交重庆市公安局国保总队。2005年12月国保总队搬出后房屋空置。

亚细亚火油公司旧址建筑为砖柱砖墙，一楼一底，屋顶有四个坡面，阁楼上有8个天窗和5个壁炉烟囱。房屋长约20米，宽约15米，建筑面积加上阁楼约900平方米，房屋整体结构完好。外墙下原有两块碑，一块是"亚细亚界"，另一块刻有"CNC 1929 太古洋行"，石碑现存重庆中国三峡博物馆。

旧址建筑位于山峦上，建筑外的斜坡地分层砌筑花台，栽植树木，逐级盘旋向上。大门位于房屋正面中部，前有9级台阶，呈"八"字形，分左右上下。上台阶后，先通过宽2.5米的内廊道，再进入大楼内部。大楼底层有宽敞的过厅，地面为木地板，层高3.8米，左面是宽大的楼梯间，底楼最大的办公房间面积有48平方米。除主楼梯外，在主楼梯左侧还有一座供消防和紧急情况下逃生的辅助楼梯，位置比较隐蔽。二楼过厅比一楼过厅更大，宽9.7米，进深5.5米，面积有50多平方米，既可摆放大会议桌，也可作为舞会等公共活动的空间。二楼较大的房间有35平方米左右，套有小间作衣帽间和卫生间使用。二楼设有宽大的观景外廊，呈"L"形，宽2.5米，长达24米。一、二楼过厅和较大的房间设有壁炉，壁炉造型各异，至今保存完好。过厅和房间都有高1.6米的木墙裙，房间内的阴角线条做工精细，部分墙上开有落地窗和百叶落地门。房屋背面开有一座小门，宽1.5米，高3米，门上有一个弧形顶棚，门前有7步台阶，出门可到斜坡花台。

亚细亚火油公司为英资公司，系著名壳牌汽油前身，其总部设在上海，在天津、青岛、汉口、广州、重庆等中心城市建有地区性分公司。亚细亚公司主要经营煤油、汽油、柴油、机油、鱼

亚细亚公司大楼雄姿

坐落在亚细亚公司之下的原南岸区区委大楼（原国民党干部培训学校）

亚细亚公司正门

亚细亚公司后门

烛等，尤以壳牌汽油质量为佳，公司拥有"渝光"、"滇光"、"黔光"、"安澜"4艘运油专轮。1898年，亚细亚火油公司开始从国外进口洋油向中国销售。民国初，万县钟姓富商与汉口亚细亚分公司签订代理四川买办合约，亚细亚公司派出买办左德范来重庆做销售代理。随后，亚细亚公司直接派洋员来重庆设立重庆分公司，建立经销点，逐步扩大业务和商品倾销，左德范继续做亚细亚公司买办。1918年，亚细亚公司在唐家沱租用土地4.51公顷，修建了五六座大型储油池和高级职员宿舍，唐家沱所用工人多达千数。20世纪二三十年代，英国亚细亚火油公司、美国美孚石油公司、德士古石油公司相互竞争激烈，亚细亚公司在四川开设了34个经销处，美孚公司开设19处，德士古公司开设14处，在竞争中亚细亚公司处于强势。

1926年9月5日，英军在万县制造了"九·五惨案"，中国军民死亡604人、伤398人。惨案发生后，引起四川人民的强烈抗议声讨。英商在重庆开办的隆茂、太古、亚细亚、白理、怡和、安利、美英烟草等公司的工人集中在亚细亚公司举行会议，一致同意组织罢工，举行游行示威，向英国表示抗议。在声势浩大的反帝浪潮中，亚细亚公司业务全部陷于瘫痪。1927年春，公司和其他英美外国人员及兵舰、商船被迫撤离重庆，唐家沱油库被军阀刘湘接收。1928年，亚细亚公司又回归重庆，向刘湘交涉原有存货。刘湘允按市价九折偿还，并为此设立煤油特税局，通过特税收入补偿亚细亚公司的存货。

抗战爆发后，由于长江航运受阻，亚细亚公司改由东南亚方向进口油料。1942年春，滇缅公路落入日寇之手，亚细亚公司货源受阻，被迫停止业务。抗战胜利后，亚细亚公司于1946年派人到重庆招募员工、恢复业务，至1947年，经营逐步正常。但因美国势力的扩张，亚细亚公司与原来的地位相比，已是强弩之末了。

1950年上半年，重庆市政府接管亚细亚公司唐家沱油库，改为唐家沱石油库（1965年底迁入朝阳河新址，改称801油库）。1951年4月，亚细亚公司的存货和设备被重庆市石油公司全部征购，从而结束了亚细亚公司在重庆约半个世纪的经营活动。

1991年1月10日，亚细亚公司旧址被公布为南岸区区级文物保护单位。重庆直辖后，南岸区政府于2002年7月4日再次将其公布为南岸区区级文物保护单位。

二、玄坛庙地区
Xuantanmiao Region

玄坛庙正街

相传赵公元帅曾骑黑虎下山驻留此地，明代中期，在此处建玄坛庙以祭之，因此得名。玄坛庙正街由原玄坛庙、虎乳街、新民河街（老地名施家河街）合并后统称，是玄坛庙地区一条主要的街道。

从开埠到民国时期，直至20世纪六七十年代，玄坛庙正街都是南岸房屋和人口较为密集之地。这一带房屋百年来历经多次改建、重建，加之地形制约，房屋建造因地制宜，风格各异，档次不一，布局看起来没有什么章法，但倒显得随意自如，浑然天成。步行其间，不乏曲径通幽的小道，精制小巧的院落，古老沧桑的堡坎，盘根错节的古树，青瓦粉墙的房屋。这些符号和元素的组合，形成了玄坛庙正街独具特色的历史传统街区风貌。

玄坛庙街道办事处成立于1954年。1958年改为玄坛庙街道人民委员会，1960年成立玄坛庙街道人民公社，1963年恢复玄坛庙街道办事处。1966年"文化大革命"中，改为红星街道办事处，1968年更名为红星街道革命委员会。"文革"结束后，1978年更名为红星街道办事处，1981年重新恢复为玄坛庙街道办事处。玄坛庙街道南连龙门浩，西临长江，北邻弹子石，东面是原涂山公社，辖区面积1.3平方公里。辖区街巷地名有：玄坛庙、玄坛庙正街、玄正街一巷、玄正街二巷、玄正街三巷、仁济路、海狮路、海狮支路、石溪路正街、上石溪路、中石溪路、下石溪路、石溪

The Old Streets of Nan'an 南岸老街

路新村、中学街、野猫溪正街、野猫溪一巷、野猫溪二巷、新院巷、新院村、航运村、八角巷、黄家巷、红星坡、友于里、天心桥、新生院、冻绿房。街道办事处驻玄坛庙正街24号。辖区内主要单位有重庆茶厂、重庆江渝造船厂、重庆第二阀门厂、重庆医药工业研究所、重庆市第五人民医院、慈云寺、千佛寺等。陪都时期，国民政府财政部、海军司令部设在玄坛庙。

2007年1月，玄坛庙街道办事处并入涂山镇。

玄坛庙与重庆城朝天门隔江相望，入夜万家灯火，映照流水，清代即有巴渝十二景之"字水宵灯"景观。玄坛庙码头河面宽阔，水深流缓，四季皆适宜停靠船舶。清末在玄坛庙狮子山设有重庆海关验关囤船，江边停泊有外国兵舰，故过去也称玄坛庙码头为"洋码头"。

光绪二十七年（1901年），四川最早由中国人自己创办的轮船公司——川江轮船公司成立。民国初期至中期，川江轮船公司、英商怡和洋行、法商聚福轮船公司的轮船停泊码头主要在玄坛庙河边。抗战时期，国民政府财政部、海军司令部、第五重伤医院曾设在玄坛庙。解放前夕，中共重庆地下党机关报——《挺进报》在玄坛庙野猫溪正街32号秘密印刷。

新院村

原名夏家院子，因有夏姓大户人家在此建有大院而得名。后因建造新房改称新房子，1981年改为新院村。20世纪七八十年代，房管部门和一些单位在此修建了一些四五层楼的砖房，安排或租赁给职工、居民居住。

夏家院子位于玄坛庙新院村53号。夏家大院最早的主人是管理盐务的道台。因夏家大院朝门八字开，两扇厚重黑漆双开大门象征着夏家的地位与显赫，故此地名亦称"黑朝门"。夏家是南岸有名的豪门望族，如夏生培的岳父石青阳是辛亥革命元老，参加过护国运动，护法战争，又是孙中山和广州革命政府任命的川滇黔靖国联军第一路总司令、四川讨贼军第一路军总司令、讨贼军第三军军长。夏家大院依坡而建，两进院落，分上天井与下天井。房屋雕梁画栋，屋顶灰塑脊饰精美，屋脊两端飞檐翘角，建筑制式宏阔。大院前建有一座供插旗用的亭台，旗杆悬挂黄色龙旗。悬挂黄龙旗是皇上授予的一种显示地位和尊严的特殊待遇，据说在巴县地域仅有夏家。夏家的家族人员有夏生培、夏生杨、夏生玉、夏生藩、夏生媛、夏代恂、夏代雨等。

20世纪30年代，居住在夏家大院娘屋的夏清贞和女儿尹锡荣、女婿金绍朱、二女尹锡珍、三女尹锡康全家5人抛弃荣华富贵，毅然投身革命。尹锡荣又名尹芷静，1917年3月出生于玄坛庙一个富商家庭，13岁在重庆育德小学毕业后，考入重庆淑德女子中学。1934年，17岁的尹锡荣到上海读高中。受姨父、母亲的影响，尹锡荣少女时代就参加了抗日救亡活动。抗战爆发后，她放弃上大学的机会，与金绍朱回到玄坛庙黑朝门外婆家，继续投身抗日救国宣传活动。1939年，尹锡荣加入共产党。川东特委曾利用夏家秘密开办培训班，培训班结束后，尹锡荣担任中共南岸特支书记。尹锡荣后来任中共合川县委书记，中共川东特委、中共川康特委机关、中共上海局机要支部工作人员等职。解放后任上海市委机关学校教导主任，上海培民女子中学教导主任，上海纺织工业学校党委副书记等职。1982年9月28日去世，终年65岁。

抗战爆发后，中央电影摄制场（简称"中电"）搬迁到黄家巷黑朝门黄锡滋别墅（现重庆茶厂位置）。黄锡滋与夏家有姻亲关系，别墅与夏家大院毗邻，"中电"经常利用夏家大院作为拍摄场地，夏家还腾出房屋作为"中电"的办公场所。著名编导和演员史东山、汪洋、陶金、白杨、张瑞芳、赵丹是夏家的常客。

重庆著名的黄山过去也是夏家的家产，当时黄山名气还不大，山名也不叫黄山。1913年，在重庆下半城开设"德和恒"经营百货的富商黄德宣通过商界老朋友，家住白龙池（现洲际酒店与曼哈顿大厦之间）的葛植民（20世纪20年代曾任重庆瓷器公会会长）介绍撮合，从夏家手里买下黄山。经黄德宣和其子黄云陔两代人的培育经营，在山上修建别墅，培植花园，开辟道路，增添娱乐休闲设施，使黄山逐步成为避暑休闲胜地，黄山也因黄家而得名。后来蒋介石以黄山为官邸，黄山更是名闻遐迩。

2009年，位于阳光100开发片区的夏家大院遗址被全部拆除。

The Old Streets of Nan'an 南岸老街

玄坛庙正街百货商店

　　位于玄坛庙正街中心。1950年4月，南岸老街始有龙门浩、弹子石、海棠溪、黄桷垭4个国营零售店。1958年8月，南岸设立龙门浩、海棠溪、玄坛庙、弹子石4个综合性地区商店。之后，南岸百货商业管理经历了南岸区工业品公司、南岸区百货零售公司、南岸区百货公司几个阶段，均属南岸区商业局管辖。

　　玄坛庙百货商店属南岸区百货公司。由于玄坛庙到弹子石、上新街等较繁华地段距离远，还要爬坡上坎，多有不便，而玄坛庙正街周边街巷密集，居住人口多，小小的百货商店成为地段的中心和人流汇集的热闹之处。20世纪90年代之后，随着大规模房地产开发的推进，此处开始冷落下来。

重庆工商联合会旧址

位于玄坛庙正街2号，建于20世纪20年代，曾作为海员俱乐部使用。抗战期间为重庆工商联合会驻地，抗战胜利后，房屋卖给当时的力帮行会会长李世超（袍哥大爷，人称李大爷）。后产权归民生公司，现产权属于长江轮船公司。该建筑为两层砖木结构，中西合璧式建筑。一楼有弧形砖砌窗楣，二楼有拱形廊道，廊道内有半圆形门楣窗楣和雕花栏杆，砖柱上作有装饰线条。建筑整体显得端庄大气。

重庆强华公司旧址

位于玄坛庙正街151号，砖木结构，两楼一底，建筑面积675平方米。

强华公司前身是主要经营川江航运的"中法合资聚福洋行"。1927年，黄锡滋通过海关帮办童继达与法商永兴洋行（后改为吉利洋行）协商，在法方不出股本金、中方每年支付法商3万两银子的条件下，将自己的"福记航运部"改为"中法合资聚福洋行"。同年11月，中法合资聚福洋行正式成立，轮船改挂法国旗。在当时"百姓怕官、官怕洋人"的状况下，新成立的聚福洋行果然避免了许多苛捐杂税和军阀的勒索敲诈，发展颇为顺利，给中方和外方带来了丰厚的利益。

1941年前后，聚福洋行经营出现困难。为了解脱法方羁绊，在国民政府粮食部部长徐堪的支持下，由中方补偿给吉利洋行两万美金，结束了与法商的关系。1942年7月1日，重庆强华实业股份有限公司（简称强华公司）在原聚福洋行基础上正式成立，主要业务仍以轮船航运为主。

1952年，强华公司向人民政府申报公私合营，获得批准后与合众轮船公司实现合营。之后又与华中轮船公司合并组成公私合营川江轮船公司，1956年并入长江航运局。

海狮支路

海狮支路位于狮子山，是开埠之后修建的一条道路，形成的街巷称海狮支路。1926年，英国人控制的海关税务司设于狮子山下，海关验关趸船和办公住宿房屋也建在这一区域。为方便人员上下山和货物的运输，专门修建了从海关到狮子山的便道，取名海狮支路。海狮支路与黄家巷相连，距慈云寺不远，狭窄的街巷顺坡弯曲延伸，向下可到玄坛庙码头。

海狮支路里既有开埠时期和民国时期建立的一些洋行、公司和商人建造的公馆，还有不少抗战时期修建的"抗战房"。20世纪五六十年代，当地居民和房管所又修建了一些房屋。民居多为一到两层的穿斗砖木结构房屋，墙壁用竹条编制抹泥灰而成，也有部分砖墙或木板墙。迄今为止，海狮路、海狮支路的街巷中还有许多此类房屋。原住居民大部分已搬迁，不少老人和暂住户还在这里生活。虽然房屋简陋，生活条件较差，但也安闲恬静，邻里之间相处融洽。

1943年，第20集团军司令部驻渝办事处设在海狮路1号。解放后，国营107仓库设在海狮支路。

英国海员住房旧址

位于玄坛庙正街52号，原为民国时期英国海员住房。房屋两楼一底，砖木结构。顶层四周有内廊，廊道无墙壁遮拦，周边视野开阔，还有一面栏杆作成美人靠，可凭栏眺望远处景色。门窗上方有砖砌弧形装饰图案，房屋建造精致，工艺考究，是民国时期较为典型的中西合璧式建筑。

解放后，此房曾由长江轮船公司船长莫家瑞居住。莫家瑞出身于船员世家，13岁上船，16岁当水手，25岁成为长航高级船员，历任"长航华源轮"、"人民一号轮"、"江峡轮"船长。在江峡轮上，他曾三次为毛主席、周恩来视察长江驾驶轮船。

海狮支路13号

民国时期修建的中西合璧式建筑。砖木结构，一楼一底，顶上有阁楼，外有一院坝。此楼系重庆富商黄锡滋为其姨太太所建。建筑平面布局独特，3个连体式房屋相互之间呈45度角。屋顶过去是小青瓦，后来改为机制瓦，整体风格还保留着原有面貌。现产权属长江轮船公司江渝船厂。

慈云寺

位于重庆南岸玄坛庙狮子山。慈云寺历史可追溯到唐朝，现存建筑始建于乾隆二十二年（1757年），原名观音庙。1927年云岩法师（慈云和尚）募资重修扩建，当时重庆军政界要人刘湘、潘文华、潘昌猷等亦出力资助。修建工程历时数载，备具艰辛。重修扩建后的寺庙焕然一新，更名为慈云寺。

慈云寺山门俯卧石雕青狮一座，相传为宋代之遗物，与重庆城白象街的石象隔江遥相对峙，故有"青狮白象锁大江"之说。寺庙建筑面积4 000余平方米，寺门向西，面临长江，两角有高耸的钟楼、鼓楼。入大门上20余级台阶便是大雄宝殿，殿内朱门石栏，金色擎柱，雕梁画栋，富丽堂皇。大殿正中端坐一尊玉雕释迦牟尼佛像，高1.87米，重1 500公斤，为国内现存四大玉佛之一。玉佛系从缅甸迎来，先由海轮从缅甸将玉佛运到上海，再由聚福轮船公司"福源"、"福同"两轮领江向兴发于1931年负责从上海护运到慈云寺。当时参与迎护玉佛的还有美籍华人寿冶法师和颜顺卿、陈忠富等人。释迦牟尼玉佛庄严肃立，栩栩如生。玉佛前面挂着4个圆柱形金刚幢，上面用五色金色盘结粘贴而成的《金刚经》全文，精工制作，世所罕见。殿门上挂着国民政府主席林森、参军长吕超、四川督军刘湘献赠的3块金字匾额。大殿后山腰有视野开阔的望江亭和幽静的小花园。

大雄宝殿上方是普贤殿，内供普贤菩萨和由缅甸迎来的小玉佛。右厢所建18楼亭，白瓶托盖，丹柱支撑，绿瓦仙桃点缀，四角飞鳌翘立，华美典雅。寺内藏经楼为一楼一底，下设西方三圣殿，上藏经书，内有宋版宗教碛砂经、频伽经各一部，所藏经书共14 000余卷，是极为珍贵的佛学典籍。九龙浴太子池旁栽有菩提树一株，系1937年从印度移来，长势亭亭如盖，枝叶繁茂。

为了广纳四方弟子，云岩法师把慈云寺改变为僧尼合院寺庙，打破了历来僧尼不同院的习俗。慈云寺内地形起伏变化，园林环境优美，佛像塑造精美，文物藏品丰富，历代香火旺盛，现为全国重点寺院。

慈云寺重修扩建后，重庆城内有名的"八省会馆"在寺内设有一善堂，举办施钱、施粥、义学等慈善救济事业。抗战时期，北碚汉藏教理院附设的大雄中学迁慈云寺办学，时有学生约200人。重庆市政当局为灾民提供救助而设立的"赈济委员会"南岸分处曾设在慈云寺内。重庆大轰炸期间，慈云寺于1940年3月18日组织成立了"慈云寺僧侣救护队"，参加救护队的僧侣有70人，救护队活动区域包括南岸、江北、市中区三地。僧侣救护队冒着危险救护在日机轰炸中受伤受难的群众，得到重庆各界的好评和嘉奖。抗战时期，禅宗高僧虚云法师在慈云寺主持"护国息灾法会"7天，祈祷抗战胜利、世界和平，追悼阵亡将士和死难同胞，国民政府主席林森和政要戴传贤、居正等均来此参拜。1943年，在慈云寺内建立了私立慈济中医院，时有病床20张，1946年停办。

安达森洋行旧址

位于海狮路2号，为瑞典商人安达森创建，主要经营土特产进出口贸易。洋行前临长江，依山随坡而建，占地面积约1万平方米。现有仓库6栋，建筑面积约3 000平方米，仓库为一至两层砖木结构大开间建筑。

抗战时期，安达森洋行仓库存放过大批故宫文物。抗战爆发后，北京故宫博物院上万箱文物南迁南京。随着日军步步逼近，存放在南京的文物开始西迁四川、贵州。1938年5月22日，数千箱故宫文物历经5个多月迁徙，由汉口秘密进入重庆，然后再分散运往各地。留在重庆的故宫文物分别存放于打铜街川康银行（现渝中区打铜街邮局大楼），南岸狮子山安达森洋行，南岸王家沱法国吉利洋行（位于弹子石复兴街，后为重庆羽毛制品厂，已拆除）。安达森洋行仓库面积大、空间高，用了4个大仓库存放国宝，共存放文物约4 000箱。

抗战胜利后，分散于四川峨眉、乐山，贵州安顺等地的故宫国宝先后集中到重庆，1947年全数运回南京。日军侵华期间，中国文物损失惨重，唯故宫文物损失甚微。四川、贵州、重庆各地人民为保护国宝立下了不可磨灭的功劳。

仓库现属重庆市储运公司，已闲置。2009年7月，重庆市文物委员会将安达森洋行命名为"重庆市抗战遗址文物保护点"。

The Old Streets of Nan'an 南岸老街

狮子山海关遗址

位于玄坛庙狮子山海狮支路70号。陪都时期，狮子山海关曾作为航标站使用，现为重庆江渝造船厂。

光绪二年（1876年），中英签订《烟台条约》，该条约规定，"可由英国派员驻寓察看川省英商事宜"，英国由此取得了进入西南的法律依据。光绪十六年（1890年），中英《烟台条约续增专条》明确规定，"重庆即准作为通商口岸无异"，英国又获得在重庆通商贸易的特权。中国海关总税务司赫德推选时任宜昌海关税务司的好博逊（H. E. Hobson）负责重庆海关筹建工作。好博逊于同治元年（1862年）进入中国海关供职，一直担任长江沿线海关要职，对中国西部市场开发多有建树，除受到英国政府和赫德的赏识外，清政府对之也厚爱有加。同治八年（1869年），朝廷授予他五品官衔。光绪十五年（1889年），好博逊官至二品。

重庆海关设有监督，首任海关监督为川东道道台张华奎。海关监督是海关行政长官，税务司是海关雇员，应该接受监督领导。但实际上，清政府从中央到地方，海关管理大权均落在外国人掌控的税务司之手，监督无法制约。一直到1928年南京国民政府成立，经过艰苦谈判，才把海关税务司的征收和保管权收回到中国政府手中。但海关总税务司的职务仍然由英国人或美国人担任，这一情况一直持续到1949年。

后人对当时由英国人控制的中国海关有新的评价。经济学家杨小凯在《百年中国经济史笔记》中评论说："过去的很多史书都指称清朝卖国的证据是将海关权利让与外人，其实这种指责是不准确的政治宣传。清末海关虽由英国人赫德管理，但他是作为清政府的雇员行使他的职权。他的管理不但使中国海关迅速现代化，而且使海关成为最有效率、最少贪污的清朝官僚机构。他保证了条约制度对关税率的限制，因而促进了自由贸易及公平税收,他也保证了用有效率的管理和制度为清朝政府提供大量税收。"美国华裔学者刘广东认为:"赫德管理海关的最大贡献是促进了中国商业的发展。杜绝了清朝腐败制度下贪官对海关的扰乱。"这些观点见仁见智,有待学界评说。

好博逊于光绪十六年(1890年)十一月四日抵达重庆,立即与海关监督张华奎商议选定勘测关址事宜。因之前重庆发生两次教案,重庆民众与教会纠纷不断,影响到海关关址的选择。经多次选址交涉,光绪十七年(1891年)三月一日,重庆海关在朝天门顺城街糖帮公所"租寓开关",此为重庆正式开埠之日。重庆海关初设时规模不大,分设内关和外关两地办公。内关设在朝天门顺城街,后改在太平门邮政局巷,辛亥革命后迁大梁子(清代左营守备营,现新华路)。外关在弹子石王家沱设卡子房,在玄坛庙狮子山设立囤船验关站,另在唐家沱设分卡,检查上下过往船货。重庆海关颁布了《重庆新关试办章程》,将南岸上起黄葛渡,下至窍角沱划入海关管理范围。同时规定:"凡洋商雇佣华船及自备之船起卸货物界限,现暂定朝天门对岸狮子山上自太平渡起,下至弹子石。"重庆海关成立后,当年进口洋货137万海关两,同年到重庆的外商挂旗船达1 879艘。

光绪三十一年(1905年)九月,重庆海关在太平门顺城街(现白象街与四方街交会处)修建楼房,作为点验货物场所。海关修建的新楼气势不凡,使海关面貌焕然一新。据当时《广益丛报》报道,"其楼房之高耸,地面之适宜,不啻为商场辟一异景。且上下货船到渝必经洋关检验者,当无过渡停泊时多触浪之虞矣。"1915年5月,重庆海关设立理船厅,管理港口及领江事务,这是重庆开埠后建立的第一个港务管理机构。1920年12月31日,重庆海关公布《重庆关理船章程》,对重庆港区、船舶停泊界线、港区水道保护等作了明确规定,这是重庆港开埠后第一个港务管理法规。至1920年,重庆海关的房产、地产计有打枪坝、二仙庵、太平门海关办事处、太平门验货棚、太平渡关地、出口囤船、进口囤船、王家沱关地、税务司住所、外班人员住所等十多处。

南京国民政府成立后,从1928年起,重庆海关开始撤换海关洋员,逐步收回海关的管理权。1931年,由仁记东华营造厂在南岸狮子山修建了新海关办公楼和宿舍。抗战爆发后,上海沦陷,上海中国海关总税务司梅乐和其他英美籍职员被解雇,日本人岸本广吉由日本政府委派担任沦陷区海关总税务司。1941年12月26日,国民政府在南岸狮子山重新设立海关总税务司。抗战胜利后,海关总税务司于1946年1月迁回上海。国民政府回迁南京后,重庆海关业绩明显下降,1948年8月,海关总税务司认为重庆海关"税收短绌,缉务清简",将重庆海关规格降低,改为汉口海关的分关。1949年1月,重庆海关停办轮船航运和进出口货物手续,海关业务基本停止。1949年6月之后,随着南京、上海、武汉等大城市被人民解放军占领,国民政府开始再次迁渝。大批机关和人员的到来,使重庆出现短暂的繁荣。1949年11月3日,国民政府财政部批准重庆分关改为重庆海关。仅1个月后的1949年12月3日,重庆海关被重庆市军事管制委员会财政部接管委员会接管。1950年1月31日,中央人民政府批准撤销重庆海关,长江上游关务交北京海关总署办理。重庆海关自1891年成立到1949年底结束,前后时间达58年。

"字水"题刻

"字水"题刻在慈云寺附近石岩处,题刻由重庆府书院(后为川东师范学堂)校长徐琴舫于光绪十年(1884年)书写,工匠崔兴发雕刻。字高3.5米,宽2米余,"水"字清晰可见,"字"字被灌木杂草遮掩。在两个大字之间,还刻有"生成岷江势,河分大小流。朝天巴字水,嘉陵对渝州"诗句。

山城两江形似古篆书"巴"字,晚上两岸灯火映照两江,登高望远,可观赏到"水如巴字三折"和"万家灯火齐明"的佳景,故得雅号"字水宵灯"。还有一说,因长江、嘉陵江交汇处水流回旋形似巴字,龙门浩石梁激流形似水字,在慈云寺登高远望,"巴"、"水"更为明显,故有"字水"之称。字水宵灯自清乾隆二十五年(1760年)巴县知县王尔鉴将其列为巴渝十二景始,即被视为山城一绝。每至夜晚,船靠江岸,光映水中,万家灯火,高下齐明,下连江水,上接星空,如星月坠岸,似渔火簇拥,巴字流光,时隐时现,若梦若幻。旧志载:"重庆两江交汇,凿崖为城,沿江为池。入夜万家灯火,层见叠出,高下相掩,光灼灼然俯射江波,与星月交灿。""字水宵灯"是当时重庆城繁荣景象的生动写照。

[重庆]老城　The Old Cities of Chongqing

The Old Streets of Nan'an 南岸老街

黄家巷

原名磨刀岭。因重庆富商黄锡滋曾居住于此,以其姓氏得名黄家巷。黄家巷是南岸具有代表性的老街,街巷空间肌理富于变化,坡地建筑极富韵味,长长的石梯从长江边的慈云寺向上蜿蜒延伸,石梯两旁的房屋大多建于民国时期和20世纪五六十年代。黄锡滋公馆位于黄家巷42号,此外还有黄家巷63号、35号、49号、101号以及黄家巷6号1栋、6号2栋等民国时期修建的房屋,大部分都属黄家所有。黄家巷江边的玄坛庙码头设有重庆强华轮船公司和民生公司的专用码头。抗战时期,中央电影摄影场于1937年12月从武汉迁至玄坛庙黄家巷租房建立新厂,一些著名演员曾寓居黄家巷。

黄家巷具有丰厚的历史文化底蕴和独特的传统地域建筑形态,已纳入慈云寺历史街区的统一规划设计范围。

黄锡滋公馆

位于黄家巷石梯上方向左侧，门牌号是黄家巷42号，砖木结构，一楼一底，面向长江。公馆平面布局根据坡地转折变化，朝江面有一个独具特色的半圆形挑楼。公馆地势较高，长江、嘉陵江和重庆城、江北城均在其视野范围。大院靠黄家巷梯道一侧有3米高的青砖围墙，院内有一处半圆形院坝。由于地形高差大，修建院坝工程浩大，在斜坡上用条石砌筑长几十米、高约4米的堡坎才形成一块坝子。堡坎历经几十年，石缝中长出几棵根系发达、树叶浓密的大黄葛树，形成公馆别致的景观。解放后，公馆分给了十几家人居住。由于多年失修，房屋现已显得十分破败，但其风貌和品位至今犹存。

黄锡滋（1883—1940），祖籍湖北黄陂县，重庆著名富商。黄家六世始祖移民四川后世居重庆。1911年，黄锡滋集股本3.6万两银子开办了天锡生商号。商号成功后，即扩充业务，以天锡生为母号，陆续开设了天锡永、天锡公、天锡福、天厚祥、福兴玉等商号，经营布匹、棉纱、油盐、山货等。天锡生、福兴玉以运销川盐为主，在当时重庆"四大盐商"中，黄锡滋占了两家。1915年，黄锡滋介入金融行业，投资杨文光开办的聚兴诚银行。第一次世界大战爆发后，因生丝外销增加，黄锡滋又买进了天福丝厂，设立天福丝号。黄锡滋的"天"字号货物主要依靠长江水运。为了实现自购、自运、自销，1920年黄锡滋创办了福记航运部，购买旧轮"嘉定号"，行驶川江上游的叙永、泸州一线。后来又打造了"福源"、"福来"、"福同"三艘轮船，航行川江下游，获利颇丰。为了保证轮船燃料自给，1921年黄锡滋投资开办了三才生煤矿。1924年起黄锡滋又先后开办了复兴钱庄、裕泰钱庄，投资三元祥钱庄，其经营范围遍及工矿、航运、金融和商业。1929年，黄锡滋用福记航运部与法商永兴洋行合作成立中法合资聚福洋行，以每年送法方3万两银子的条件，换取在轮船上挂法国旗的权利，获得法方庇护，为航运提供各种方便。

黄锡滋经营商业、航运近30年，拥有企业10多家，资金积累到四五百万两银元，成为重庆富甲一方的大资本家。1938年9月，黄锡滋捐赠棉背心2万件，送第九战区前方将士，获得国民政府银质奖章和"见义勇为"匾额。1940年5月8日，黄锡滋在重庆因病去世，终年57岁。

The Old Streets of Nan'an 南岸老街

美丰银行高管住房旧址

　　位于黄家巷49号，原为美丰银行高管别墅，建于民国时期，解放后曾作商业职校，现作民居使用。据居住此房的老人介绍，当时银行高管在朝天门上班，下班后坐船过河，再乘滑竿到别墅。

　　别墅为典型的中西合璧折中主义风格，砖木结构，平面布局呈不规则状。该建筑共有5栋连体楼，砖砌墙体有很强的装饰性，正面和侧面的几根圆形砖柱做工精细，起到了画龙点睛的美化作用。别墅建于高地，在此可观赏长江江景和对岸重庆城景色。别墅现由南岸区房管局管理，内有十几家人居住，虽历经岁月，但风韵犹存，破旧中仍然显露着当年华丽高贵之品位。

黄家巷43号

位于黄家巷主街梯道旁，建于民国时期。砖木结构，平房，带有阁楼。正面有一宽约2米，进深约3米的青砖风雨门廊，门廊上有门匾，匾内题刻已经损毁。过去为某银行家宅第，解放后作过局部加建和改建。

黄家巷老房子

位于离仁济医院不远的黄家巷63—65号。仁济医院系外国教会医院，也是重庆第二家近代西医医院，1896年由英国伦敦布道会创办，1910年加拿大英美会接办。查民国三十五年（1946年）重庆城区地图，在黄家巷63—65号老房子一带标有"英美会"，陪都时期设于重庆城大河顺城街的加拿大公使馆亦称"英美会"，由此判断，此房应为加拿大英美会为医院高级员工修建的别墅。

房屋为一楼一底加阁楼的联拼式建筑，砖柱砖墙，部分为夹壁墙，内部为木楼梯、木楼辐、木地板，顶上开有老虎窗，屋顶为歇山顶，建筑平面布局收缩有致，显现了设计师对地形的利用和美学思考。几十年来此房作过多次改造，但整体风貌尚存。

白杨旧居

位于黄家巷6号2栋，与重庆茶厂邻近。旧居为一楼一底青砖瓦房，内有一小庭院，房屋面积不大，但房屋内部布局精巧，木扶梯、木地板完好，现为重庆茶厂职工宿舍，居住了6户人家。

白杨，中国著名电影、戏剧表演艺术家。1937年"七·七"事变后，她在上海参加影人剧团，辗转武汉等地进行抗日救国宣传活动。1937年10月，上海影人剧团抵达重庆，白杨随团赴渝。白杨16岁时和赵丹在上海主演的电影《十字街头》曾轰动一时，上海一家刊物曾报道："白杨庄重的影子，几乎笼罩在每个中学生心头，大家都在崇拜着她，她差不多成了大众情人。"因此上海影人剧团到达朝天门时，欢迎的人群挤满了码头，许多人是冲着白杨来的。白杨到重庆后，时值中央电影摄影场（简称"中电"）于1937年12月从武汉迁至重庆南岸玄坛庙，白杨和沈西苓、赵丹、魏鹤龄、顾而已等一批电影工作者进入中电制影厂。白杨在中电制影厂摄制的《中华儿女》、《长空万里》、《青年中国》等影片中担当了主要角色。因为战时电影胶片缺乏，白杨在重庆的艺术活动主要在戏剧舞台，她主演了许多具有社会影响和轰动效果的话剧，如《屈原》、《雷雨》、《日出》、《法西斯细菌》、《天国春秋》、《复活》、《罗密欧与朱丽叶》等剧目。她扮演的各种不同类型角色受到大后方人民喜爱，被誉为话剧界"四大名旦"之一。

由于战时经济困难，当时演员月薪很低。据1943年4月《商务日报》登载，几位著名演员的月薪（以法币计）如下：黎莉莉340元，舒绣文330元，白杨320元，张瑞芳300元，谢添250元，吴茵230元，秦怡60元。当时100法币仅能买到24斤大米或0.77斤白糖。白杨虽是名演员，但生活仍很艰苦，每天在城里演出后，她还得到朝天门乘木船冒着风浪过江回南岸黄家巷住所。

抗战胜利后，1946年白杨曾向朋友介绍她在重庆的生活状况："那时我们吃的是石子、沙子、稗子、老鼠屎掺和在一起的平价米，下饭的菜是海椒面拌牛皮菜；一件旗袍冬改棉、夏改单，春秋改成夹衣裳；住的房子，外面下大雨，里面下小雨，刮起大风，石灰瓦片砸满身；半个月吃不上一回肉，三年买不起一双皮鞋。真正劳苦大众的生活比我们还不如，一夜北风吹，重庆大街上就有专收冻死尸骨的。"

小院里的青砖楼房

临黄家巷梯道的大门

"中央电影摄影场"旧址

位于南岸玄坛庙,包括了黄家巷6号、黄家巷8号、八角支路11号等门牌号。

抗战时期,重庆拥有两家电影制片厂:一家是1938年底从武汉迁渝、由国民党军事委员会政治部第三厅领导的中央电影制片厂(简称"中制"),厂址在市中区观音岩纯阳洞(即抗建堂),时有史东山、司徒慧敏、夏衍、蔡楚生、郑君里、宋之的、陈白尘、舒绣文、张瑞芳、黎莉莉、陶金、秦怡、章曼苹等一批优秀导演和演员;另一家是1937年底从武汉迁渝、由国民党中央宣传委员会领导的中央电影摄影场(简称"中电"),厂址在南岸玄坛庙黄家巷,时有孙渝、赵丹、白杨、王人美、魏鹤龄、胡蝶、吴茵、顾而已、金焰、高占非、沈西苓、徐苏灵、潘子农、黄宗江等著名导演和演员。

中央电影摄影场1933年9月在南京开始筹建,于次年8月成立。由国民党中央宣传委员会直接领导。1937年上海"八·一三"战事爆发后由南京迁芜湖。1937年12月从芜湖迁重庆。时由曾任国民党中央宣传部电影事业管理处处长的罗学濂(罗刚)担任厂长。"中电"迁到重庆时,先以上清寺"范庄"(范绍增公馆)作临时摄影棚,随即租用重庆富商黄锡滋在南岸玄坛庙黑朝门(现黄家巷重庆茶厂位置)的别墅,作为电影厂办公和摄制场地,并在重庆第一模范市场(现道门口)原民生公司附近的"好望保险公司"设立办事处。1946年《重庆市区地图》上,在玄坛庙黄家巷标注有"中电制影厂"。"中电"鼎盛时期有职工140多名,其中编导5人,

演员20余人。1938年2月"中电"开始生产,先后拍摄了23部反映抗战的新闻片和《孤城喋血》、《中华儿女》、《长空万里》3部故事片。除制片外,该厂在玄坛庙、海棠溪、弹子石、龙门浩、铜元局、曾家岩、夫子池、大溪沟、南纪门、江北等处设立固定放映点。"中电"还组织放映队,分赴农村和前线放映。抗战胜利后,"中电"于1945年10月迁离重庆。之后在上海建立中电制影一厂、二厂,在北平建立中电制影三厂,在长春建立电影制片厂,均由国民党中央宣传部管辖。1947年4月改组为中央电影企业股份有限公司。

1951年4月,重庆市财经委在中央电影摄影场旧址上兴建重庆茶厂,占地52亩。该厂建成后隶属中国茶叶土产进出口公司西南茶叶公司,时为西南最大的茶叶加工国营企业,也是全国加工精制茶叶出口基地之一。重庆茶厂主要生产红茶,还有红碎茶、沱茶、茉莉花茶、普洱茶、砖茶等品种。1954年西南茶叶公司撤销后,由四川省茶叶进出口公司负责管理茶叶的生产、加工和出口业务。当时茶叶被划为二类物资,实行统一计划、收购和销售。重庆茶厂生产的"峨嵋"牌重庆沱茶享誉国内外,曾于1983年8月在意大利罗马获"第22届世界食品博览会"金奖,为中国制茶工业取得第一块世界金牌。重庆茶厂后归属重庆市外贸公司管辖,现已破产关闭。

仁济医院旧址

位于仁济路24号（原玄坛庙叶家山，后玄坛庙友于里12号），前身为私立重庆仁济医院。

1892年，美国美以美会派遣马嘉礼到重庆，在城内临江门开办第一所西医院——宽仁医院。4年之后，英国伦敦布道会于光绪二十二年（1896年）派遣英籍传教士、医生樊立德在重庆城内木牌坊（民族路94号）购买土地，修建三层楼房一栋，成立了重庆第二家西医院——私立重庆仁济医院。医院建立了手术室、各科门诊部、职员宿舍及礼拜堂，设有病房10间，病床40张。

1910年，仁济医院因出现经费困难和医务专业人员短缺等问题，英国伦敦布道会遂将医院转给加拿大英美会接办，樊立德继续留任做院长。樊立德院长于1918年归国，前后职掌仁济医院长达22年。樊立德归国后，加拿大英美会派沈德才医生接任仁济医院院长，派遣白克医生来医院建立五官科。1920年，为加强仁济医院护理工作，派遣安德生教士为医院护士主任。1925年和1941年又先后派赫锐士、彭纯修教士为医院副护士主任，协助安德生教士管理医院护理工作。赫锐士同时还兼护士学校校长和英语教师，在校任职时间长达20余年。

当时从事护理的护士大多未受过专业培训，为了加强护理工作，1925年，安德生、赫锐士教士创办了重庆私立仁济医院高级护士职业学校，隶属于仁济医院，在中华护士会登记注册。1929年正式成立重庆市私立仁济高级护士职业学校，学制4年，校址设于重庆市民族路94号，1937年呈请中国政府立案。此为重庆市创办最早的一所高级护士学校。

建于木牌坊的仁济医院由于地域狭窄，发展受限，遂在南岸玄坛庙叶家山（现仁济路）买下156.28亩土地作为新建医院地址。1924年新医院动工修建，前后历时近10年，至1934年终告落成。新医院由英国人按照欧式风格设计，建造规模十分宏伟。1998年出版的《重庆旧影》中，有一幅仁济医院的老照片，照片上医院大楼为典型的西式风格，长长的廊道外有高大的券拱窗，券拱之间是挺拔的方形立柱，立柱四面有竖向装饰线条，柱基、柱头有优美的雕花图案。数十个券拱和一排排高大的立柱，构成仁济医院新大楼宏阔气派的景象。新医院建成后，城内木牌坊的护士学校也迁到此地。新医院建立了各类门诊，设有病床100张，教学及生活设施一应俱全，并建有礼拜堂。沈德才医生至1934年离任，共任职16年。之后历任院长的有洪乃宽（加拿大）、赵书元（中国）、梁正伦（加拿大）、谢道生（加拿大）。至1951年1月后，院长全由中国人担任。

1938年秋，汉口协和医院附属博医技术专科学校在校长华理达（英国人）带领下内迁重庆，借用仁济医院医生大楼和化验室开展教学和医疗活动，直至1946年12月迁回汉口。1939年，国民政府陪都空袭救护委员会将重庆第五重伤医院设于仁济医院。由于日机频繁轰炸，城内木牌坊的医院大部分也迁至南岸玄坛庙叶家山。抗战期间，仁济医院收治了大批伤病员，医护人员夜以继日、废寝忘食地投入救护工作。在战时经费困难、药物紧缺、设备匮乏的条件下，加拿大教会、政府当局、各社会团体和公益人士对仁济医院竭力相助，纷纷出钱出力出物，帮助医院渡过了一个又一个的难关。由于仁济医院医疗技术精良、科室齐备、器械设备相对较好，在社会上树立了良好的信誉，到医院看病住院治疗的病员经常爆满。

抗战胜利之后，国民政府回迁南京，仁济医院业务和教学逐步萎缩。1951年，仁济医院和私立仁济高级护士职业学校由重庆市军管会接管。之后，城内的医院改为重庆市第三人民医院，南岸玄坛庙院本部于1953年改为重庆市第五人民医院。1996年10月，五院恢复"重庆仁济医院"名称。

因第五人民医院就地新建扩建，仁济医院老建筑大部分被拆除，仅存一栋砖木结构两楼一底老楼，但也濒临拆除。

仁济医院别墅

位于仁济路12号。光绪二十二年（1896年），英国伦敦布道会在民族路创办了私立重庆仁济医院。1910年，仁济医院转给加拿大英美会接办。1934年，加拿大英美会在南岸玄坛庙叶家山（现仁济路）建成新医院。为解决医务及高级管理人员居住问题，加拿大英美会在仁济医院附近修建了一批别墅。仁济路12号别墅区是占地面积最大的一处，外面有围墙围护，里面绿树成荫，花圃芬芳，还有不少空地作休闲锻炼之用。解放后，别墅被分配给多户职工居住。几十年来，大部分别墅被损毁或改建，仅有3栋别墅基本保持原有风貌，院内还有不少粗大的香樟树和黄葛树。由于别墅改为民居，居住的人增加，院内已显得凌乱破败。

八角巷

原名八角坟，因民国初有人建八角形坟墓于此而得名，解放后改名为八角巷。八角巷与黄家巷、八角支路相连，过去很多公司、洋行的办公楼、住宅楼和仓库建在八角巷。1951年，西南最大的茶叶加工国营企业——重庆茶厂建于八角巷和黄家巷一带。八角巷里还有一些历史悠久的楼房，但其建造年代、历史沿革和用途至今尚未得到准确考证。八角巷街巷狭窄，石梯起伏跌落，一些转角空间很有情趣。街巷还有一些树干粗大、根系发达的黄葛古树和斑驳陆离的条石堡坎，它们似乎都在向人们无声地诉说着八角巷悠久的历史和沧桑的岁月。

友于里11号

1923年，清末官吏曾友于在此建房，因而得名友于里。友于里地形高差较大，街巷里有许多黄葛树、条石堡坎、石梯道，房屋分布较为稀疏。

友于里11号楼房建于民国时期，曾作为中国银行员工宿舍使用。

天心桥

天心桥建于民国初，为两孔石板平桥，桥边立有一碑，上书"天心桥"。天心桥周边形成的街巷亦称天新桥。天心桥临近卜内门洋行，位于一处长条形的坡地，过去属于城乡结合部。街巷上建有一些零散的民居，多为一至两层的简易砖木结构建筑。

石溪路正街82号老房

　　石溪路位于玄坛庙和弹子石之间的山梁上，与江岸线大致呈垂直状延伸，西面是野横街、野正街。石溪路正街原名"断石梁"。抗战时期由野猫溪修石板路至此，更名石溪路，形成街区后，改为石溪路正街。石溪路正街82号房屋建于清末民初，四合院布局，面向长江，背靠小山，风水选址考究，自然环境优美。房屋面阔5间，进深约5米，两层楼，部分雕花撑拱尚存。内天井进深5米，宽约10余米。天井两侧厢房很短，正房为穿斗木结构，悬山顶，室内进深达10米。此房离著名佛教寺庙千佛寺只有约100米。房屋后来作过一些加建和改建。

石溪路正街砖柱夹壁老房

老房建于抗战时期，3层砖柱夹壁结构，墙壁用竹条作壁，用黄泥加以糠壳、谷草，充分拌和后抹涂于竹壁，面上再抹一层石灰浆，壁厚约六七厘米。室内为木楼辐、木楼梯、木地板。

抗战时期修建的"抗战房"多以"砖柱夹壁、穿斗夹壁、竹木捆绑、吊脚楼、茅草屋"为特点。其中砖柱夹壁、穿斗夹壁房在抗战时期是既经济而又实用的建筑，数量占了"抗战房"很大比例。因战时经济困难，国民政府很多机关、单位都修建此类房屋作办公或住宿之用。迄今为止，这类房屋在重庆各区县还留下不少。

千佛寺

位于南岸涂山镇野猫溪，为南岸唯一的尼姑庵。千佛寺始建于明代，清初扩建后定名兴隆寺，清中期再次扩建，更名大乘寺，1935年更名千佛寺（因大雄宝殿两侧供有佛像千尊，故得名）。抗战时期，许多尼姑逃难至此，使佛寺香火盛极一时。"文革"期间，佛像被毁、经书被焚，殿堂改作红星塑料厂厂房。1987年底，塑料厂迁出，尼姑陆续迁回，千佛寺重新开光。1988年初正式对外开放。

三、弹子石地区
Danzishi Region

弹子石正街

此街于清光绪时期逐步形成,当时尚无统一街名,1936年命名为弹子石街,1981年将河街并入,统称弹子石正街。弹子石正街石梯甚多,从长江边到上面的弹子石转盘高差达70多米,长长的石梯分多个平台,总长约1 000米。20世纪初,弹子石是重庆织布业中心之一。民国初期直到21世纪初,弹子石正街一直是人口密集地区,沿街店铺林立、人气兴旺。

弹子石名称来源于长江边有三块岩石上顶着一巨石,形似"弹子",故而得名。1926年夏,"弹子"被雷击毁。亦有传说为"诞子石"。相传大禹娶涂山氏为妻后离家治水,三过家门而不入。涂山氏在长江边等候夫君归来,天长日久,变成一块石头。大禹治水归来,见妻子已变为石头,遂抱着石头哭喊涂山氏之名,石头突然裂开,进出一个婴儿,这个婴儿后来成为夏的君王"启"。久之,人们把"诞子石"叫为弹子石。

1954年成立弹子石街道办事处。1958年,弹子石街道办事处与大佛段、石桥街道办事处合并成立弹子石街道人民委员会。1960年成立弹子石街道人民公社。1963年恢复弹子石街道办事处,1964年将大佛段地区划出另成立大佛段街道办事处。1966年改名前进街街道办事处,1968年改为前进街街道革命委员会。1972年改为弹子石街道革命委员会,1978年恢复弹子石街道办事处名称。

The Old Streets of Nan'an 南岸老街

弹子石街道辖区地名有：弹子石、裕华村、弹子石正街、弹子石一村、弹子石二村、弹子石新村、复兴街、升平巷、泰昌巷、弹兴巷、太平巷、中兴巷、长兴巷、大有巷、谦泰巷、谦泰村、学堂巷、东山巷、了望楼、石桥一村、石桥二村、森昌新村、麻井村、滨江村、致胜新村、七星里、建新里、凉水井、操坝子、五桂石、复生湾、杨家湾。

重庆开埠后，外国商人在弹子石建立了许多公司，如日本的高桥洋行、太和洋行、森林洋行、又新纱厂、友邻火柴厂、三合公司、利昌公司、始新酱油厂，瑞士的德昌洋行，法国的吉利洋行，等等。1901年日本人划定的王家沱专管租界700亩，大部分在现弹子石街道辖区内。

1912年，私立华英小学在弹子石正街创办。抗战时期的国民政府警官学校、第一重伤医院、市民医院第二分院、第二平民医院、戒烟医院建在弹子石。1938年10月1日，时任第15路军总指挥、第17集团军总司令、宁夏省政府主席的马鸿逵把设在汉口的各办事处迁往重庆，10月23日，择定南岸弹子石操坝子巷12号正式办公。1943年7月，重庆最大的卷烟厂——华福卷烟厂在弹子石建立。1950年，在弹子石七星街5号创立渝南人民剧场，主要演出川剧，时有座位456座，1957年停业。1957年，在弹子石建立弹子石剧场，观众席位达到880座，主要演出戏剧、电影。

谦泰村

因邻近谦泰巷而得名，此处地面为坚硬的整体岩石，石梯在岩体上凿打而成。谦泰村位于法国水师兵营和王家沱日租界附近，距弹子石正街很近，此处房屋密度大，小巷星罗棋布，曲折迂回，房屋穿插交错，高低不平，行走其间，还有种找不着方向的感觉。谦泰村、谦泰巷都属原王家沱租界区域。

与谦泰村紧邻的复兴街是法国吉利洋行所在地。复兴街过去属日本租界，1937年"七·七"事变收回后，取民族复兴之意得名。陪都时期，中央警官学校、军政部第一纺织厂设于复兴街。1952年，在吉利洋行旧址建立重庆市畜产品进出口公司羽毛厂（简称重庆羽毛厂），占地约12亩，该厂最初只能生产羽毛半成品。1974年新建分毛车间，1975年修建职工宿舍，1980年从生产半成品发展到生产羽绒制品。20世纪七八十年代是重庆羽毛厂的黄金时期。当时在同行业中，重庆羽毛厂的产品质量位居前列，羽绒制品远销日本、苏联和欧美国家。21世纪初，重庆羽毛厂破产关闭。

弹子石正街8号老房

建于清末民初，位于弹子石正街入口不远处的石梯上，过去为一大商人府邸。建筑为砖木石结构，墙体底部用条石，上部用青砖。大门呈"八"字形，门前有9步石梯，石朝门上有匾额，题字已经模糊。房屋四周有高大的封火山墙，山墙顶还保留有部分两端起翘的脊饰。房屋临弹子石正街面开的窗高而少，整体建筑显得气势威严，并具有较强的防御功能。现产权属重庆轮船总公司。

谦泰巷搭建的简易房屋

谦泰巷

民国初，此巷有余、尹二商人合伙开设"谦泰恒"货栈，故此得名。1972年将王家沱并入，统称谦泰巷。谦泰巷是连接弹子石正街和王家沱的主要通道，巷里过去不乏有钱人家的深宅大院。笔者在八九年前到弹子石正街考察时，部分老院子尚存，一座院子有十几家、几十家人居住，主要是暂住户，房屋大多残破不堪。2010年3月笔者再到谦泰巷时，老院子有的已经消失，有的只剩断垣残壁。从弹子石正街进入谦泰巷几十米处还有一座老院朝门，老朝门呈八字形，两边为圆形砖柱，表面抹灰，做有简洁灰塑造型，朝门上有装饰性圆拱。朝门外墙用条石作基础，墙体用泥土夯筑，虽历经数十年，除表面剥蚀外，土墙仍牢固如初。朝门内过去是一座很大的院落，因年久失修，成为危房，早已无人居住。

谦泰巷老朝门

谦泰巷40号是重庆市畜产品进出口公司肠衣厂（简称重庆肠衣厂）所在地，占地面积约13亩。工厂原来在下浩觉林寺，1956年公私合营，将私营"和大肠衣厂"并入该厂，1957年迁谦泰巷40号。民国时期，弹子石是肠衣加工业集中地，当时肠衣加工主要由外国洋行和诸多私人企业经营。1952年重庆市畜产品进出口公司在下浩觉林寺建立国营肠衣厂，招收部分在洋行或私人企业工作过的工人和技术人员作为骨干，并为新职工举办"肠衣业务技术训练班"。重庆肠衣厂成立后，逐步发展成为西南最大的国营肠衣企业。20世纪80年代至90年代初期，重庆肠衣厂出口量占四川出口总量的40%以上，产品畅销西德、法国、日本、美国及东欧等几十个国家，每年为国家创造400多万美元外汇。21世纪初，重庆肠衣厂破产关闭。

泰昌巷

过去叫泰昌街，后改为泰昌巷，位于王家沱之上，临近现武警医院。泰昌巷是弹子石正街一条支巷道，周边有东山街、中兴街、昌泰街、谦泰巷等街巷，房屋和人口密集。泰昌巷下面有一条深沟，房屋一面临深沟，另一面靠山坡。过去从王家沱上弹子石要经过泰昌巷，过往人流和货物很多。民国时期至20世纪六七十年代，泰昌巷临街铺面生意兴隆，街巷热闹繁荣。21世纪80年代后，泰昌巷开始冷落萧条。

民国时期，泰昌巷北面是位于复兴街的中央警官学校和军政部第一纺织厂，西面是王家沱日本租界，西南面是法国公署（法国水师兵营）。1952年，南岸区（时为重庆市第五区）在泰昌街开办了第一所幼儿园，名弹子石幼儿园，此园系南岸区的示范园，收有幼儿100余人。

王家大院朝门

王家大院旧址

位于谦泰路（过去叫谦泰巷）18号，清末民初建筑，八字形朝门，周边有青砖高墙，内为四合院落。此房为富商王信文儿子王慎之所建，也称王家上院。王家上院于20世纪90年代被拆除后修建了4栋砖房，作为重庆港务局职工宿舍，老宅院仅存八字朝门和一壁青砖老墙。现产权属于重庆港务物流公司，院内居住了21户居民。

弹子石老街有谦泰路、谦泰巷、谦泰村，均因民国初有余、尹二人开办的谦泰恒商号而得名。谦泰路过去属于谦泰巷，后来从谦泰巷中分出。谦泰路、谦泰巷、谦泰村是历史悠久的老街巷，都在原王家沱日租界范围。

王家沱因有清代富商王信文而得名。南岸的弹子石、王家沱、谦泰巷记录着王信文家族起家、发展、辉煌、衰落的历史。王氏家族开创的事业和出现的人物在南岸乃至重庆近现代历史上占有重要地位。迄今为止，在弹子石、王家沱一带还流传着关于王家的一些故事。

2010年7月8日下午，笔者专程到南岸黄桷垭日用化工研究所宿舍楼，拜访了近年来被媒体广为关注和报道的王氏家族第五代传人王德懿老人。日用研究所宿舍楼建于20世纪80年代，房屋虽然普通，居住面积也不大，但因有几百株树龄在几十年以上的香樟树浓荫覆盖，院内环境倒也优雅安静。王德懿老人今年93岁，相濡以沫的丈夫曹越华92岁，两位老人虽年逾古稀，但还精神矍铄，耳聪目明。曹越华老人毕业于复旦大学外语系，二战时期在缅甸密支那为盟军从事翻译工作，曾为史迪威将军做过翻译，还受到陈诚将军的接见。二老膝下有两女两男，老四曹庞沛年55岁，现为重庆楹联学会常务秘书长，对巴渝近代历史颇有研究。笔者与王德懿老人、曹越华老人、曹庞沛先生在他们家小小的房间作了两个多小时的长谈。随着与老人和曹庞沛先生的娓娓摆谈，悠悠岁月，历历往事，如照片显影般渐次展现。

王家可考历史源于王信文。王信文，祖籍湖北蒲圻（今湖北赤壁市），祖上于清初"湖广填四川"大移民浪潮中移民重庆，在弹子石落脚生根。经过艰苦创业，王家逐步发家致富，至道光年间家业传至王信文手里。王信文传承祖业，既买卖粮食，又从事川盐经销生意，拥有了五千石谷子的土地。王信文在王家沱广开财源、大兴土木，还捐了一个"奉政大夫"的五品官，成为清代重庆远近有名、富甲一方的巨商和望族。王家发迹之地也定名为王家沱。王家大宅门五代同堂，满门兴旺，大家族人口最多时达到96人。

王信文夫人钟氏活了108岁。光绪十四年（1888年）钟氏百岁时，重庆府奏请光绪帝恩准为其立百岁坊。牌坊位于弹子石谦泰巷口的石桥（今弹子石正街143号）车马大道上。牌坊坐南朝北，石质结构，四柱三开间，三重檐，高约6米，宽约4米。牌坊上雕刻有仙鹤、云锦、吉鸟、瑞草，正额顶部刻有"圣旨"二字，牌坊上刻"诰封奉政大夫王信文妻宜人钟氏"和王家五代名谱及四副对联。四副对联均为名人所题。此牌坊于1952年被拆除。

王信文儿子王慎之继承父业，创办了"万茂正"盐号，将自贡井盐运到重庆王家沱制成精盐，销至重庆、上海、贵州等地，使"万茂正"盐号享誉川东。

王慎之儿子王为德将祖业发扬光大，在王家沱修建祠堂，取父亲的"慎"和自己的"德"，定名"慎德堂"。同时，还在英国吉利洋行（现重庆羽毛厂一带）附近修建了一座中西合璧式的私家花园。王为德将王家大院进行整修扩建，分为下院和上院，"万茂正"盐号设在下院，直通王家沱码头。上院在现谦泰路18号，为四合院落，亦称花朝门。据王德懿老人回忆，王家下院规模为最大，其建造繁华考究，内有多间房屋。巨大的晒盐场也在下院周边，其面积足有两个足球场大。

1901年，王家沱成为日租界，"万茂正"受到外资挤压，盐号销路不畅，生意逐渐衰落，王家以王家下院抵押债务后，"万茂正"盐号于1921年宣布关闭。王家大家庭解体后，王为德的几个儿子从旧式封建大家庭分别进入了民生轮船公司、宝元通公司、川康银行等新式企业，也有人参加了革命。迄今为止，王氏家族后人分散在全国各地和海外，其中不乏有名望、有地位、有学识之辈。

王家是名门大户，与重庆的社会名人、商界翘楚多有姻亲和密切往来关系，如重庆知名人士邓瞻秋、杨粲三、卢作孚、黄云陔、汪云松以及玄坛庙的夏家，依仁巷的萧家（江浙没落皇族之后），隧川煤矿的童家，黄桷垭龙井湾的刘家，创建民主建国会的功臣鄢家，重庆大学创始人之一的彭家，等等，都与王家相交甚笃。王德懿小时候，在依仁巷姑妈家（姑妈嫁到萧家）生活了很长时间。

王家传至第四代有9男2女，五代有18男17女。第四代老九王世禄有2女1男，王德懿是大小姐。大家闺秀出身的王德懿一生传奇，有"巴渝才女"、"一代学女"、"重庆的金枝玉叶"、"长江的女儿"、"中国第一历经5所著名大学女生"等称誉。王德懿自幼聪慧，读私塾时，父亲请来江津名儒吴平阶（著名诗人吴芳吉的族兄）老先生教学。老先生曾对王德懿一篇作文批语道："行文生动有趣，独辟蹊径，此乃余执教30多年未见之好学生也！"1929年11月，年仅11岁的王德懿以优异的成绩进入四川省立第二女子师范学校（现重庆市第29中学校所在地）。1936年夏，王德懿从重庆远赴上海，考入上海交通大学，成为该校当时唯一的四川籍女学生。1937年"八·一三"战事爆发后，王德懿作为流亡学生返回重庆，在重庆大学商学院借读。不久，位于小泉的中央政治大学开始招生，出于对该校的慕名和向往，王德懿又考入中央政治大学。半年后，王德懿得知交通大学已经迁到贵州，她不顾家人和亲友劝阻，执意赴贵州求学，以完成未竟学业。1938年秋天，一个不满20岁的孤身少女，在兵荒马乱中，又风尘仆仆踏上了寻找母校的路途。花了4天时间，王德懿终于来到贵州平越（现福泉市）的唐山交通大学（由北京交通大学和唐山交通大学内迁贵州后合并而成）。王德懿在学校成绩优异，体育也很拔尖，曾获得女子50米、100米短跑第一名，跳远第一名，跳高第二名的成绩。1941年王德懿毕业，因品学兼优而获得交通大学茅以升校长"业精于勤"的亲笔题词勉励。毕业后，王德懿供职于国民政府交通部。

解放后，王德懿进入西南财贸部，被派到上海土产推销处，负责推销云、贵、川、康、藏的土特产品。西南财贸部撤销后，王德懿在重庆市财贸部第二商业局蔬菜公司任鲜菜科科长。1956年，王德懿被组织派往上海财经学院学习财经和会计专业，以全班第一名的成绩获得双学位和劳卫制奖章。20世纪60年代，王德懿被调到市工矿贸易公司，负责重庆29个工矿贸易商店的管理工作。

退休后，王德懿继续在社会发挥余热，67岁时被重庆大学财务处聘用从事会计工作8年，至75岁才从工作岗位上告老还家。1999年7月1日，82岁的王德懿加入了中国共产党。王德懿现为重庆市商委离休干部。

在抗战胜利60周年纪念活动中，中央电视台、新华社、中国教育报、重庆日报等众多新闻媒体均对王德懿作了典型报道。2005年12月初，88岁的王德懿、87岁的曹越华两位老人沿着当年王德懿途经贵州72道拐、娄山关、"掉尸岩"等地的求学之路，再返贵州平越原唐山交通大学遗址。此行受到贵州媒体的跟踪报道。

2009年，在"重庆名片"宣传活动中，王德懿作为年龄最大的代表，被重庆电视台和重庆广播电视报以"美女一枝花——烽火丽人"为题作了专题报道。王德懿老人有一句话："在自然王国，变的是容貌和年龄，在精神世界，不变的是追求和信仰。"这大概是王德懿老人修身养性、为人为事的座右铭吧。

了望楼

乾隆十年（1745年），当地居民为防范匪盗，在该地最高处修建瞭望楼，因"瞭"与"了"字可相通，为简便，故得名"了望楼"。瞭望楼早已消失，但了望楼的街名一直留存至今。了望楼是临近弹子石正街一条古老的小街巷，街巷房屋各具特色，既有简陋的穿斗竹壁房，又有大户人家的深宅大院，还有民国时期银行修建的宿舍。20世纪五六十年代，一些单位在了望楼又修建了不少砖房。了望楼街巷布局随意自如，灵活多变，不时可发现一些很有情趣的街巷空间。

了望楼房屋简陋、生活居住条件也差，但小巷子里充满了浓浓的人情味。一直到拆迁前，还有不少原住民长期居住在了望楼小小的陋室里。

精益中学旧址

位于弹子石一村，老地名叫鸭儿凼，为英国教会于1912年创建。精益中学旧楼为砖木结构中西合璧式建筑，高两层，歇山顶，面阔24米，进深16米，屋顶开有6个老虎窗。房屋正面中部向外突出约4米，大门建有四角攒尖顶亭子。现为重庆市第11中学办公楼。

精益中学和文德女中均为中华基督教英美会创办的私立学校，校长由加拿大籍人士担任。精益中学前身是华英小学，创立于1912年，校址在弹子石正街。1919年改为华英初级中学，1922年迁至弹子石鸭儿凼，1931年更名为重庆市私立精益初级中学，1938年更名为重庆市私立精益中学。1936年至1938年，著名加拿大和平人士、传教士文幼章（1899—1993）曾任文德女中董事长兼精益中学校长。

文德女中始建于1914年，位于重庆城内筷子街，初为文德幼儿园，1918年改为文德小学，1924年改为文德女子初级中学。1938年，为躲避日机轰炸，搬迁至南岸弹子石骡子堡（今重庆市第11中学处）。1942年，精益中学女生部合并过来，校舍随之扩大，达到其鼎盛时期。该校学生多为达官贵人之女，抗战胜利后，随着国民政府回迁南京，许多官员携眷离渝，学生逐步减少。

1952年，重庆私立精益中学与重庆私立文德女中两校合并，更名为重庆私立文益中学。1953年改为公立，更名为重庆市第11中学。1982年定为四川省重点中学。中华人民共和国第一位女大使丁雪松曾就读于文德女中。中国著名短跑健将陈家全1956年在11中学就读。

王家沱日租界老建筑

位于法国水师兵营附近。王家沱在重庆南岸弹子石地区，清咸丰、同治年间，因有富甲一方的巨商王信文而得名。王家沱范围包括了杨家湾、复兴街、大有巷、谦泰巷、窍角沱和现武警医院一带。

1901年9月24日，日本驻重庆总领事山畸桂和清政府川东道台宝棻签订了《重庆日本商民专界约书二十二条》，约书得到清政府总理各国事务衙门批准。清政府允许日本在南岸王家沱设立专管租界，租界面积700亩，租期30年。"专界约书"规定：租界内的警察权、道路管辖权、司法审判权等权利由日本驻渝领事馆掌握；租界内的土地只准由日本人承租执业，华人只能居住营业，不能租地；凡在码头停泊、揽载界内货物船只，由日本领事馆随时酌定章程，每次应捐若干，以充租界公费，等等。日租界成立后，日本人设立码头泊位管理机构，在王家沱租界投资办厂，先后开办了有邻公司、大坂洋行、又新丝厂、武林洋行、日清公司等企业和海军集会所。

从1927年开始，重庆民众就向政府请愿，向全国发通报，强烈要求收回王家沱日租界。1931年10月，王家沱日租界第一期租期30年届满，日本人在各方压力下撤离租界，乘船离开重庆。1931年10月24日，刘湘派军队接管王家沱日租界。1932年，经国民政府同意，日本领事及部分侨民以看守财产名义又回到王家沱。直至1937年"七·七"芦沟桥事件爆发，重庆军政当局于7月30日正式收回王家沱日租界，日本官员和侨民全部离去。

四川第一家火柴厂建立于王家沱。光绪十五年（1889年），四川旅日商人卢干臣在清政府驻日公署黎庶昌协助下，将生产火柴的设备运回重庆。之后卢干臣集股5万两，在南岸王家沱开办了四川第一家火柴厂——森昌泰火柴厂。该厂雇工1 200人（约占当时全国火柴业工人的35%），用手工方式生产黄磷火柴（亦称硫黄火柴）。投产后，年产火柴12 600箱（每箱7 200小盒，每盒70支），畅销四川各地及邻省。两年后，卢干臣又招工300多人，在大溪沟开办了森昌正火柴厂。

前几年，笔者到法国水师兵营旧址现场考察时，这座日租界老建筑就在法国水师兵营不远处，相互之间距离约40米。尽管有工厂修建的烟囱和一些杂乱的房屋，仍然掩盖不了其典型的殖民建筑特色，笔者当时有眼睛为之一亮的感觉。如果能对此房加以保护性利用，其价值不会低于法国水师兵营。可惜仅过了一年多，笔者再到现场时，此房已经消失。

水师兵营重檐牌坊朝门

嵌在墙壁上的石碑

法国水师兵营旧址

  法国水师兵营位于弹子石谦泰巷142号。该兵营由法国驻印度支那总督杜梅尔捐款10万法郎，法国远东舰队司令波特尔指派"奥利号"舰长休斯特·南希具体负责建造。法国水师兵营于1902年动工修建，至1903年建成。水师兵营建筑面积3 800平方米，是一栋带内庭和回廊的合院式建筑。主体建筑高两层，中西结合式风格，拱形回廊，临江面条石基础高达七八米，大门为中式三重檐仿古牌楼式建筑。

  法国水师兵营的任务是保护法国在渝商人和侨民，维护法国在川东的利益，担负长江航道水上警务任务。该建筑一度曾作为法国海事大楼使用，抗战时期，法国领事馆曾在该楼内临时办公。水师兵营里保留有一块石碑，上面阴刻："故舰长武荡纪念，西历一九二八年九月二十三吉旦。"

  2003年4月，南岸区房管局、文管所与重庆裕佳集团合作，对已经凋零破败的法国水师兵营进行了保护性修复，在此建成"香榭里1902"酒吧，同时还建立了重庆开埠历史陈列馆。

  法国水师兵营现为市级文物保护单位。

重棉三厂职工宿舍

重棉三厂位于弹子石（原窍角沱大佛寺）东坪三村，原名建设村，因紧靠原东坪正街，1972年更名为东坪三村。该厂在1953年建成17栋苏式风格职工宿舍，每栋安排居住了十几户职工。尽管每户房屋面积并不大，但在20世纪五六十年代已经是高标准的职工宿舍楼，为许多厂外人所羡慕和向往。

重棉三厂前身是抗战时期内迁的汉口裕华纺织有限公司（简称裕华公司）。该公司创建于1921年，设于武昌汉口下河街，1922年3月正式投产。抗战爆发后，裕华公司西迁重庆，从1938年8月开始搬迁到1939年6月在重庆新厂投入生产，前后历时10个月。

1938年10月25日武汉三镇沦陷后，长江水路异常拥挤繁忙，兵工署及各工厂的大量设备、物资先运至宜昌，再雇船去重庆。由于轮船紧张，裕华公司雇船困难，大量货物在宜昌滞留，11月20日又遭日机跟踪轰炸，堆积的500件棉纱起火，燃烧两三日方熄，损失非常严重。

武汉失守后，宜昌成为随时可被日军攻击和占领的重要战略目标。当时堆积在宜昌码头的商用和军用物资及工厂搬迁的器材设备超过12万吨，还有上万吨油料及等待入川的军政官员、技术工人、大学师生和大量难民。在此危急时刻，西运的重担压在了四川著名企业家卢作孚创办的民生轮船公司肩上。卢作孚的民生公司以超常规的方式和速度，不顾危险，不惜一切代价，日夜兼程，承担了抢运宜昌西运物资约90%的运输量。在民生轮船公司的拼力相助下，裕华公司3 000余吨货物先运至巴东、万县等地，再陆续转运重庆，历时半年左右才告结束。

裕华公司在搬运设备物资之前，即在重庆选定新厂厂址。1938年，裕华公司在重庆南岸窍角沱沙草坡、柑子坝（今重棉三厂地址）购得土地280亩，随即以最快的速度开展厂房建设，1939年6月即投入生产。新建立的工厂命名为"汉口裕华纺织公司渝厂"（简称裕华纱厂）。新厂将旧式传动设备废弃，全部改用电动装置，大大加强了生产能力。1940年8月，裕华纱厂两度遭日机轰炸，1941年8月第三次被炸，厂房、设备损失严重。工厂员工奋力抢救，用最短的时间将厂房和设备修复，又继续坚持生产。裕华纱厂时有职工2 600人，其中女工2 010人，男工410人，机械电气技工104人，管理职员85人。工厂开办了职工子弟校、职工医院、托儿所、图书室、职工俱乐部、浴室、理发室，还建立了自来水厂和职工宿舍。

抗战时期，重庆内迁的大型纱厂有裕华纱厂、豫丰纱厂、沙市纱厂、申新纱厂4家。这4家纱厂改变了当时重庆棉纺织业的落后面貌，构成重庆机器棉纺织业的骨干力量，为战时军用和民用棉纱布料供应作出了重大贡献。

1953年8月，裕华纱厂与贵阳国营615纱厂、南岸织布厂、维昌纱厂、落棉加工厂（原国民党军需被服厂）合并，改为公私合营重庆裕华纺织厂。1954年1月1日，裕华纺织厂与汉口裕华纺织总公司脱钩。1970年改为重庆第三棉纺织厂，简称重棉三厂，是重庆市纺织工业局所属骨干企业，1985年有工人5 528人（其中女工3 369人）。

重棉三厂现已破产关闭。

最后的弹子石老街

弹子石老街积淀着重庆的开埠历史、近现代民族工业发展历史和抗战历史，老街具有浓郁的山地建筑风貌特色。20世纪90年代，弹子石老街即被确定为重庆市历史文化街区之一。

弹子石老街2008年被列入南岸区危旧房改造区域。从2008年9月开始，南岸区政府分四批对该片区17条街巷分步实施拆迁，拆迁总面积约41万平方米，涉及5 738户居民。这17条街巷是：弹子石正街、弹兴巷、操坝子、凉水井、泰昌巷、东山巷、中兴巷、学堂巷、升平巷、七星里、了望楼、太平巷、裕华村、麻井村、弹兴巷、中学街、复兴湾。至2010年上半年，已完成约80％的拆迁量。

弹子石老街拆迁的消息传出后，留恋弹子石老街的人们络绎不绝地来到弹子石寻访故居，怀旧探幽；不少摄影爱好者抓紧用镜头留下对弹子石老街永恒的记忆；记录弹子石老街的照片在网络中也一度成为人们点击的热点。根据市规划部门的要求，重庆大学城市规划设计研究院正在作弹子石老街建筑与街巷空间设计。希望通过此方案的设计与实施，能够以多种方式使弹子石老街历史信息得以传承和再现。

升平巷

1936年建立街道门牌时，因有当地乡团组织"升平团"曾驻于此巷，故用"升平"二字取名升平巷。升平巷巷道宽度不足3米，房屋间距狭小，巷道上有不少条石堡坎和砖墙，一些房屋还保留有雕花撑拱、垂花柱等木构件。小巷比较僻静，过往的人较少，小巷人家保持着和谐亲密的邻里关系，狭窄的巷道成为居民交往及活动的公共客厅。

The Old Streets of Nan'an 南岸老街

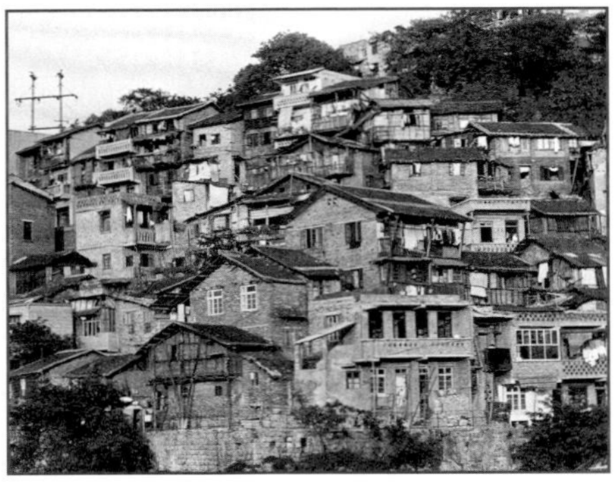

后记 POSTSCRIPT

多年来，我对重庆的老街老巷老房子总有一种割舍不断的感情。我最开始关注的是渝中区老街巷。2000年12月，我出版了《重庆老巷子》摄影集，记录了渝中区朝天门至七星岗之内的部分老街巷，照片大多拍摄于1995年至1999年之间。这个时期，渝中区正在开展大规模的旧城改造拆迁。《重庆老巷子》出版后，引起了一定社会反响，关注重庆老城的人不断增多，社会各界对保护老城历史街区的呼声也一直不断。

20世纪末，南岸区开始兴建滨江路，房地产开发也随之加快，沿江老房子大片大片地被拆除。2002年夏季某天，我偶然来到南岸滨江路工地，立即被沿线的传统老街和建筑风貌所吸引。南岸老街空间形态之独特，传统建筑数量之多，历史文化积淀之厚重使我感到出乎意料。此后几年时间里，我多次到南岸老街，始终感到有拍摄不完的题材和内容。

2003年初，江北城开始拆迁，作为联系此项工作的政府官员，我参加了拆迁动员大会，当时要求在一年左右完成拆迁。时间十分紧迫，必须抓紧留下资料。拆迁动员大会之后，我先后几次到江北城，赶在拆迁完成之前，把江北城较典型的历史建筑和街区留在黑白底片之中。

如果从1995年开始有意识关注老城算起，我拍摄重庆老城已经有十几年时间。现在看来，这个时间不是太长，而是太短。我经常在想，如果能把时间再提前10年，哪怕是5年，可能还会留下更多反映重庆老城历史原真性的珍贵照片。当然，后悔是没有用的，但愿我们在城市拆迁、城市规划、城市建设和历史文化名城保护中，尽可能减少一些后悔和遗憾。

由于大规模的拆迁建设，重庆老城绝大部分已经消失，至今保留下来的历史街区越来越少。十几年来，相关主城区政府和规划、文化等部门对重庆历史街区作了不少保护性研究规划，作为重庆市规划委员会委员和历史文化名城保护研究专家委员，我先后参加了上百次各种研讨会、评审会。可惜这些保护规划大多尚停留在纸面上，并未得到有效的落实和实施。

为了让人们了解重庆老城的踪影，了解我们自己和祖辈曾经居住过的家园，了解重庆城市的人文特征和风貌特色，引起人们对历史文化名城重要组成部分——历史街区的应有重视，我将拍摄的重庆城、江北城、南岸老街照片选择出582幅作为重庆老城的缩影，并撰写了与照片相对应的22万文字介绍，交重庆出版社编辑出版。

由于自己时间的限制和认识的局限，加之旧城改造拆迁的迅速推进，许多老街、老建筑和记录着近现代重要人物、事件的建筑在我还没有来得及留下影像前已经消失，这是我一直感到遗憾的事情。为了尽可能多提供一些老城的历史信息，增加人们对老城的了解和记忆，我在文字叙述中，对已拍摄的街区和建筑相邻范围适当作了一些延伸扩展描述。希望这种图文并茂的形式能够给人们留下较深的印象，并引起人们的回忆和思考。

在本书进入编辑工作的一年多时间里，我利用休息日和业余时间，查阅的资料多达几十公斤。由于历史资料的浩瀚和出处不一，其中的谬误和相互矛盾之处不在少数。我尽可能用多种资料进行分析、佐证、判断，还包括到现场作访问调查，登门求教一些有亲身经历的老先生，以求得相对准确的说法。但文中难免仍有错漏之处，还望得到读者的批评指正。封笔之时，回顾这一年多的艰辛，既有欣慰，又有如释重负之感。

在编辑此书的过程中，得到了重庆市文化广播电视局（市文物局），重庆市地方志办公室，重庆市政协学习及文史委员会，重庆中国三峡博物馆，重庆市图书馆，重庆市文史研究馆，重庆市勘测设计院，渝中区政协，渝中区房管局，渝中区文物管理所，南岸区政协办公室，南岸区房管局，南岸区档案局，南岸区地方志办公室，南岸区文物管理所，江北区政协办公室，江北区地方志办公室，江北区文物管理所，渝北区地方志办公室等单位、部门和友人们的大力协助。在此，一并表示深切的谢意。

何智亚
2010年9月8日

主要参考资料

【主要参考书籍】

重庆市政协学习及文史委员会编：《重庆文史资料》各集，重庆出版社、西南师范大学出版社

重庆市渝中区政协文史资料委员会编：《巴渝文史荟萃》第一卷，1999年9月8日

重庆市渝中区人民政府地方志编纂委员会编纂：《重庆市市中区区志》，重庆出版社，1997年2月第1版

重庆市市中区城市建设管理委员会编：《重庆市市中区城市建设志》，1994年12月

重庆市渝中区地名领导小组编：《四川省重庆市市中区地名录》，1985年

重庆市渝中区政协文史资料委员会编：《重庆渝中区文史资料》各集

重庆市江北区地方志编纂委员会编纂：《重庆市江北区区志》，巴蜀书社，1993年5月第1版

重庆市江北区政协文史资料委员会编：《江北区文史资料》各集

重庆市江北区地方志编纂委员会办公室编：《人文历史三千年》，方志出版社，2009年3月第1版

重庆市江北区《江北城街道志》编纂委员会：《江北城街道志》（1986—2005），2009年9月第1版

重庆市江北区房管分局地产志编辑室编：《重庆市江北区房地产志》，1993年2月

重庆市江北区房屋管理局地方志编辑室编印：《重庆市江北区房地产志》（1986—2005），重庆出版社，2009年12月第1版

重庆市江北县政协文史资料研究委员会编：《江北县文史资料》各集

重庆市江北县政府建设科编辑：《江北县建设特镌》，中华民国二十三年九月印行

重庆市江北县文化局编：《江北县文化志》，1994年6月出版

重庆市江北县人民政府办公室：《江北县政府志》，1990年1月

重庆市渝北区地方志编纂委员会编纂：《江北县志》，重庆出版社，1996年12月第1版

重庆市南岸区地方志编纂委员会编纂：《重庆市南岸区区志》，重庆出版社，1993年5月第1版

重庆市南岸区地名领导小组编印：《四川省重庆市南岸区地名录》，1982年5月

重庆市南岸区交通志编纂委员会编纂：《重庆市南岸区交通志》，1993年3月

重庆市南岸区政协文史资料委员会编：《南岸区文史资料》各集

重庆市南岸区龙门浩街道编志组：《龙门浩街道志资料汇编》，1991年12月

重庆市南岸区卫生志编纂委员会：《重庆市南岸区卫生志》，1993年3月

重庆市巴县政协文史资料委员会编：《巴县文史资料》第九辑，1993年2月

重庆市外事志编纂委员会：《重庆市外事志》，2005年5月

潘文华主编：《九年来之重庆市政》，中华民国二十五年编印

张笃伦主编，陪都建设计划委员会编纂：《陪都十年建设计划草案》，中华民国三十六年四月编印

黄济人著文：《老重庆》，江苏美术出版社出版，1999年9月第1版

重庆抗战丛书编纂委员会编：《陪都遗址寻踪》，重庆出版社，1995年8月第1版

重庆抗战丛书编纂委员会编：《抗战时期重庆的军事》，重庆出版社，1995年8月第1版

重庆抗战丛书编纂委员会编：《抗战时期重庆的文化》，重庆出版社，1995年8月第1版

重庆抗战丛书编纂委员会编：《重庆抗战大事记》，重庆出版社，1995年8月第1版

重庆抗战丛书编纂委员会编：《抗战时期重庆的新闻界》，重庆出版社，1995年8月第1版

重庆抗战丛书编纂委员会编：《陪都遗址寻踪》，重庆出版社，1995年8月第1版

隗瀛涛、周勇著：《重庆开埠史》，重庆出版社，1997年7月第2版

周勇主编：《重庆通史》，重庆出版社，2007年7月第1版

杨钟岫、文世昌编著：《风雨传媒》，重庆出版社，2006年12月第1版

王明湘著：《中共南方局研究文集》，重庆出版社，2000年9月第1版

彭百通著：《重庆地名趣谈》，重庆出版社，2001年9月第1版

戴渝华编著：《老重庆影像志·老码头》，重庆出版社，2007年11月第1版

曾繁模、李玲编著：《老重庆影像志·老钱票》，重庆出版社，2007年11月第1版

中国人民政治协商会议四川省委员会、四川省志编辑委员会编：《四川省文史资料选辑》第四辑，1962年8月；第十三辑，1964年5月；第十七辑，1965年12月

余楚修、管唯良：《重庆建置沿革》，重庆出版社，1998年4月第1版

重庆市博物馆策划，刘豫川、杨铭、林文碧编辑：《重庆旧影》，人民美术出版社，1998年12月第1版

重庆晚报编辑：《巴渝老相本》，四川美术出版社，1999年9月第1版

中国人民抗日战争纪念馆、重庆市档案馆编，主编刘建业、陆大钺：《迁都重庆的国民政府》，北京出版社，1994年7月第1版

重庆市工商业联合会工商史料委员会编：《重庆工商史料——人物专辑》，重庆出版社，1992年第1版

重庆市地方志编纂委员会编：《重庆市志》第二卷、第四卷（下）、第七卷、第八卷、第九卷，西南师范大学出版社，2004年11月第1版

重庆金融编写组：《重庆金融》上卷，重庆出版社，1991年8月第1版

重庆市地方志编纂委员会总编辑室：《重庆市志》第五卷，成都科技大学出版社，1994年12月第1版

重庆市城乡建设管理委员会、重庆市建筑管理局编：《重庆建筑志》，重庆大学出版社，1997年3月第1版

重庆市文化局编：《重庆市文化艺术志》，西南师范大学出版社，2001年1月第1版

重庆市教育委员会编：《重庆市教育志》，重庆出版社，2002年3月第1版

重庆市卫生志编委会办公室：《重庆市卫生志》，1994年10月

重庆市戏曲志编辑委员会：《重庆戏曲志》，文化艺术出版社，1991年12月出版

重庆市地方志编纂委员会编辑室编纂：《重庆大事记》，科学技术文献出版社重庆分社，1989年7月第1版

重庆地方史资料组：《近代川江航运简史》，1982年7月

中国民主建国会重庆市委员会、重庆市工商业联合会文史资料工作委员会编：《重庆五家著名银行》，西南师范大学出版社，1989年11月第1版

中国民主建国会重庆市委员会、重庆市工商业联合会文史资料工作委员会编：《聚兴诚银行》，西南师范大学出版社，1988年3月第1版

中国民主建国会重庆市委员会、重庆市工商业联合会文史资料工作委员会编：《重庆工商史料》第一辑，重庆出版社，1982年11月第1版

中国民主建国会重庆市委员会、重庆市工商业联合会文史资料工作委员会编：《经营管理之道》，重庆出版社，1986年5月第1版

中国民主建国会重庆市委员会、重庆市工商业联合会文史资料工作委员会编：《重庆工商史料》第二辑，重庆出版社，1983年9月第1版

周开庆编著：《民国川事纪要》，台北县四川文献研究社发行，中华民国六十三年十二月初版

（日）前田哲男著，李泓、黄莺译，冯作渊校：《重庆大轰炸》，成都科技大学出版社，1989年第1版

隗瀛涛主编：《重庆城市研究》，四川大学出版社，1989年9月第1版

中国人民政治协商会议、西南地区文史资料协作会议编：《抗战时期西南的文化事业》，成都出版社，1990年12月第1版

中国人民政治协商会议、西南地区文史资料协作会议编：《抗战时期内迁西南的工商企业》，云南人民出版社，1989年2月第1版

四川省地方志编纂委员会、四川省志人物编辑组编：《四川近现代人物传》第二辑、第五辑、第六辑，四川大学出版社，1990年3月第1版

吴晓波：《跌荡一百年》，中信出版社，2009年1月第1版

重庆中国三峡博物馆编：《董其祥历史与考古文集》，重庆出版社，2005年5月第1版

塔玛拉·魏司编著：《巴蜀老照片》，四川大学出版社，2009年9月第1版

【主要参考专项规划编制资料】

重庆市规划局、重庆大学建筑与城市规划学院编：《重庆市优秀近现代建筑》，重庆大学出版社，2007年6月第1版

重庆市规划设计研究院、重庆雅凯斯凯建筑设计有限公司、重庆中国三峡博物馆、重庆文化遗产保护中心编制：《重庆市抗战遗址保护利用总体规划》，2009年12月

重庆市规划设计研究院编制：《重庆市弹子石老街保护规划》，2005年12月

重庆日清城市景观设计有限公司编制：《重庆市南岸区米市街历史街区保护与整治规划》，2007年

重庆川美实业有限公司编制：《重庆市慈云寺历史街区保护规划》，2007年

重庆市规划研究中心编制：《解放东路、打铜街历史街区保护规划》，2009年10月

重庆文化遗产保护中心、重庆市文物考古所编制：《重庆市主城区危旧房改造工程文物保护规划》，2008年

重庆市规划局、重庆大学建筑与城市规划学院编制：《重庆市历史文化风貌区规划研究》，2008年5月

【主要参考地图】

张云轩绘制：《重庆地舆全图》，光绪十二年（1886年）

綦邑刘子如绘制：《增广重庆地舆全图》，光绪十七年（1901年）

重庆肇明石印公司印行：《新测重庆城全图》，中华民国元年初版九年三版，比例尺 1:5 000

重庆市市长潘文华、工务局局长傅骕审查，樊启明、蓝家烺绘制，测绘员刘武汉：《重庆市区地形图》，中华民国十八年，比例尺 1:2 500

重庆市政府工务处制图，处长傅骕审定：《重庆市旧城新区已成未成公路略图》，中华民国二十四年十月，比例尺 1:10 000

国民政府军事委员会军令部第四厅绘制：《重庆市区街道图》，中华民国三十五年一月测图、同年三月制版，标高：吴淞高程，比例尺 1:10 000

中华民国二十二年七月付印：《江北城市街图》，比例尺 1:4 000

图书在版编目（CIP）数据

重庆老城 / 何智亚 文·摄影. —重庆：重庆出版社，2010.9（2022.5重印）
ISBN 978-7-229-02926-5

Ⅰ.重… Ⅱ.何… Ⅲ.古建筑—重庆市—图集 Ⅳ. K928.71-64

中国版本图书馆CIP数据核字（2010）第170205号

重庆老城
CHONGQING LAOCHENG

何智亚 文·摄影

责任编辑：曾海龙　郭　宜　王晓静　秦　琥
封面设计：伏强生
装帧设计：何智亚　郭　宜　未　山　刘万河
责任校对：杨　婧

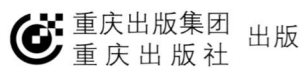

重庆出版集团 出版
重庆出版社
重庆市南岸区南滨路162号1幢　邮政编码：400061　http://www.cqph.com
重庆天旭印务有限责任公司印刷
重庆出版集团图书发行有限公司发行
E-MAIL:fxchu@cqph.com　邮购电话：023-61520646
全国新华书店经销

开本：635mm×965mm　1/8　印张：41　字数：220千　图：582
2010年9月第1版　2022年5月第4次印刷
ISBN 978-7-229-02926-5
定价：248.00元

如有印装质量问题，请向本集团图书发行有限公司调换：023-61520678

版权所有　侵权必究